Der digitale Gott

Rainer Bayreuther

Der digitale Gott

Glauben unter technologischen Bedingungen

claudius

essay

Für Jan Assmann,
der in den Vergangenen die Zukünftigen erkennt

INHALT

Vorwort

Digital Diary, Saig im Hochschwarzwald, 2. August 2022. Unter mir das natürliche Amphitheater namens Saig. Das hellgrüne Halbrund der Ränge, 150 Meter in der Höhe und 2 Kilometer im Durchmesser, öffnet sich nach Süden zur Bühne. Auf ihr wird ein Stück von Formen und Farben großen Ausmaßes gespielt. Oben mehrere Schichten von Weißblauweiß, die sich gegeneinander verschieben. Ein Bussard und ein Gleitschirm ziehen ihre Bahn, halb vom Wind und halb von den Gegenkräften ihrer Flügel gelenkt. Auf der Bühne der südliche Schwarzwald, je nach Licht und Bewuchs in allen Grüntönen tönend. Als Kulisse die Alpenkette von den Churfirsten bis zum Pizol, vorhin klarer, jetzt verblasst. Aber auch die Ränge spielen mit: Auf ihnen grast Vieh, Fahrzeuge ziehen ihre Bahn. Die Dorfkirche sondert das Vesperläuten ab, und jetzt erst fällt mir auf, wie exakt mittig auf der Halbschale sie positioniert ist. Ich, auf dem obersten Rang sitzend, die Beine im Gras, das Laptop auf den Beinen. Neben mir Ameisen auf ihrem Hügel und Hummeln in den Preiselbeeren.

Wer ist hier Akteur, wer Zuschauer? Vor allem, welches Stück welches Autors wird gespielt? Dieser Essay behauptet, Gott spielt sein Stück, das ihn selber zum Inhalt hat. Ob er wollte, was sich hier in vielen Details abspielt? Das vertrocknete Gras, den allzu warmen Abendwind, die gelben Flecken in den Birken, den vom Sturm kahlen Hang gegenüber, wollte er das? Das Stück ist so geworden, weil die Dinge miteinander vernetzt sind. Sie tauschen wie eine Rechenmaschine Informationen aus. Sie berechnen sich gegenseitig. Sie wissen, was ist, was sein wird, und sie setzen es selber um. Das Stück auf dem Amphitheater vor mir ist allwissend und allmächtig. Also göttlich. Wollen und wünschen aber sind sehr menschliche Denkfiguren.

Digital Diary, Le Porge-Océan, 13. August 2022. Welle um Welle nähert sich Gott und zerfließt mit dem letzten Kräuseln des Wassers im Unmerklichen. Nicht in der einzelnen Welle ist Gott, so mächtig sie sich auch vor mir auftürmt. Er ist im unweigerlichen, alles durchdringenden Kommen einer Welle nach der anderen. Somit auch in den Pegelausschlägen aller vor- und nachgelagerten Sachverhalte. Der Essay verficht die These, dass solcherart Gott ist, gerade der christliche Gott, der in Jesus sich nähert und kommt. Dieser Gott ist nur als der ereignende und in Frömmigkeitspraktiken gesuchte Gott zu haben. Ereignisse sind immer Informationsflüsse. Seit rund 90 Jahren gibt es Maschinen, die Informationsflüsse ver- und bearbeiten können, seit rund 30 Jahren sind sie als Personal Computer in jedermanns Hand. Die Objekte nehmen sich selber in die Hand. Das ist ein schlechterdings göttlicher Moment. Ihn versuche ich in drei Kapiteln zu denken: 1. ausgehend von aktuellen Diagnosen des Christentums in der digitalen Transformation, 2. in einer Analyse der Göttlichkeit des Code, nach dem Rechenmaschinen arbeiten, 3. in der Digitalisierung der christlichen Frömmigkeitspraktiken.

Kapitel 1 Reich(weite) Gottes

1.1 Gott im Vorgang

Jesus sagte, das Gottesreich ist nahe herbeigekommen (Mk 1,15). Heute sagt man, nur was es im Internet gibt, was also auf digitalem Weg nahe zu uns herbeikommt, das gibt es auch. Was diese beiden Dinge miteinander zu tun haben, ist die Frage dieses Essays.

Im Lauf der zweitausend Jahre ist uns das Christentum so nahegerückt, dass man von einem Kommen nicht mehr reden kann. Aus dem Wanderprediger Jesus aus Nazareth wurde der Weltenherrscher Christus. Aus der Handvoll Jünger am See Genezareth wurde die Una sancta catholica et apostolica. Aus den von wenigen Ohren auf Aramäisch vernommenen Worten ist die in alle Sprachen übersetzte Heilige Schrift geworden, und alle Sprachen wiederum sind in Unicode repräsentier- und damit digital umfassend verarbeitbar. Alle Menschen, wann und wo sie auch lebten, sind allzumal Sünder und ein für alle Mal durch einen Sühnetod gerettet. Der Befehl, die Christusbotschaft in alle Welt zu missionieren, wörtlich also zu schicken, zu senden, zu melden, durchzuleiten, ist erfüllt, in jedem Winkel unseres endlichen Planeten ist sie heute verfügbar. Sicherlich sind noch nicht in alle Erdenwinkel Glasfaserkabel verlegt worden, aber das ist nur eine Frage der Zeit. Das Christentum gilt urbi et orbi, und wo es gilt, da kommt es auch hin oder vielmehr ist immer schon dort, auch wenn man hier und da schwaches Netz hat oder, ganz analog, die Verkehrsverbindung schlecht ist. Wenn die Christusmessage heute nicht kommt, dann kommt sie eben morgen, ihre Geltung tangiert das nicht.

In den +1930er-Jahren aber spielte die Verkehrsverbindung auf einmal wieder eine Rolle. Da kam Christus nur bis Eboli, wie es in einem bekannten Buchtitel heißt. Weiter kam er nicht, weil Eboli, ein kleines Städtchen nahe Salerno, damals Endstation im italienischen Eisenbahnnetz war. Natürlich gab es im unwegsamen kampanischen Hinterland aus irgendeiner dunklen Vorzeit Kirchen und Kapellen, aber als der junge Arzt und Schriftsteller Carlo Levi dorthin kam, fand er eine bettelarme Bevölkerung vor, die in Hütten und Höhlen lebte und deren archaische Religiosität von Hexen, Dämonen, Kobolden und Zaubereien durchzogen war. Gewiss lag irgendwo eine Bibel herum, aber niemand konnte lesen. Sicherlich waren Kirchtürme und Kruzifixe zu sehen, aber sie waren tote Zeichen, die für niemanden einen Informationsgehalt hatten. In dieser Gegend war der Gedanke, dass das Reich Gottes überall gilt, absurd. Es reichte nur bis Eboli, dahinter gab es Christus nicht. Vielleicht reklamiert man hier eine Unterscheidung zwischen gelten und geben. Von einer medialen Sicht der religiösen Dinge aus, sei es via Eisenbahnschienen, sei es via Datenkabel, wird sich dieser Unterschied als gegenstandslos erweisen.

Unsere Frage ist einfach, vielleicht naiv oder sogar banal: Inwiefern ist die christliche Religion abhängig von ihren Medien? Und zwar abhängig zunächst in dem absoluten Sinn, dass

Christus den Menschen jenseits von Eboli nicht ex nihilo erschien, sondern mit der Eisenbahn oder mit der Bibel – oder eben überhaupt nicht. In gewisser Weise haben sich die Christen diese Frage schon immer gestellt. Der Missionsbefehl, das Evangelium in aller Welt zu predigen, besagt im Umkehrschluss, dass kein Evangelium ist, wo die Predigt nicht hingelangt. Daher operierte die christliche Mission von Anfang an mit dem Kriterium der weißen Flächen auf der Landkarte, die durch Christianisierung zurückzudrängen sind. Das ist bis heute so, und man greift zu den jeweils zeitgemäßen Ausbreitungsmedien: Klostergründungen mit ihrer agrarischen, bürokratischen und liturgischen Erschließung, Kreuzzüge mit ihren religiösen Säuberungen, Entdeckung Amerikas samt Kolonisierung, Missionierung Afrikas und Ostasiens mit Schulbildung, heute die Verlagerung aller kirchlichen Aktivitäten dorthin, wo die Menschen sind und leben, ins Internet.

Man bemerkte, dass es neben dem absoluten auch einen relationalen Sinn der Medienabhängigkeit der christlichen Religion gibt. Diese Sache war aber delikater und weniger leicht zu explizieren. War eine Präsenz des Evangeliums hergestellt durch ein Kloster, eine Verkehrsinfrastruktur, eine politische Machtbeziehung, eine kirchliche Institutionalisierung, eine ausgearbeitete Theologie der Sakramente, dann stand die Frage im Raum: Welcher Gott ist das, der auf diesem und jenem Medium dahergeritten kommt, und ist das der ganze Gott? Gelangen die diversen religiösen Erfahrungswege zu demselben göttlichen Gegenstand? Warum geschieht, was geschieht, wenn man den einen oder den anderen medialen Weg geht? Wie im Detail geschieht es? Dieser relationalen Frage ist das Christentum tendenziell ausgewichen. Wir können uns das am Medium der Eucharistie vor Augen führen. Sie zielt auf die reale, allerdings unsinnliche Präsenz Christi. Der Erklärung bedürftig schien der Sprung von der sicht- und schmeckbaren Prozedur von Brot und Wein zum Resultat der tatsächlichen, aber mit den fünf Sinnen unzugänglichen Gegenwart Gottes. Je nach Konfession raunte man von einem Geheimnis der Wandlung oder argumentierte mit der Allgegenwart Christi. Was man durch die ganzen zweitausend Jahre Christentum nicht erklärte, wovor man auf merkwürdige Weise zurückschreckte und sofort zum Resultat sprang, als müsse eine Peinlichkeit kaschiert werden, das war die spezifische Religiosität des Mediums selber. Die relevante Frage ist nicht: Welcher Gott geht der Prozedur von Brot und Wein voraus, welcher liegt ihr zugrunde und bleibt derselbe, wenn sie vorüber ist? Die relevante Frage ist, welcher Gott ergibt sich *in* der Prozedur von Brot und Wein? Welcher Christus ereignet sich, wenn das dreifache Agnus Dei gesungen wird? In welchen göttlichen Zustand gelangt der Weltgebetstag der Frauen, wenn er pandemiebedingt in riesigen Onlineforen anstelle kleiner präsentischer Versammlungen abgehalten wird? Fast scheint es, als habe man Angst, auf etwas Hexen-, Dämonen-, Kobold-, Zauberartiges zu stoßen, wenn man die innere Frömmigkeit der christlichen Prozeduren selber anschaut, sodass man rasch über sie hinweg zum unbezweifelbaren, absoluten und universalen Christus springt. Mit äußerster theologischer Spannung und um einen hohen Preis, den Preis eines gewissermaßen a-theistischen Christentums, konnte man die Seinsweise Gottes aus den frommen und selbst den sakramentalen Prozeduren heraushalten. Ihre Symbolik, ihre Künstlichkeit, die Behauptung ihrer kontrafaktischen Wirksamkeit sicherten sie ab gegen den Verdacht von Blasphemie und Aberglauben. Wenn aber die sakramentalen Prozeduren sich mit technologischen verschwistern, wird die theologische Argumentationslage kritisch. Beispiele kann man quer durch die Geschichte bis in die Mythologie hinein finden: die Entdeckung des Elektromagnetismus im 19. Jahrhundert, der Elektrizität im 18., der Infinitesimalrechnung im 17., der mechanischen Zeitmessung im 13., des Feuers bei Prometheus, des Baums der Erkenntnis bei Adam und Eva. Das Kritische daran war immer, dass sich Gott herausfordern ließ. Das offenbart den eigentlich kritischen Punkt in den Technologien: das Informationstechnische. Die Technologien entbargen den Informationsgehalt von Dingen oder Zuständen und die Wechselwirkung, die sich mit dem Informationsgehalt von anderen Dingen und Zuständen ergibt. Nicht im Feuer und seiner physischen Gewalt selber, sondern im Informationsfluss, der zwischen einer Wärmequelle und einem trockenen Stück Holz abläuft, liegt das göttliche Moment, das den Allmächtigen herausfordert. Wenn nun im 20. Jahrhundert die Information selber erst in Mathematik und dann in Technologie, also ins Operative überführt wird, verblasst die Grenze zwischen Schöpfer und Schöpfung. Die technologischen Prozeduren selber ragen ins Göttliche. Von ihnen selber her liegt es nahe, sie mit den Frömmigkeitsprozeduren zu verschwistern. Das ist der Punkt des vorliegenden Essays.

Genauso wie es in den +1930er-Jahren keinen Sinn ergeben hätte, die Eisenbahn hinter Eboli weiterzubauen, um Christus auch dorthin zu bringen, ergibt es heute keinen Sinn, das Evangelium durch die Sozialen Medien zu pumpen, die Kirchengemeinde per Homepage und You Tube-Channel zu präsentieren und das Gesangbuch auf dem digitalen Endgerät zur Verfügung zu stellen. Christus *ist* nämlich die Eisenbahn, die Communio Sanctorum *ist* Twitter und Instagram, das Lob Gottes *ist* das

Handy. Das ist so freilich noch roh und unzureichend gesagt, wir werden es ausdifferenzieren. Aber hier liegt die Pointe der relationalen Abhängigkeit der christlichen Religion von ihren Medien. An dem Punkt, dass das Medium selber die (frohe) Botschaft ist, müssen wir ausharren, ihn müssen wir erkunden, auch wenn er unkirchlich, undogmatisch, unfromm, ungemütlich anmutet. Es ist das Eisenbahnende Christi zu denken, das Instagrammable der Kirche, das Netzwerkende des Gotteslobs. Sie sind zu denken nicht als weitere Optionen der Kommunikation, die mit dem technischen Fortschritt hinzugekommen wären. Sondern als harte Limitationen der Faktizität des Christentums, jenseits derer es nicht existiert, jenseits derer nicht einmal Gott existiert. Es hat noch nie, in der heutigen digitalen Ära aber am allerwenigsten, einen archimedischen Punkt des Christentums gegeben, an dem sich alle seine kommunikativen Praktiken messen und von dem her sie sich korrigieren und kritisieren lassen mussten. Die Konstantinische Wende, die dies vorgaukelte, wendet sich abermals und endgültig. In einem riesigen, zweitausendjährigen Spiralgang ist das Christentum wieder in der Nähe seines Ausgangspunkts angelangt. Seine Gegenstände, Gestalten und Institutionen verschwinden. Mindestens als Maß der Medienpraxis werden sie untergehen. Die göttliche Medienpraxis oder die medienpraktische Göttlichkeit, was dasselbe ist, bleibt.

Was haben wir zu tun, um an diesem Nullpunkt zweiter Ordnung auszuharren und seine Kälte, seine Offenheit zu ertragen? Wir werden nicht die digitale Kommunikation von der Kirche her beurteilen. Wir werden nicht die gegebenen Liturgien mit den Fetischen und Frömmigkeiten des medialen Flows aufhübschen. Wir messen das Internet nicht an den christlichen Institutionen. Wir verurteilen den Theismus der digitalen Götterwelt nicht mit dem Atheismus des Christentums. Wir werden auf eine gesonderte Analyse der Kirchlichkeit, der Rechtgläubigkeit, der sozialen Struktur, auch der Ethik der christlichen Techno-Logik verzichten. Wir gehen tendenziell umgekehrt vor, jedenfalls ist unser Ausgangspunkt der umgekehrte. Wir nehmen die intrinsische Frömmigkeit des medialen Flows selber in den Blick, wir versuchen die implizite Göttlichkeit von informationstechnologischen Prozeduren selber zu erfassen, wir suchen die heiligen Zeit-Punkte der Netzwerklandschaften direkt auf. Von dort aus rechnen wir nicht auf eine Kirchlichkeit oder eine Dogmatik dieser Prozeduren hoch. Nicht nur, weil das eine verwegene Spekulation auf die Zukunft des Christentums wäre. Wir halten das schlicht nicht für möglich. Kirche und Dogmatik sind in einer technologisierten Religiosität nichts weiter als temporäre Effekte, die ein technologisches System selber erzeugt, um sich so lange stabil zu halten, bis seine Prozedur in die göttliche Sphäre vorgedrungen ist. Danach geht in veränderter technologischer Anordnung, die wie jedes Ereignis eine eigentümliche und für uns Christen ungewohnte Einmaligkeit hat, das religiöse Spiel ganz von vorn los.

1.2 Gott im Hier und Jetzt

Vor rund zwanzig Jahren wurden zwei bemerkenswerte religionsgeschichtliche Fragen formuliert, beide thematisierten den offenkundigen Niedergang des Christentums. Die eine stellte Charles Taylor: Warum war es einem gewöhnlichen Menschen in Europa bis um 1600 nicht möglich, nicht an Gott zu glauben, und warum ist es einem gewöhnlichen Menschen heute nicht möglich, an Gott zu glauben?[1] Die andere kam von Jean-Luc Nancy: Wenn der Glaube an Gott eigentlich nicht möglich ist, inwiefern tun es die Christen dennoch? Warum lassen sich die Christen auf einen Glauben ohne Gott, auf einen nur wenig verhohlenen christlichen Atheismus ein?[2]

Seit rund denselben zwanzig Jahren aber werden merkwürdige Dinge ins Werk gesetzt, Dinge, die Taylor massiv irritieren müssen. Im Schweizer Jura, nahe der deutschen Grenze, wurde in einem ausrangierten Telefonhäuschen eine Maschine installiert, der Volksmund nennt sie Schulterklopfmaschine. Sie spendet Anerkennung für eine gute Tat. Eigentlich ist das eine klassische Aufgabe Gottes. Was ihr einem meiner geringsten Brüder getan habt, das habt ihr mir getan, und dafür werdet ihr in die ewige Seligkeit eingehen, sagt Jesus im Matthäusevangelium. Die Zeit der ewigen Herrlichkeit oder aber des ewigen Jammers wird mit absoluter Gewissheit kommen. Wer als Wohltäter diese absolute Gewissheit hat, wird sein Erdendasein überschauen und abwarten können. Dass sie gewiss kommt und die gute Tat nicht im Weltgetriebe zerrieben wird, ist das Göttliche des Heilsversprechens, nicht so sehr die unermessliche Größe des Heils. Doch gibt es viele Wohltäter, die dieses Vertrauen in ein vor zweitausend Jahren dahingesagtes Gleichnis nicht haben. Auch sie wollen Anerkennung, und obwohl sie kirchlichen Versprechungen keinen großen Glauben schenken, wollen sie eine in gewissem Sinn göttliche Anerkennung. Wir nennen sie göttlich, weil auch die ungläubigen Wohltäter ihre allzu profanen Erfahrungen mit der menschlichen Missgunst, Trägheit und Selbstsucht gemacht haben und Anerkennung von ihren Mitmenschen nicht wirklich erwarten. Sie erstreben die Vergeltung ihrer Tat mit genau derselben absoluten Gewissheit wie die bibeltreuen Wohltäter. Wenn sie tatsächlich kommt, entgegen aller menschlichen Erwartungen, werden sie ganz ohne Bibellektüre und Kirchenmitgliedschaft ihre Erfahrung göttlich zu nennen bereit sein. Die Schulterklopfmaschine liefert ihnen diese Erfahrung. Sie erzählen der Maschine in eigenen Worten von ihrer guten Tat oder wählen auf dem Touchscreen vorformulierte gute Taten aus den Kategorien Familie, Beruf, Verkehr und einigen anderen aus. Mit einem O.K.-Button wird die gute Tat abgerundet und von der Maschine akzeptiert. Die Anerkennung erfolgt garantiert, was informationstechnisch heißt: definitiv innerhalb einer bestimmten Zeitspanne, die hier ein paar Sekunden beträgt. (Für den christlichen Wohltäter ist die Spanne gleich die Restlaufzeit seines Erdendaseins, aber der Unterschied ist graduell. Entscheidend für die Göttlichkeit ist, dass es eine echtzeitliche Spanne ist.) Dann erfolgt sicht- und hörbarer Applaus und es wird ein Coupon ausgegeben, der beim Bäcker oder in der Gastronomie vor Ort eingelöst werden kann. Eine physische Schulterklopfrobotik hatten die Macher auch erwogen, wegen der Unfallgefahr wurde darauf verzichtet.

Denken wir uns zwei theologische Argumente gegen den göttlichen Sinn des Schulterklopfcomputers, denn um eine Rechenmaschine handelt es sich, die einen recht schlichten

Algorithmus ausführen kann. Das erste Argument will sich nicht damit abfinden, dass Gott in einem simplen Rechner steckt. Zugleich nicht damit, dass unser guter Mensch von Gott auf Erden vergessen wurde. Wer Gutes tut, dem werden Gutes und Barmherzigkeit ein Leben lang folgen, verspricht ein alttestamentlicher Glaubenssatz, vielleicht nicht binnen Sekunden, aber doch binnen Lebenszeit. Sein Leben wird ein Segen sein, sagt man fromm, Menschen werden ihm begegnen und Umstände sich auftun, die ihm das Gute vielfältig zurückgeben wie dem Sämann, der für das eine Saatkorn eine reiche Ähre erntet. Wo aber soll da der Unterschied zur Schulterklopfmaschine sein? Zwar bleibt der gute Mensch im allzu menschlichen Ungewissen, wann, wo, wie viel und ob überhaupt er ernten wird. Seine Ernte hängt nämlich von einer anderen guten Menschentat ab, und die ist so un-wahrscheinlich – im Sinne von nicht mit Wahrscheinlichkeitsrechnung quantifizierbar – wie seine eigene. Aber wenn das biblische Versprechen gilt, dann hat Gott in un-wahrscheinlicher Zeitspanne bei dem Mitmenschen die gute Tat der Anerkennung ausgelöst. Die Anerkennung hat sich damit um einen Schritt verlagert von der Schulterklopfmaschine auf den anderen Menschen, ist aber strukturell genau dieselbe geblieben, da Gott computergleich eben auf den Mitmenschen eingewirkt hat statt auf den guten Menschen selber. Mit dem anderen Argument steht es nicht viel besser. Es ist nur noch raffinierter darin, die göttliche Faktizität der Anerkennung in einem Überall und Nirgendwo verdunsten zu lassen. Dieses sehr kirchliche Argument fragt unseren guten Menschen rhetorisch zurück, warum er überhaupt eine konkrete irdische Anerkennung brauche, in der Erlösungstat Christi sei sie doch schon erfolgt. Aber ist dieser kirchliche Dispens von einem konkreten Zuspruch akzeptabel?

Als die Sünderin Jesus die Füße wäscht, nimmt er die gute Tat nicht stumm an, weil ihre Sünden immer schon und aus irgendeinem prinzipiellen Grund vergeben seien. Er spricht ihr die Sündenvergebung unmittelbar zu, und damit ist ihre gute Tat in Echtzeit und an konkretem Ort mit einer anderen guten Tat vergolten. Freilich, Jesus ist Gott. Aber er ist hier genau deshalb Gott, weil er das Vergelts Gott indikativisch spricht und nicht konjunktivisch auf unbestimmte Zeit hinausschiebt. Der Konjunktiv ist Menschenmodus, Gott ist indikativisch.

Wir haben bereits alle Gedanken gestreift, warum es einen Segensroboter geben kann und warum er früher oder später gebaut werden würde, so wie früher oder später eine Tauf-, Beicht-, Lob-, Predigt-, Abendmahl-, Betmaschine gebaut werden wird und wie kirchliche Blockchains vor der Tür stehen, die ein religiöses Lied oder ein Glaubensbekenntnis in je aktuelle, unabänderliche Zustände überführen. Das ethische Naserümpfen gegen die Schulterklopfmaschine fand sein Pendant im kirchlichen Naserümpfen gegen den Segensroboter BlessU-2, der +2017 bei einer Ausstellung zum Reformationsjubiläum vorgestellt wurde. Der Informationsfluss dieser Maschine ist, bis auf den Beginn, identisch mit dem der Schulterklopfmaschine: Jemand wünscht einen Segen, sei es, dass er wie der gute Mensch im Nettauertal glaubt, ihn sich verdient zu haben, sei es genau das Gegenteil, dass er befürchtet, ihn verwirkt zu haben. Dieser Beginn ist etwas offener als bei der guten Tat, aber wie bei jener kommt es auf die Faktizität einer menschlichen Aktion nicht an, sondern auf die Faktizität der algorithmischen Re-Aktion. Um deren Sicherstellung geht es. Was vorher genau geschah, wird immer im Nebel menschlicher Einschätzung bleiben und es wird überwunden. Der Segensbedürftige startet das Programm, wählt einen

Segenswortlaut aus und bekommt ihn nach wenigen Sekunden über ein vorgefertigtes Audiofile zugesprochen, auf Wunsch auch ausgedruckt. Wie ein banger Zauberlehrling und in geradezu atheistischer Gottverleugnung behauptet die kirchliche Begleitmusik, es gehe bei BlessU-2 darum, mit den Menschen „ins Gespräch zu kommen" über den Glauben in einer digitalisierten Welt.[3] Die Wahrheit ist viel einfacher, sie liegt bei den Usern:

Man möchte sich einen Segen abholen, so faktisch und definitiv wie möglich, so definitiv wie der Erstgeburtssegen bei Jakob lag, der den Knopf des Segensroboters drückte, und nicht bei Esau, der ihn nicht drückte. Gegen das Ansinnen, konkrete göttliche Emanationen, die die Kirche mit ihren sakramentalen Handlungen selber initiiert, gleich wieder ins universalistische Ungefähr verdunsten zu lassen, setzt sich die Faktizität der Emanationen durch. Es liegt in der Natur dieser Faktizität, algorithmisiert zu werden, um die Echtzeitlichkeit und das tatsächliche Resultieren des sakramentalen Akts sicherzustellen. Wir erkennen hier, verschwommen hinter dem Schleier einer übervorsichtigen und der alten Dogmatik verhafteten kirchlichen Kommunikation, die Matrix der religiösen Digitalisierung: Die ganz gewöhnlichen christlichen Vollzüge werden es sein, die – sei's experimentell wie beim Segensroboter, sei's in schierer alltagsdigitaler Pragmatik wie dem Benutzen eines sozialen Mediums für einen seelsorgerlichen Dienst – in der technologischen Prozedur ihr neues Gesicht entbergen. Der Schleier des Allzu-Menschlichen, des konzilianten Nicht-wissens-aber-doch-Glaubens, des in endlose Sinnbezüge Zerfasernden reißt und eine direkte Göttlichkeit tritt hervor.

Taylors Diagnose, der moderne Mensch könne nicht mehr an Gott glauben, war für das 20. Jahrhundert plausibel. Im

21. Jahrhundert zeigt sich, dass sie nur eine Oberfläche der Moderne erfasst. Die Natur birgt für das moderne Bewusstsein keine Geheimnisse mehr, für die nur Gott verantwortlich sein könnte. Selbst unanschauliche Dinge wie Elektromagnetismus, Quantenzustände, Atomphysik oder vieldimensionale Raumzeit sind dem menschlichen Wissen zugänglich. Offene Fragen gibt es genug, aber keine davon muss für immer Gottes Geheimnis bleiben. Der Mensch hat gelernt, mit diesen Feuern die Gren-
zen des alten Homo sapiens von Raum, Zeit und Kausalität weit zu übersteigen. Weil frühere Zeiten all dies der göttlichen Allmacht zuschlugen, soll seine Verfügbarmachung nun ein Grund sein, sich von dem Gedanken Gott abzuwenden. Diese Version von Säkularisierung mochte im 19. und 20. Jahrhundert überzeugen. Wenn aber ausgerechnet die neuen Religionsmaschinen mit ebendiesen Feuern spielen, muss die Diagnose uns für das 21. Jahrhundert skeptisch stimmen. Nicht nur hat sich längst, seit Kepler, Galilei, Leibniz, Maxwell, Darwin spätestens, ein Bild von Gott als hinfällig erwiesen, der dort sei, wo der Mensch nicht hingelange. Die Sache kippt gerade ins Gegenteil. Gott ist genau dort, wo der Mensch auch hinkommt, womit nicht Liebe, Frieden und Bewahrung der Schöpfung gemeint sind, wie die inzwischen verstummten christlichen Sonntagspredigten meinten. Vielmehr ist etwas viel Offensichtlicheres, Konkreteres, in gewisser Weise Wohlbekanntes gemeint, nichts anderes nämlich als das gesamte wissenschaftliche Wissen selber. Auf der Rückseite seiner säkularisierenden Kraft zeichnet sich spiegelbildlich eine theisierende Gegenkraft ab. Wir werden diesen Punkt in möglicher Klarheit noch ausleuchten, aber so viel lässt sich einer ersten Erkundung der neuen Religionsmaschinen schon entnehmen, dass es ausgerechnet die evidente Erklärbarkeit, die rechnende

Rationalität, die instantane Innerzeitlichkeit der technologischen Apparate ist, aus denen das Göttliche grüßt. Dafür war die Säkularisierungsthese systematisch blind. Ebenso systembedingt konnte die Dogmatik nur im Gleis der negativen Theologie denken: Da ist eine Naturgesetzmäßigkeit, also ist Gott hier nicht, dort ist eine, also ist er dort auch nicht, und so weiter, bis Gott das Nichts zur Welt schlechthin wurde. Die religiösen Maschinen erproben frech das Gegenteil. Sie zitieren Gott in die blanke Anwesenheit herbei, sie ziehen ihn an der algorithmischen Leine in die schiere Realität. Aber nicht im Wissen steckt Gott, so wie er früher im Nichtwissen steckte. Er grüßt aus der Anwendung. Er nähert sich in der Performance von Wissen. Er lässt sich dort herbeizitieren, wo es einen User gibt, der buchstäblich auf Knopfdruck Gott spielt. Wie der Romanheld Hans Castorp, der in einem Schweizer Sanatorium am Vorabend des Ersten Weltkriegs auf den Knopf eines Grammofons drückt und schöne Stimmen herbeizitiert, deren Körper nicht im Raum oder gar schon unter der Erde sind. Das beschert dem bislang religiös Unmusikalischen ungekannte göttliche Gefühle, es lässt ihn die Hände falten beim Hören und den Apparat einen Schrein und Sarg und Tempel nennen. Das Zitieren, das Lesenkönnen, das Performen der göttlichen Signaturen der Welt ist die Prozedur, die mit dem Knopfdruck in Gang gesetzt wird. Dafür braucht es, wie wir sehen werden, dann doch eine kritische Masse an Technologie, über die die vormoderne Technik nicht ohne Weiteres verfügte.

Das Resultat selber, das die Religionsmaschine ausgibt, spielt eine untergeordnete Rolle. Bei Hans Castorp ist es das Ende der Rillenspirale, wo der Tonabnehmer leerläuft, die Epiphanie vorbei ist und wieder die banalen Alltagsgeräusche die Regie im

Raum übernehmen. Er nimmt die Platte vom Gerät und verstaut sie wieder im Schrank, wie wenn man nach der Messe das Sakramentsbesteck wegräumt. Der ausgedruckte Segen ist ein Streifen Thermopapier, der bald verloren und vergessen sein wird. Der Gut-gemacht-Coupon wird beim Bäcker gegen ein Stück Kuchen eingetauscht und rasch verdaut sein. Das Resultat der Religionsmaschinen stellt sich zurück in die eine existierende Welt, von der es ein unbedeutender gegenwärtiger Ausschnitt ist. Den Segenscoupon kann sich Jakob – und gegen erneuten Knopfdruck anschließend auch Esau – abholen. In ihm liegt kein Versprechen mehr auf die Zukunft. Vielmehr hat er dem User Augen und Ohren für die Gegenwart geöffnet, die sich vor ihm in ihrer Göttlichkeit vollzieht.

Die in der Gegenwart verharrende Zeitstruktur der Religionsmaschinen ist höchst bemerkenswert. Wir überschauen das vielleicht deutlicher, wenn wir sie mit anderen religiösen Tendenzen unserer Zeit vergleichen. Wir meinen damit nicht Verschiebungen zwischen den drei großen Monotheismen. Wir meinen das Aufkommen neuer Monotheismen. Natürlich zeichnet sich keine neue Weltreligion ab, die Judentum, Christentum und Islam Konkurrenz machen könnte. Aber es ist interessant zu beobachten, dass es aktuelle ideologische Strömungen gibt, die einige wesentliche Merkmale des Monotheismus aufweisen. Dergleichen gab es über Jahrhunderte nicht. Etwa werden dem Klimaaktivismus religiöse Züge attestiert.[4] Ob man das für plausibel hält oder nicht, man wird konzedieren müssen, dass es eine Nähe zum Glauben an *einen* Gott gibt. Das wird einsichtig, wenn man sich klarmacht, dass der monotheistische Gott sich immer auch über die Regeln definiert, die er den Menschen gibt, um ihn zu finden oder ihnen umgekehrt klarzumachen, dass sie bei Nichtbefolgung von ihm getrennt sein werden. Dieses Merkmal der Observanz ist zentral in der Klimaideologie, es macht sie zur Religion, indem sie Gebot und Verbot definiert, die ihrerseits den Klimagott definieren. Monotheismus und religiöse Monothematik sind miteinander verschränkt. In der Klimareligion ist das Monothema der Energiehaushalt der Welt, darauf ist die gesamte Observanz bezogen, so wie etwa im Judentum die Observanz auf die Erhaltung des auserwählten Volkes bezogen ist. Für derartige Monothematiken ist Homo sapiens ziemlich ungeeignet. Er muss seiner ins Fremde, Unbekannte, Unendliche strebenden Natur gemäß auf vielen Hochzeiten zugleich tanzen, was ihn kategorial vom Tier unterscheidet, aber eben bei monothematischen Anforderungen notorisch scheitern lässt. Er wird nolens volens zum Sünder, damit notwendigerweise erlösungsbedürftig. Hier kommt das vielleicht bedeutsamste Merkmal der Monotheismen ins Spiel, der eschatologische Zeithorizont. Der Mensch, der notgedrungen scheitert an monothematischen Anforderungen, kann nicht auf innerweltliche Erlösung hoffen; sie wird erst nach dem Ende der Zeiten erfolgen. Von der erwarteten Zeitenwende her formen sich Hoffen und Fürchten, Lieben und Hassen. Vor allem formt sich von ihr her der Gott: Stets wird es ein abwesender, jenseitiger, und mit Nancy muss man sagen: atheistischer Gott sein.

Mit diesen monotheistischen Kategorien lässt sich eine ganze Reihe ideologischer Erscheinungen unserer Tage durchdeklinieren wie der Postkolonialismus, die Identitätspolitik, der Anti-Antisemitismus, alle nicht zu Unrecht bereits als Religionen etikettiert. Kaum jedoch wurden sie als Monotheismen erkannt. Ihre Monothematik gebiert den Monotheismus, ihr Monotheismus gebiert einen Universalismus und einen Transzendentalismus, der alle menschlichen Dinge zu allen künftigen Zeiten vom Monothema her begreift. Typisch für solchen Universalismus und seine eschatologische Geschichtszeit, dass er keine Inkarnation und keine echten Heiligen, dafür viele Propheten hat. Er bildet keinen tätigen Pietismus aus, der in jedem gepflanzten Apfelbaum, in jedem gegründeten Waisenhaus und, ja, auch jedem installierten Segensroboter Gott am Werk sieht. Er fordert zwar zur Umkehr auf, aber niemand wird dadurch seinen universalen Kolonialismus, Antisemitismus oder Rassismus los.

All das werden wir in einer digitalen Frömmigkeit, die zugleich eine Frömmigkeit des Digitalen ist, niemals antreffen. Warum sollte die digitale Frömmigkeit auf Erlösung warten und auf das bessere Jenseits? Die Erlösung geschieht, hier und jetzt. Das Gottesreich liegt nicht im Jenseits, es kommt nahe herbei in der medialen Prozedur. Warum observant auf ein Monothema starren? Der digitale Gott hat kein genuines Thema, weder eine Umweltethik noch eine Sexualmoral noch die Nächstenliebe. Er kann sich buchstäblich in jedem Thema inkarnieren und wir werden noch auf viele heilige Orte und Dinge stoßen. Ist es nicht höchst bemerkenswert, dass sich mit der sich digitalisierenden Frömmigkeit eine Abkehr vom Universalismus vollzieht? Und dass uns, uns Christen, mittlerweile eher etwas am globalen Universalismus von Glaubenslehren faul vorkommt als an der lokalen konkreten Gottesbegegnung? Viel lieber möchten wir so denken: Klimawandel und Rassismus sind bedrohliche Erscheinungen, lasst uns vor unserer Haustür damit beginnen, ihnen etwas entgegenzusetzen. Willkommen in der Frömmigkeit des digitalen Gottes. Genauso denkt auch sie. Genauso inkarniert sich der Gott des Digitalen. Wo er ist, sind auch wir. So lokal ist das Prinzip Hoffnung in der digitalen Religion geworden. So lokal wird auch unsere Analyse sein. Eine theologische Analyse von Utopien und Kontrafaktizitäten bei der Technologisierung der Frömmigkeit würde ins Leere laufen. Die Grenzen der Eisenbahnlinie oder die einer verschalteten Hardware sind die Grenzen der Gegenwärtigkeit und die Grenzen Gottes. Alles darüber hinaus ist wüstes diabolisches Hirngespinst und in Wahrheit viel kleiner und ohnmächtiger als der digitale Gott, der auf einen begrenzten Gegenwartspunkt auch wirklich durchgreift.

Wir täten nicht gut daran, die Glaubensdimensionen zu entfalten, die sich im Inneren der Begegnungen mit dem digitalen Gott ergeben. Solches Entfalten vollzog sich in dem Raum, den die Theologie treffend als nachösterlich bezeichnet. Es ist jene postfaktische Innerlichkeit, in der die fragwürdigen christlichen Selbstermächtigungen sich vollzogen. Die einmalige Er-Kenntnis des Tu es Christus vollzog sich noch in der realen Anwesenheit Jesu, das unendlich wiederholbare Be-Kenntnis hat sich aus der Faktizität schon entfernt und mutiert zum Tu es Petrus. Es kann zu allen möglichen weiteren Bekenntnissen mutieren, denn sobald man aus der sanften Gewalt des Erfahrens entlassen ist und auf seine Erfahrung zurückblickt, hat sich mit einem Mal der Raum ins Grenzenlose geweitet. Der Sinn schießt über ins Unendliche. Diese potenzielle Unendlichkeit ist in der Kirchengeschichte arg überdehnt worden; heute bezahlen die schrumpfenden Kirchen dafür die Rechnung. Die digitale Frömmigkeit ist das Antidot zur universalistischen Versuchung. Sie wird nämlich intrinsisch begrenzt durch die operativen Logiken, die in ihr walten. Die operative Logik einer digitalen Religionsmaschine und nichts außer oder vor ihr ist die harte Grenze, innerhalb derer sich der Sinn des Glaubens abspielt. Das Stück Thermopapier und das Stück Kuchen zerfallen ins Nichts des Weltenlaufs; lächerlich geradezu, in ihnen einen Fels sehen zu wollen, auf dem Kirche gebaut werden könnte. Aus diesem Grund wird es auch nicht gelingen, über das operative Erfahren Gottes „ins Gespräch zu kommen". Man hätte buchstäblich das Momentum verpasst. Es wird deshalb für die digitale Glaubenspraxis wie für unsere Analyse darauf ankommen, den operativen Moment nicht zu versäumen. Die Operativität der faktischen technologischen Performance wird die Grenze von Kirche und Kirchengemeinde definieren. Wenn sich Kirchengemeinden hierzulande beklagen, das Onlineangebot der Nachbarparochie stehle ihnen die Gottesdienstbesucher, dann ist sie offenkundig mit dieser Grenze schmerzhaft kollidiert. Wir tun gut daran, uns nicht bei jenem Schmerz aufzuhalten, sondern beim Procedere der Nachbarparochie. Das ist keineswegs immer die Seite des Erfolgs, es ist nicht weniger und nicht mehr als die des operativen Momentums. Dem steht der imperiale Anspruch der ersteren Kirchengemeinden entgegen, der universalistische Anspruch also, das Gebiet unbedingt zu repräsentieren. Die Imperien haben Macht und tendieren dazu, zurückzuschlagen. Die Qigong-Bewegungen etwa, die in China in den +1990er-Jahren aufkamen (am bekanntesten: Falun Gong) und weitgehend in digitalen Praktiken bestanden[5], sind heute so gut wie ausgetrocknet. Vom chinesischen Reichsgedanken wollten, systembedingt auch: konnten sie sich nicht imprägnieren lassen. Der Preis dafür, postfaktische Glaubensdimensionen eben nicht aufzuspannen und konsequent darauf zu verzichten, zum Imperium ein Gegenimperium zu errichten, muss unter Umständen bezahlt werden, es ist der Preis des raschen Verlöschens. Aber der ist es wert, man hat für ihn eine wirkliche Gotteserfahrung erhalten.

Die scharfe Frontstellung von einem prozeduralen und einem universalistischen Gottesverständnis stellt uns allerdings vor eine weitere Versuchung: Was ist mit den wohlbekannten digitalen Giganten, die mit ungenierter Pseudoreligiosität auftreten und von der Hybris einer gottgleichen Allmächtigkeit befallen sind?[6] Ihr Gebaren und in gewissem Sinn damit ihre Universalität basiert in der Tat auf gewissen Eigenschaften des Digitalen, die diversesten Realitäten mit erstaunlicher Präzision repräsentieren zu können, und daran ist, wie wir bald näher beleuchten, unzweifelhaft etwas Religiöses. Aber ist das ein Grund, das Kind mit dem Bad auszuschütten und immer gleich Götzendienst und Teufelswerk zu wittern, wenn auf der religiösen Klaviatur gespielt wird? Wir werden genau hinsehen müssen, welche Techniken der Ausbreitung ins vermeintlich Universale hier am Werk sind und ob es dieselben sind wie des Tu es Petrus. Es wird sich eine tiefe Differenz zeigen, und ein erster Hinweis ist der Umstand, dass die Techgiganten keine Eschatologie und keine Jenseitsvorstellung ausbilden. Zwischen den Prozeduren des Annäherns und Ausbreitens und der Selbstermächtigung zur Repräsentation verläuft eine feine Trennlinie. Die Religiosität der Techgiganten scheidet sie nicht auf die eine oder die andere Seite, sie schneidet mitten hindurch. Worauf wir methodisch bei den Kirchen verzichten, nämlich die christliche Medienpraxis von der Kirche her zu analysieren, wird bei den Plattformunternehmen Pflichtübung sein: Soweit sich ihre religiöse Anmutung aus der Medienpraxis selber ergibt, ist sie unser Thema, ob uns Kirchenchristen das gefällt oder nicht.

Wir machen uns darauf gefasst, dass der Gott, der aus der Kiste einer technologischen Performance uns entgegenspringt, eine immer andere Gestalt hat. Er ist das eigentliche Resultat der

Performance, wohingegen der Endzustand der Performance als Erdenrest zur Erde zurückfällt. Er ist aber eben das Resultat einer bestimmten und einmaligen Performance. Jeder informationstechnologische Vorgang verwickelt ein kontingentes Stück Hier und Jetzt in sein algorithmisches Spiel, und diese gegenwärtige Kontingenz ist unhintergehbar. Es gibt keine Software, lautet ein ehernes Gesetz der Medientheorie[7], was im Umkehrschluss besagt, dass es nur Hardware gibt, oder genauer: je einmalige, unwiederholbare Zustände von Hardware. Diese Zustände sind dann das je einmalige, unwiederholbare Antlitz Gottes. Sie lassen die primitive Vielgötterei und den starren Monotheismus gleichermaßen hinter sich, die beide den irrigen Gedanken der universalen, immer schon und jenseitig, also letztlich atheistisch existierenden Gottheit brauchen, die im Offenbarungsprozedere immer nur repräsentiert wurde. Aber eine technologische Prozedur repräsentiert nichts, sie ereignet sich. Die Vorstellung, dass Jakob *und* Esau auf den Knopf des Segensroboters drücken können und sich jedem von beiden ein Gott zeigt, schmeckt verwöhnten Christenmündern herb, aber wir kommen an ihr nicht vorbei. Der digitale Gott erzwingt einen neuen Begriff von Inkarnation. Etwas kommt zur Erde und wird zu Erde in einer technologisierten religiösen Erfahrung – aber ist das identifizierbar mit dem immergleichen einen Gott oder mit dieser und jener immergleichen Göttin, die von sich sagt, ich bin, die ich bin? Wir haben unsere Zweifel und hegen die Vermutung, dass die Inkarnation des digitalen Gottes in gewisser Weise schwächer und begrenzter sein muss als die der klassischen Trinitätslehre.

Was konstant bleibt im digitalen Gottesspiel, ist nicht der Gott, sondern der Mensch. Dieser Umstand ist allerdings nüchtern, banal und ohne großes theologisches Gewicht. Wir

Menschenkinder hoffen und fürchten, lieben und hassen alle auf sehr ähnliche Art. Jeder von uns hat dieselben zwei Hände zum Falten, überall in der Welt legen wir in gleicher Weise den Kopf in den Nacken und schauen mit derselben Sehnsucht in die Ferne, wir berühren den geliebten oder verhassten Mitmenschen an denselben Stellen und in denselben Frequenzen. Daraus gehen kulturunabhängig sehr ähnliche kultische Grundformen
 hervor. Wenn wir später die Digitalisierung des Betens, Segnens, Taufens, Predigens und so weiter analysieren, dann wird der menschliche Ausgangspunkt dieser Kultformen ziemlich uninteressant sein. Größere Aufmerksamkeit hingegen verdient das technologische Prozedere der Kulthandlungen: Sie müssen sich gemäß einem Algorithmus, der materialisiert ist in Halbleitermaterie, einen Weg durch eben dieselbe Halbleitermaterie bahnen. Es gibt keine Software. Der Mensch als Ausgangspunkt ist der schlecht universalistische, verallgemeinerbare und vernachlässigbare Faktor in diesem stets einmaligen Spiel. Der Mensch als Involvierter im Spiel des digitalen Gottes hingegen ist höchst relevant; er muss halt damit rechnen, dass er nicht als derselbe herauskommt, als der er hineingegangen ist. Wer ist Jakob, der auf den Knopf des Segensroboters drückte? Die Frage ist sehr viel weniger trivial als sie scheint, sobald wir uns die dazugehörige Frage stellen, wer derjenige ist, der den Segen spendet. Letzterer ist offenkundig in die laufende Maschine involviert – und in exakt gleicher Weise ist es auch derjenige, der den Knopf drückte. Die Konkretion Gottes im digitalen Ereignis hat eine Kehrseite: die Konkretion eines Menschen-Ichs im digitalen Ereignis. In der digitalen Religion verschwindet nicht nur der universalistische Gott, es verschwindet in gleicher Weise der universalistische Mensch. An jenen Gott hat gemäß Taylor sowieso schon

lange kaum jemand noch geglaubt. Dass der gläubige Mensch verschwindet, was wohlgemerkt nicht heißt: dass er als Mensch oder als Christ eliminiert wird, eher: materialisiert, oder theologisch: in das aktuale göttliche Schöpfungsprozedere hineingenommen – das ist die bahnbrechende Erkenntnis. Mit ihr wird Taylors Diagnose unterlaufen, und das bedeutet für das weitere 21. Jahrhundert ganz einfach: falsch.

1.3 The medium is the (happy) message

Wir verstehen die Digitalisierung des Christentums und die Digitalisierung Gottes nicht, wenn wir den Satz „The medium is the message“[8] nicht verstanden haben. Der Satz ist noch ein ehernes Gesetz der Medientheorie, keinesfalls ein Glaubenssatz. Theorien müssen ihre Erklärungskraft am konkreten Fall erweisen,

sonst taugen sie nichts, und dieser Satz wird Tauglichkeit nicht schuldig bleiben. Kein Medium, so könnte man ihn vorläufig paraphrasieren, ist einfach nur Leitung oder Esel für eine Botschaft, die durch sie hindurchgeschickt oder von ihr transportiert wird von da nach dort. Die Botschaft wird eins mit ihrem Transportmittel. Freilich ist der Strom nicht mit dem Kupferkabel identisch, durch das er fließt, und der König nicht mit dem Esel, auf dem er reitet. McLuhans Theorem wird erklärungskräftig, wenn wir das, was ankommt, als den im Kupferkabel ankommenden Strom und den auf einem Esel reitenden König auffassen. Es gibt keinen Strom jenseits des Kupferkabels und keinen König jenseits des Esels. Das ist die adventliche Botschaft von „The medium is the message“. Sie streicht die Abstraktion oder die universalistische Existenz von Strom und König durch. McLuhan, der ein gläubiger Katholik bis in die feinste Faser war, nannte den entscheidenden Anwendungsfall für sein Theorem selber: „In Jesus Christ, there is no distance or separation between the medium and the message: it is the one case where we can say that the medium and the message are fully one and the same.“[9]

Die Stimmen der Verstorbenen zu vernehmen, das war seit Anbeginn der Menschheit ein religiöses Geschehen. Im Christentum ist es die entscheidende Medienprozedur: an ihr hängt Ostern. Der ungläubige Thomas vernimmt die Stimme des gekreuzigten Meisters und erfährt ihn physisch in der Seitenwunde; Petrus wird von einer Stimme aus dem Himmel zur Heidenmission aufgefordert; der Verfasser der Johannesapokalypse hört den verstorbenen Jesus gleich auferstandenen Christus in seinen Visionen; der Auferstandene spricht in der frühchristlichen Vita Antonii. Unzählige Male hörten und sahen fromme Katholiken die lebendige Jungfrau Maria, die nicht anders als ihr Sohn eine irgendwann im ersten Jahrhundert verstorbene Frau von Fleisch und Blut war. Denken wir uns die letzten Worte eines Sterbenden, in ein hinreichend langes Schnurtelefon gesprochen, wie es sich Kinder basteln, sodass seine Stimme am anderen Ende der Leitung erst ankommt, als das Herz schon stillsteht. Denken wir den in Big-Data-Zeiten nicht mehr abwegigen Gedanken, dass die gesamte energetische Information, die der irdische Jesus mit seinen Stimmbändern in die Luft von Galiläa einschrieb, bis heute zirkuliert und theoretisch zurückverfolgt werden könnte. Von hier aus erinnern wir uns an die Stimmen der verstorbenen Diven, die in eine Grammofonrille eingeschrieben sind und aus dem Trichter an Hans Castorps Ohr dringen. Von hier aus haben wir uns den Hund aus Francis Barrauds Gemälde zu vergegenwärtigen, der am Grammofontrichter auf „His Master's Voice" hin artig Platz macht, obwohl der Master schon tot ist. Zwischen einer technologischen und einer religiösen Lesart dieser Hörphänomene sind es nur wenige Schritte. Die Auditionen und Visionen des verstorbenen Jesus in den Tagen nach der Kreuzigung ergaben den Auferstandenen; der Auferstandene ergab das Christentum. Die (frohe) Botschaft ist verschränkt mit dem Medium. Wir kommen der religiösen Wucht all dieser Botschaften nur auf die Spur, wenn wir uns an das Verstehen dieser Verschränkungen machen.

Die protestantische Theologie hingegen hat „His Master's Voice" so gehört: „Aber ist denn alles wahr, was in der Bibel steht? Ich will einen etwas modernen Vergleich machen. An allen Strassen (sic) sieht man Plakate der Grammophongesellschaft ‚His masters voice' (sic), das heißt auf Deutsch: ‚Seines Meisters Stimme'. Also, will die Grammophongesellschaft sagen: kauf eine Platte, und du hörst des Meisters, Carusos Stimme. Ist das wahr? Aber sicher! Wirklich seine Stimme? Jawohl! Und doch – ja eben: der (sic) Grammophon macht halt noch sein eigenes Geräusch. Das ist nicht des Meisters Stimme, das ist Gekratz von Hartgummi. Aber schilt nicht über den Hartgummi! Nur durch die Hartgummi-Grammophonplatten kannst du ‚des Meisters Stimme' hören. Sieh, so ist's mit der Bibel. Sie macht dir des wirklichen Meisters Stimme vernehmlich, wirklich seine Stimme, seine Worte, was er sagen will. Aber es hat Nebengeräusche dabei, eben darum, weil Gott durch Menschenmund sein Wort spricht. Paulus, Petrus, Jesaja und Moses sind Menschen. Aber durch sie sagt er sein Wort. Und als Mensch ist Gott auf die Welt gekommen, wirklich er, aber wirklich als Mensch. Darum ist alles wohl seine Stimme, aber mit all dem Störenden, das nun einmal zum Menschlichen gehört. Ein Narr, der auf die Nebengeräusche hört statt auf des Meisters Stimme!"[10]

Dieses Medienverständnis hat die christliche Theologie bis in die digitale Ära hinein beibehalten: Gott äußert sich als Wort Gottes, aber unmittelbar hat dieses Wort niemand je gehört, es wird nur als mittelbares, als Mittleres, als Medium repräsentiert. Medien im weitesten Sinn bezeugen und repräsentieren es: Menschen, Kirchen, Schriften, Kunstwerke und so weiter. Ist das nicht doch wie der Strom im Kupferkabel, der König auf dem Esel, Christus in der Eisenbahn oder das verstorbene Herrchen aus dem Grammofontrichter? Nein, ganz und gar nicht. Diese Medientheologie meint, wenn man von der medialen Repräsentation von Carusos Stimme das Rauschen des Mediums abzöge, hätte man den eigentlichen Caruso; wenn man dito von der medialen Repräsentation Gottes das Rauschen des Erdenrests abzöge, käme das eigentliche Wort Gottes heraus. Das Medium ist hier immer Repräsentationsmedium: Es repräsentiert eine Sache dort, wo sie nicht ist. Es lässt die eigentliche Sache übrig und bestätigt deren Eigentlichkeit immerfort, indem es sein Rauschen selbst als uneigentlich und unwahr kennzeichnet. Übrig bleibt und übrig bleiben soll ein absenter Gott, getrennt durch Erbsünde.

Denken wir diese Repräsentationsmedialität durch. Ziehen wir also das Knistern der Platte ab, danach das Knistern in der Aufnahmeapparatur aus Membran, Schalldose, Graviernadel und Wachswalze. Anschließend die Eigenfrequenzen in dem Raum, in dem Enrico Caruso und die Apparatur standen. Dann das Kleiderrascheln, als Caruso sang. Dann seine Atemgeräusche. Dann der Belag seiner Stimme, die feinen Indisponiertheiten jeder sängerischen Tagesform also. Dann die kleinen Intonationsfehler, die ihm unterliefen. Dann die minimalen Wackler im Timing. Wir häuten hier eine Zwiebel auf der Suche nach der eigentlichen Zwiebel. Die Sache wird noch aussichtsloser dadurch, dass es heute digitale Audiotechnik gibt, die diesen Weg in die Zwiebel hinein tatsächlich findet und dabei keine Grenzen kennt zwischen den Bedingungen in Carusos Umgebung und den Bedingungen bei Caruso selber. Audiotechnologie macht mühelos Caruso noch eigentlicher, als er es je war, so wie sie heutzutage standardmäßig ein Symphonieorchester in der Aufnahme so strahlend, rein und präzise spielen lässt, wie es nie spielte. Sie hat alle Elemente dessen, was die Stimme des Sängers Caruso ausmacht, faktorisiert und setzt sie nach Belieben wieder zusammen. Nicht Caruso als Mensch in seiner irdischen, bis +1921 existierenden Hülle, aber der Sänger Caruso zerstiebt vor unseren Augen und Ohren. Der singende Caruso ist in Gänze der auf dem medialen Weg zu uns kommende Caruso.

Eine Religion kann und muss fähig sein, auf das irdische Geschehen einen überirdischen Blick zu richten. Auch einen übergöttlichen? Die Frage scheint vermessen, und doch maßt sich eine Religion diesen Blick an, wenn sie zu wissen meint, Gott müsse es freistehen, sich hier oder dort zu manifestieren, das eine Medium zu nutzen oder ein anderes. Heute fährt er Eisenbahn, morgen Fahrrad, gestern kam er mit einem handgeschriebenen Brief, heute kommt er mit Instagram. Gestern spendete er den Segen über die erhobenen Hände des Pfarrers, heute, nur weil gemäß dem Stand der Technik Dienstleistungen digitalisiert werden können, mit dem Segensroboter. Mit den Medien von morgen wird er dann morgen kommen. Der Gott der Eisenbahn, des Segensroboters, der digitalen Ära – der Genitiv in diesen Formulierungen war klassischerweise ein Genitivus objectivus: Gott beanspruchte die Medien als Mittel seiner Repräsentation, hinter ihnen blieb er als solcher übrig und verborgen. Die klassische Verhältnisbestimmung von Gott und Medien aber scheitert am Gottesbegriff und am Medienbegriff. Beide werden uns dazu zwingen, auf den Genitivus subjectivus umzustellen.

In der Anfangszeit des Internet unterschied man zwischen Religion online und Onlinereligion.[11] Diese Heuristik speiste sich daraus, dass es die meisten Kirchen und Religionsgemeinschaften, die nun im Internet auftauchten, schon vorher gegeben hatte. Einige wenige allerdings nicht, sie konstituierten sich erst im Internet, und der soziale Raum, in dem sie ihre Frömmigkeit praktizierten, war hauptsächlich ein digitaler Raum. Die Unterscheidung schien also auf der Hand zu liegen, aber je länger es das Internet gibt, desto fragwürdiger wird sie. Eine schwedische Studie förderte schon in den Nullerjahren einige Fakten zutage, die ebenso auf der Hand liegen, zu der Unterscheidung aber vollkommen querstehen.[12] Untersucht wurde die Nutzung des Internets für religiöse Themen bei jungen Erwachsenen zwischen 15 und 23 Jahren. Je jünger ein Mensch, so eines der Ergebnisse, desto mehr bildet er im Internet seine Lebensbereiche ab und folglich auch den religiösen; je älter, desto mehr praktiziert er seine Religion außerhalb des digitalen Raums. Das dürfte heute immer noch so sein, mit lediglich nach oben verschobener Altersgrenze. Die Tatsache ist trivial und wird es noch einige Jahrzehnte sein, bis die Digitalisierung von schlichtweg allem eine natürliche Sättigung erreicht und sich die analogen Nischen etabliert haben, zu denen übrigens weder die Kirche noch die Kirchenmusik gehören werden. Ebenso banal ist, dass die Religiosität von Jüngeren tendenziell weniger institutionalisiert ist, und zwar unabhängig davon, ob sie aus kichlich gebundenem Elternhaus stammen oder nicht.

Wenig verwunderlich auch das andere Ergebnis der schwedischen Studie, dass die Anzahl der kirchenfernen Menschen, die sich digital mit Gott beschäftigen, größer ist als die der kirchennahen. Wie die Quote heute aussieht, nachdem noch einmal fünfzehn Jahre des kirchlichen Niedergangs ins Land gezogen sind, kann man sich denken. Medien bestimmen die Lage, auch die religiöse, nicht Kirchen. Die Glaubensgemeinschaften haben wenig Kontrolle darüber, was an Frömmigkeit im Netz los ist. Und zwar nicht nur, weil sie zu wenig relevant wären, sondern weil das Netz unmerklich ein religiöses Eigenleben entfaltet. Der Versuch, das Phänomen der religiösen Frömmigkeit mit der Differenz von Religion im Netz und Netzreligion in den Griff zu bekommen, führt zu einer Selbsttäuschung. Die Kirchen halten beide für kommunizierende Röhren: Die obskuren Netzreligiositäten gingen von selber zurück, wenn die seriösen Kirchen viel und gut im Netz präsent seien. Dafür muss genügend

Digitalkompetenz angehäuft werden. Darum bemühen sich die christlichen Kirchen seit einigen Jahren mit großem Einsatz.[13] Wir werden alles unterlassen, in den nicht leisen Chor der Kritik einzustimmen, im Gegenteil, die Kirchen haben keine andere Wahl und jede Investition in Digitalkompetenz ist bestens platziert. Die Gesellschaft insgesamt geht mit digitalen Technologien immer geschickter um, mit kleiner Verzögerung so auch die Kirchen. Die Kirchen digitalisieren vorrangig ihre seelsorgerischen und verwalterischen Prozeduren, zunehmend aber auch die rituellen und dogmatischen. Die Forschung stellt fest, dass dies den kompetenten Akteuren gelingt, ohne dass sie die Riten, Dogmen und Prozeduren verändern müssen.[14] Die Technologie quietscht und kratzt nicht mehr, das Eigenrauschen des Mediums ist verschwunden. Sie ist menschlich geworden, denkt man, somit gottgemäß. Aber all das liegt nur an der Oberfläche der frommen Wahrnehmung. Man täusche sich nicht, wer der Schwanz und wer der Hund ist.

Die Unterscheidung zwischen Religion im Netz und Netzreligion ist verquer, weil sie eine ungenügende Vorstellung von menschlichem Handeln, von menschlicher Freiheit in technologischen Zusammenhängen hat. Sie ist im lutherischen Dualismus des unfreien menschlichen Willens hängen geblieben, der durch die göttliche Gnade befreit würde. Aus ihm nährte sich unablässig die kirchliche Sorge, der Christenmensch werde durch die Technik versklavt, indem er ins Fleisch und in die Welt und ergo in Sünde verstrickt sei, und die göttliche Gnadentat löse ihn aus diesen Banden. Die einen Christen begreifen das als Digitalfasten oder Technikzölibat, die anderen münzen es verantwortungsethisch um in einen vermeintlich freien und verantwortlichen Gebrauch der Technologie. Weder die conditio humana noch die conditio divina ist mit diesem Dualismus richtig beschrieben. Die göttliche Gnadentat befreit den Menschen zur Liebe des Nächsten, des Fernsten und der Kreatur, was aber nicht die Loslösung vom Nächsten, Fernsten und der Kreatur voraussetzt, die zur Liebe befähigte, sondern ein Hineingenommenwerden in den Nächsten, den Fernsten und die Kreatur in genau der Weise, in der Gott sich in den Nächsten, den Fernsten und die Kreatur involviert. Der christliche Freiheitsbegriff hängt am göttlichen, der Begriff des christlichen Handelns an dem des göttlichen Handelns. Wir werden in diesem Essay also versuchen müssen, zuerst das göttliche Involvieren in die Kreatur zu verstehen und von ihr her, also vom Standpunkt der göttlichen Liebe oder der christlichen Versöhnung oder wie immer man das nennen will, auch das menschliche Involviertsein. Von diesem Punkt her zerstiebt die Unterscheidung von Religion im Netz und Netzreligion: Jede Religion ist ins Netz involviert, weil Gott sich ins Netz involviert. Der Begriff und die Technologie des Netzwerks, die die biblische Gotteslehre noch nicht kennen konnte, die sich in Metaphern wie Reich Gottes, Nächstenliebe und Charismen des Geistes aber verbirgt, wird die Unterscheidung unterlaufen. Das menschliche Handeln in technologischen Zusammenhängen ist nicht dadurch menschlich, dass es von jenen befreit wäre wie der Sklave aus der Leibeigenschaft des Herrn, sondern im

Gegenteil dadurch, dass es in den göttlichen Technoleib aufgenommen wird. Dieser Standpunkt wird sich bei der Erörterung des Zusammenhangs von Göttlichkeit und Digitalität als triftig erweisen; aus ihm wäre pseudolutherisch *De involuto arbitrio* zu handeln, ein Willensbegriff, der für Gott und den gottgeschaffenen Menschen gleichermaßen gilt.

Wenn also die Unterscheidung in Religion im Netz und Netzreligion nicht taugt, was stattdessen? Nun, nur Netzreligion. Das Religiöse ist eine Eigenschaft des operativen Netzwerks, nicht umgekehrt. Das Medium bestimmt die religiöse Lage, daher ist in der Extension der Netzreligion die Religion im Netz enthalten, aber nicht umgekehrt in der Extension der Religion im Netz die Netzreligion. Dieser Umstand lässt keine Wahl: Nur Netzreligion ist der sachlich angemessene Gegenstand der Analyse.[15]

Damit ist direkt die Frage nach den Akteuren aufgeworfen, mit denen sich dieser Essay zu befassen hat. Natürlich Gott, diese Antwort kann nie falsch sein, wenn man nicht wie Hegel oder Feuerbach die Religion aufs Anthropologische oder Kulturelle reduzieren will, was der genau gegenläufige Versuch zu diesem Essay wäre. Die Antwort war aber immer schon zu pauschal, wenn man im Jesusereignis den nahe herbeikommenden Gott sieht, und in genau diesem Sinne ist sie auch hier zu pauschal. Das Ereignis des nahenden Herbeikommens, das „Dein Reich komme" und „Dein Wille geschehe" vom Konjunktiv in den Indikativ gewendet, Hölderlins „kommender Gott" vom Mythos ins Medium gewendet heißt: Gott in dem und als das Medium, in dem er kommt, das ist der Akteur, um den sich die Analyse zu kümmern hat. Technisch gesprochen ist dieser Akteur das operative Netz selber. Von klassisch personal aufgefassten Akteuren wie Menschen, Göttern, dem Renaissancegott mit Rauschebart oder humanistischen Christusinkarnationen aller Art müssen wir absehen, sie vergessen alle das mediale Herbeikommen. Freilich werden wir Menschen einbeziehen müssen; es sind ja Menschen, die auf den Knopf des Segensroboters drücken. Aber wir beziehen sie so ein, wie sie sich selber einbeziehen in das Geschehen: Wir fassen sie in dem Moment, in dem sie den Finger auf dem Roboterknopf haben, ebenso wie wir den Renaissancegott mit Rauschebart in just dem Moment fassen, in dem er den Finger an die Materie führt.

1.4 Von der Kirchenmitgliedschaft zum Kirchenmitgliedereignis

Man ist Mitglied im Sportverein, im Fitnessstudio, in einer Gewerkschaft, in einer Wohltätigkeitsorganisation. Solche Mitgliedschaften sind einerseits auf Permanenz gestellt, andererseits auf punktuelle Aktivierung. Man ist auch Mitglied, wenn man aktuell nicht das Handballtraining besucht, den Rückentrainingskurs mitmacht, am kommenden Warnstreik teilnimmt oder der Spendengala beiwohnt. Die Permanenz der Mitgliedschaft beruht darauf, dass punktuelle Aktivitäten möglich sind und dass die Mitgliedschaft davon unabhängig gehalten wird, ob diese faktisch stattfinden oder nicht. Die Mitgliedschaft öffnet einen Möglichkeitsraum für definierte Aktivitätsereignisse. Daraus ergibt sich die spezifische Struktur der Permanenz von Mitgliedschaften: Sie haben wohldefinierte Anfangs-, End- und Zwischenpunkte, zwischen denen sich der Möglichkeitsraum ausdehnt: Man tritt ein; man muss die Mitgliedschaft regelmäßig bestätigen, etwa durch die Zahlung von Beiträgen; man tritt aus oder stirbt. Sehr ähnlich sieht die Permanenz der Institution aus, die Mitgliedschaft gewährt. Auch sie hat wohldefinierte Anfangs-, End- und Zwischenpunkte. Der Grund für die Kongruenz der Permanenzstruktur einer Institution und der ihrer Mitglieder ist, dass solche Mitgliedschaften Vertragsverhältnisse im weiteren Sinne sind. Welche Relevanz die Aktivitätsereignisse für die wohldefinierte zeitliche Erstreckung der Mitgliedschaft haben, ist klar geregelt: Vielleicht sind sie identisch mit einem wohldefinierten Zwischenpunkt, vielleicht haben sie für ihn keine Relevanz. Aber darüber herrscht Klarheit, sonst wäre der Möglichkeitsraum durchkreuzt von unklaren Bedingungen.

Die Mitgliedschaft in einer modernen Religionsgemeinschaft – um die archaischen kann es im Moment nicht gehen – scheint auf den ersten Blick solchen Vertragsmitgliedschaften ähnlich zu sein. Zunächst erzwingt das moderne Staatsverständnis, das auf die Religionsausübung einen recht klaren Machtanspruch erhebt, derartige Regelungen: Die Freiheit des Möglichkeitsraums nach innen, das Grundrecht der Religionsfreiheit also, korrespondiert mit rechtlichen Regelungen der zeit-räumlichen Eckpunkte der
Religionsgemeinschaft. Die Kirchen können daher die Eckpunkte ihres institutionellen Existierens und der Mitgliedschaft auf Nachfrage genau darlegen; sie müssen es genau darlegen können, und wenn nicht, wie etwa aktuell beim Islam in Deutschland mit seinen unklaren Strukturen der Moscheegemeinden oder der Imamausbildung, werden sie vom Staat dazu genötigt. Das Christentum und die monotheistischen Religionen insgesamt haben damit ihre Schwierigkeiten. Sie äußern sich nicht in einem Konflikt mit dem Machtanspruch des Staats. Das Verhältnis der christlichen Kirchen zum Staat hierzulande ist befriedet, und genau das ist ein Symptom der Unklarheit nach innen. Nach innen haben dieselben Eckpunkte einen viel unklareren Status. Die Taufe, meist im Säuglingsalter vorgenommen und nicht vom Täufling selber entschieden, ist nach außen der Beginn der Mitgliedschaft in der Kirche. Der Staat gibt sich damit zufrieden, nicht aber die Täuflinge selber, die von der Pubertät an regelmäßig mit der Frage konfrontiert werden, was diese Mitgliedschaft genau bedeutet, ob es weiterer und eigener Beitrittsakte bedarf, von wem genau diese ausgehen, welche Kriterien hier entscheidungsrelevant sind und was all das für die zeit-räumliche Permanenz der Mitgliedschaft und für den unversperrten Möglichkeitsraum heißt.

Das Christentum belässt alle diese Merkmale im Opaken, aus tief liegenden Gründen. Für die Christen ist die Mitgliedschaft im Christentum Antwort auf eine Frage, die zur Mitgliedschaft konstitutiv gehört, sich aber der genauen Darlegung entzieht. Die Frage Gottes an den Menschen, ob er Gottes Kind und Ebenbild sei, ergeht universal und undatierbar. Sie steht mit einer ganz anderen Permanenz als die Mitgliedschaft im Sportverein im Raum, schon bevor man geboren und getauft und noch lange nachdem die formale Mitgliedschaft geschlossen wurde. Die formale Mitgliedschaft, die darauf eigentlich antworten sollte, lässt die Frage unbeantwortet. Ihre Dringlichkeit lässt nicht nach, gleich was an wohldefinierten Mitgliedschaftsakten und Aktivitäten geschieht. Das bringt den Glauben in die opake Situation. Der Christ ist auf das ein für alle Mal und in permanenter Dringlichkeit ergehende Wort Gottes im permanenten Antwortmodus. Die Antworten changieren naturgemäß. Er gibt explizite Antworten: die Taufe, die Konfirmation, die Kirchensteuerzahlung, das Amen in der Kirche. Damit aber ist die Frage des Wortes Gottes nicht gestillt. Sie nagt weiter, sodass der Christ neben den expliziten andauernd stillschweigende Antworten geben muss. Sie werden üblicherweise mit Glauben und Zweifeln etikettiert. Die stillschweigenden und die expliziten Antworten durchsetzen einander, sie beleuchten einander mit stets wechselndem Licht, sie halten die Geltung im ständigen Fluss.

Die Permanenz der Kirche ist in Wahrheit nicht in irgendeiner Ewigkeit der Existenz Gottes begründet, sondern in der Unabgeschlossenheit der Antworten des Glaubens. Die große Antwort des Menschen auf die Frage des Wortes Gottes ist ein unabgeschlossenes heilsgeschichtliches Projekt, und so lange ist die Kirche ecclesia semper reformanda. Sie übernimmt eine

Doppelrolle, denn sie repräsentiert wechselnd das fragend ergehende Wort Gottes und die changierenden Antworten der Gläubigen. Sie wird zum Vertragspartner bei den expliziten Antworten und im nächsten Moment zum Sprachrohr des Wortes Gottes, das die Geltung der expliziten Antworten wieder relativiert. Die Permanenz, die in der kirchlichen Mitgliedschaft entsteht, bekommt dadurch einen völlig anderen Charakter als die im Sportverein und im Rotaryclub mit ihren Vertragsverhältnissen. Wenn man die Permanenz der Vertragsverhältnisse eine Geltungspermanenz nennen könnte, ist die der Kirchenmitgliedschaft eine unendliche Permanenz, in dem Sinne der ständigen Dehnung und Relativierung und Durchstreichung von Endlichkeit ins Un-Endliche. Es ist eine letztlich sehr menschliche Unendlichkeit, die durch die conditio humana des Verstehens, Interpretierens und Uminterpretierens zustande kommt.

Zwischen der Zeitstruktur des einzelnen religiösen Menschen und der einer Religionsgemeinschaft besteht wenig Unterschied, der auch kaum davon abhängt, wie nah oder fern die jeweilige Ekklesiologie ihre Gemeinschaft an Gott oder am Menschen verortet. Hat die Offenbarung vor aller Zeit stattgefunden und ist das endgültige Offenbarwerden nach aller Zeit, ist die zwischenliegende Permanenz unendlich für das einzelne Mitglied wie für die Institution. Es gibt eine vage Rollenverteilung, mehr auch nicht. In der opaken Situation des Gläubigen ist gleichermaßen die Kirche. Faktisch ist sie permanent damit beschäftigt, ein unvollkommenes Mitgliedereignis durch ein weiteres und ebenso unvollkommenes in die irdische Zeit auszudehnen. Das ist die unklare Situation, in der die einzelnen Mitglieder bei den zufälligen Anlässen, die das Menschenleben bietet, ganz praktische Fragen stellen: Gilt meine Taufe wirklich noch? Warum sind es nur noch kulturelle Anlässe wie Weihnachten oder Hochzeiten, die mich zum Gottesdienstbesuch veranlassen? Welche Gegenleistung hat meine Kirchensteuerleistung? Und wenn alle diese kirchlichen Mitgliederereignisse offenkundig eine ziemlich unvollkommene Erfahrung der göttlichen Wirklichkeit vermitteln, welche Garantien kann mir die Gemeinschaft der Heiligen dann überhaupt geben? Wie muss ich Gotteserfahrungen einordnen,

die außerhalb der religiösen Gemeinschaft stattfinden? Auf diese Fragen gibt es keine klaren Antworten, und das heißt nicht weniger, als dass kein Kircheneintritt ein Eintritt in den Möglichkeitsraum religiöser Erfahrungen ist und kein Kirchenaustritt ein Austritt aus diesem Möglichkeitsraum.

Die Diagnose „believing without belonging"[16] ist daher eine Selbstverständlichkeit. Im Grunde falsifizierte schon das klassische Christentum Durkheims berühmtes Theorem, Religion ohne Gemeinschaft sei blanke Magie[17]; die Digitalisierung wird es vollends beseitigen. Durkheim sagte: „Es gibt keine magische Kirche."[18] Unter digitalen Bedingungen gibt es nur magische Kirchen. Die christlichen Kirchen haben dieser Wahrheit vielleicht nicht immer ins Gesicht sehen wollen, und so klingt es in Kirchenohren dramatisch, wenn die Empirie eine Abnahme der Kirchenzugehörigkeit bei gleichzeitiger Konstanz oder sogar Zunahme der Religiosität konstatiert. Aber die Dramatik bleibt an der Oberfläche. Sie ist nur eine religionssoziologische, wirklich religiös ist sie nicht. Bestimmte Kongruenzen des „belonging" zum Staat einerseits, zur Kirche andererseits haben in Europa über Jahrhunderte das believing an das belonging geknüpft. Die Kongruenz verschiebt sich tektonisch seit dem 19. Jahrhundert und löst das eine vom anderen. Das liegt tief in der Mitgliedschaft des Christen am Christentum und an seiner spezifischen

Zeitstruktur begründet und muss uns nicht weiter wundern. Das belonging im klassischen Verständnis von Christentum und Kirche war schon immer prekär. Die Digitalisierung der Frömmigkeit wird in dieses Verhältnis fundamental eingreifen. Mit ihr wird sich das Unklare und Opake der Mitgliedschaft auflösen. Die Detailanalysen der digitalen Prozesse werden zeigen, wann und wie sich der Schleier lichtet. Generell, so können wir vorläufig sagen, indem eine digitale Frömmigkeitspraktik das unvollen-
dete Spiel zwischen göttlicher Frage und glaubender Antwort in einem kybernetischen Netzwerk kurzschließt. Die göttliche Frage steht als Möglichkeit im Raum, und zwar ungleich konkreter als im Möglichkeitsraum des kirchlichen Handelns: zum Beispiel als Segensmaschine, die an einem raumzeitlichen Ort steht und entweder an oder aus ist. Entsprechend konkreter und definitiver fällt die menschliche Antwort aus: Man drückt den Knopf und ist kybernetisch mit Gott gekoppelt; oder man drückt ihn nicht und bleibt offline. Offenkundig bedeuten Mitgliedschaft und Kirche in einem solchen Setting etwas völlig anderes als im universalistischen Christentum. Mitgliedschaft wird zum Mitgliedereignis: raumzeitlich begrenzt durch die faktische operative Kopplung. Religionsgemeinschaft ist nun eben das: Gemeinschaft aller Akteure, die operativ gekoppelt sind.

Solche Kirchen bilden sich immer wieder in der technologischen Ära. Es liegt in der Natur von Technologie, dass sie nicht die Langlebigkeit der klassischen Kirche haben; sie kommen und gehen mit ihren Technologien. Sie bilden sich quer durch die klassischen Kirchen und transversal zu ihnen. Muslime und Christen glauben unterschiedliche Dinge und haben ganz und gar nicht dieselben Gebetstheologien, warum aber finden dann allerorten interreligiöse Gebetsgemeinschaften statt? Weil offenkundig das Medium Gebet seine eigenen Theologien unterläuft. Religionswissenschaftler haben jüngst die Medienpraxis der Zeugen Jehovas untersucht und bemerkt, dass die Gruppen innerhalb dieser Religionsgemeinschaft nicht unabhängig von ihren Medien existieren, sondern rund um ihre Medien sich erst herausbilden.[19] Wir dürfen uns nicht täuschen lassen von den Digitalisierungsbemühungen der klassischen Kirchen und meinen, wo es ihnen erfolgreich gelingt, eine digitale Praxis zu etablieren, sicherten sie die klassische Kirchlichkeit gegen das drohende believing without belonging ab. Vielmehr bauen sich die Kirchen damit selber um; sofern sie digital operieren, operieren sie sich am eigenen offenen Herzen. Nolens volens generiert digitale Frömmigkeit separierte Online-Communities, versammelt um ihr jeweiliges goldenes Medium. Das Goldene Kalb am Sinai war ein allzu menschlicher Altar und musste zurückgewiesen werden. Religiöse Medien sind dazu reziprok: Die digitalen Altäre rauchen erst, wenn Gott das Feuer geschickt hat.

Bestenfalls lassen sich die Kirchen davon nicht beunruhigen und nehmen das nicht geringe Joch der digitalen Transformation auf sich. Die Transformation wird umwälzend sein. Das Personal, das bisher die opake Zwischenstellung im unendlichen und inkongruenten Frage-Antwort-Spiel zwischen Gott und Mensch halten musste, wird das Management der digitalen Mitgliederereignisse übernehmen. Die Arbeit wird punktueller aufs einzelne Mitgliederereignis konzentriert sein und sich stärker am jeweiligen Medium orientieren als bisher. Das Stiftende und Versammelnde einer religiösen Gemeinschaft übernehmen die digitalen Medien selber. In ihrer Operativität findet Kirchenbildung statt. Je nach Umständen bleibt darüber das Dach der klassischen Kirche weiterhin gespannt, oder aber es reißt, wenn die neue digitale Versammlungskraft auf die klassische Kirchlichkeit durchschlägt. Wie sich das insgesamt entwickelt, ist heute noch nicht absehbar; was dieser Essay an Fallbeispielen bringt, verteilt sich auf beide Möglichkeiten. Absehbar aber ist, dass die punktuellen digitalen Kirchenbildungen nicht den pietistischen Konventikeln oder den üblichen Hauskreisen ähneln; jenen fehlt die Hingabe ans Medium, im Gegenteil, sie kultivieren das unendliche einzelne Seelenleben. Die Netzreligion ist keine ecclesiola in ecclesia, sondern eine kirchengeschichtlich vollkommen neue Form der christlichen Versammlung, oder genauer: des Versammeltwerdens, denn die Aktivität liegt beim göttlichen Medium und nicht bei der frommen Seele. Am ehesten noch ähnelt sie Orden wie den Maltesern und Templern oder der mittelalterlichen Fiktion der Gralsritter, Kommunitäten, die sich einer bestimmten Medienpraxis im weitesten Sinn verschrieben haben, etwa dem Dienst am menschlichen Körper, an der Pilgerinfrastruktur in Jerusalem oder an einer Reliquie. Überhaupt wird in der digitalen Frömmigkeit Kommunität mit der Versammlungskraft des jeweiligen Mediums, das Gott und Mensch koppelt, schlicht zusammenfallen.

Kapitel 2 Schöpfung als Schaltung

2.1 Prometheus running

„Nothing in life is to be feared,
it is only to be understood."
Marie Curie

Der Vorwurf, wie er in vielen religiösen Schöpfungsmythen einschließlich dem christlichen erhoben wird, der Mensch frevle gegen Gott, weil er die Naturgesetze entdecke und anwende, liegt zugleich nah und fern. Er liegt nah, weil der Mensch Gott spielen kann. Es gibt keine begründbare Trennlinie zwischen den naturgesetzlichen Kausalfolgen, die der Mensch wissen und anwenden können darf, und denen, die Gott vorbehalten sein sollen. So ruft jede Verschiebung des Wissens und Beherrschens von Kausalfolgen ebenso sicher den Frevelvorwurf hervor, wie er wenig später in sich zusammenfällt, wenn die Wissensgrenze wieder einen Schritt weitergerückt ist. Das war so bei Prometheus, bei Galilei, bei Darwin, beim Grammofonerfinder Edison, bei den Pionieren des Internet, bei denen der Biotechnologie, und man kann auf den Vorwurf buchstäblich wie auf das Amen in der

Kirche warten, wenn demnächst das Amen vom Pfarrer nicht mehr ausgesprochen werden muss, weil es sich als Endzustand eines digitalisierten Frömmigkeitsvorgangs von selber ergeben hat. Aus genau demselben Grund liegt er auch fern. Je mehr der Mensch Gott spielen lernt, desto mehr übergibt er das Spiel wieder in die göttlichen Hände. Er wächst nicht immer weiter im technologischen Fortschritt, er nimmt ab. Die Dinge, die der Mensch technologisch ins Werk setzt, haben ihn schon immer überstiegen. Diese Einsicht könnte eigentlich ein Moment des Trosts und der göttlichen Offenbarung sein.

Vergegenwärtigen wir uns, in welcher Reihenfolge in den Schöpfungsmythen von Menschen, Göttern und Technologien die Rede ist: Stets lösen die Götter die Menschen und ihre Technik ab, nicht umgekehrt. Oder anders gewendet, die Menschen und ihre Technik lösen sich auf in den Göttern. Die Säkularisierungsthese, die das andersherum sah, ist eine hochgradig mythenvergessene Theorie, und man kann sich wundern, warum sie von durchaus nicht unreligiösen Denkern wie Hegel, Feuerbach oder Taylor erdacht wurde. In der griechischen Mythe müssen die menschlichen Titanen den göttlichen Olympiern weichen. Prometheus, der letzte und in gewisser Weise menschlichste Titan, wird vom Olympier Zeus enthront. Er erzürnte die Götter damit, dass er die Zukunft vorhersagen konnte. Er wusste das vermeintlich göttliche Wissen, wann ein Mensch sterben muss.[20] Zudem stahl er dem Zeus das Feuer und gab es den Menschen in die Hand. Auch beim Feuer ist der entscheidende Punkt, dass Zukunft planbar und vorhersagbar wird. Die Wissensgebiete nennen sich heute Medizin und Strömungsmechanik. Präzise Vorhersagen, wie lange Krebs, Parkinson oder eine bestimmte genetische Veranlagung einen Menschen noch leben lassen, selbst das Herauspumpen von Wärme aus frostiger Luft kommen heute keinem mehr vor wie Götterfrevel. Auch Zeus war nicht eigentlich darüber erzürnt, dass dieses Wissen in den Händen des Menschen war. Ihn empörte, dass Prometheus die Menschen damit gegen ihn aufstachelte. Nicht im göttlichen Wissen, vielmehr in der Hybris, mithilfe des Wissens über die Welt und ergo die Götter zu herrschen, liegt die Blasphemie des Prometheus. Was der Mythos als Kampf erzählt, ist auf der geschichtlichen Ebene Unter- und Aufgehen: In dem Maß, in dem die menschliche Hybris, das Göttliche ablösen zu können, untergeht, geht das Göttliche auf. Der Wechsel ist prekär, denn das Titanische kann das Göttliche leicht übertönen. Vor lauter Gewusel und Geschrei merkt man nicht, dass der Morgen dämmert.[21]

Bei den jüdischen Schöpfungsmythen müssen wir hinter die Geschichte vom Baum der Erkenntnis, wie sie im Pentateuch erst zur Zeit des Babylonischen Exils sich formte, zurück zu den älteren Vorstellungen, wie sie sich in den Psalmen finden. Dort gibt es das Motiv der gegen Gott frevelnden Technik nicht; vielleicht blieb das Faktum des technischen Fortschritts auch unerwähnt, weil es unerheblich schien. Im alten Psalm 93 etwa, wo die Vorstellungen aus der Zeit um -1000 greifbar werden, sind die Gesetzmäßigkeiten der Natur identisch mit dem Thronen Jahwes in seinem Tempel, der über dem Chaos aufragt und es zähmt. Dieses seinsstiftende Ragen über dem Meer des Nichts könnte niemals durch einen übermütigen Menschen infrage gestellt werden; kein Gott muss dagegen ankämpfen, Erkenntnisverbote erlassen oder Sintfluten schicken. Der törichte Mensch wird von allein daran zugrunde gehen. Für das archaische Judentum ist es eine unerschütterliche Selbstverständlichkeit, dass das Göttliche aus dem Wissen und Tun der Sterblichen herausragt, auch und gerade da, wo es von diesem Wissen und Tun selbst mitgestaltet wird.

Ein drittes Beispiel, das älteste, sind die schöpfungstheologischen Vorstellungen in Ägypten. Der Schöpfergott Ptah, der den Kosmos hervorbrachte, ist nicht etwa argwöhnisch gegen die schöpferischen Menschen, die Künstler, Handwerker und Ingenieure, er ist ihr Schutzpatron. Je ingeniöser sie schaffen, desto

göttlicher: Imhotep war ein sehr irdischer Maurer und Bauingenieur, aber weil er (um -2700) die Stufenpyramide von Sakkara erbaute, erhielt er einen hohen Rang in der monarchischen Hierarchie Ägyptens, was ihn gottähnlich machte und schließlich zur Verehrung als Gott führte. Diese Statusabfolge müssen wir uns in feinster Gradualität und im direkten Bezug zu dem jeweils Geschaffenen denken. Nicht ein personal einwohnendes Genie machte Imhotep zum Gott, sondern das Ereignis des Pyramidenbaus, in das die Person des Baumeisters, die Personen der Bauleute, die Steine, der Standort und viele weitere Entitäten involviert waren. Von der späteren jüdischen Tempeltheologie ist das letztlich nicht weit entfernt. Der Gedanke, hier werde mit ausgeklügelter Technik so etwas wie der Turm zu Babel gebaut, war in der archaischen Zeit absurd.

Mit Rousseau kam der Gedanke auf, dass die Technik nicht an Gott frevelt, sondern am Menschen. Von diesem aus dann gegebenenfalls indirekt an Gott, so hat sich die Theologie den Rousseau'schen Gedanken zu eigen gemacht. Die Digitalisierung wird aber der archaischen Techniktheologie zu ihrem Recht verhelfen: Die Technik macht den Menschen kleiner, nicht größer. Sie schont ihn, indem sie das an ihm freilegt, was er in Wahrheit ist. Was der Mensch in Wahrheit ist, steht nicht vorher fest, sondern wird in diesem Spiel ermittelt. Jede Behauptung, was der Mensch in einem vermeintlichen Naturzustand und ergo in Wahrheit sei, wird damit unterlaufen. Der Mensch taugt nicht als Maßstab, an dem Technik ethisch oder moraltheologisch gemessen werden kann. In der göttlichen Pespektive ist Technik Teil der Lösung. Nur aus Menschensicht ist sie Teil des Problems.

Wir lassen Prometheus nun laufen mit dem glimmenden Narthexzweig in der Hand. Was genau tat er, als er Zeus das
Feuer entriss und es mit den Menschen teilte? Und welches Lebewesen in der Menschheitsgeschichte, die von Anfang an zugleich eine Technikgeschichte ist, könnte Urprometheus gewesen sein? (Paläontologische Funde legen nahe, dass schon der Homo erectus, die älteste Hominidenart, das Feuer beherrschte.) Zu wissen, was er tat, heißt zu wissen, warum er es tun konnte, welches Wissen dafür gebraucht wurde und wer genau Träger dieses Wissens ist. Wir werden sehen, Urprometheus wusste und tat, ontologisch gesehen, dasselbe, das wir heute wissen und tun, wenn wir eine Software auf einer digitalen Hardware bedienen. Was er noch nicht wusste, war die Ontologie und gewisse mathematische Eigenschaften dieses Wissens, ein Wissen, das wir bei unserem Handeln aber nicht als solches aktivieren müssen, weil es sich in der Hard- und Software bereits materialisiert hat. In diesem höherstufigen Wissen allerdings steckt der Schlüssel für eine sprunghafte quantitative Ausweitung des technischen Wissens, mit der die Gattung Homo verschränkt ist wie eh und je.

Wenn in der Welt des Prometheus ein Feuer ausbrach, dann dort, so Hesiod und später Aischylos, wo Zeus einen Blitz in eine Esche fahren ließ.[22] Bleiben wir strikt physikalisch: Die elektrische Energie des Blitzes wandelt die chemische Energie des Eschenholzes um in Wärmeenergie. Jene erwärmt ein wachsendes Raumvolumen um den brennenden Baum herum bei sinkender Temperatur, und zwar so stark, dass auch ein benachbarter Riesenfenchel – die Griechen nannten das hohe röhrenförmige Gewächs Narthex – Feuer fängt. Urprometheus konnte keine Vorstellung von einem Blitz haben. Vielleicht hatte er Erinnerungsspuren von jenen hellen, gezackten Linien vor grauem Himmel, die man in der Ferne sah. Aber er wird sie nicht in Zusammenhang gebracht haben mit der blitzschnellen, grellen und heißen Eruption aus dem Nichts, die einen riesigen Baum ansteckte. Auch von anderen Feuerquellen wie Vulkanausbrüchen oder Sonnenstrahlen, die durch einen Wassertropfen gebündelt werden, konnte er keinen Begriff haben. Er hatte nämlich keinen Begriff der Energie, die in einem leeren Raumvolumen enthalten sein oder durch es hindurchgehen kann. Den brennenden Baum und das glühende Rohr konnte er erfassen, denn das waren Dinge, die er sich vor Augen und in die Hände führen und denen man die Eigenschaft des Brennens zuordnen konnte. Das wird auch die Voraussetzung für den Feuerraub werden. Alles Vorhergehende aber muss ihm wie eine Epiphanie vorgekommen sein, die mit seiner Welt keinerlei Verbindung hat. Er nannte es Zeus.

Es ist wichtig zu sehen, dass das Epiphanische nicht nur aus mangelnder Erklärbarkeit resultiert. Urprometheus und noch wir heute können für viele Vorgänge keine sicheren Kausalfolgen angeben und nehmen sie hin, ohne erschüttert zu sein. Wir unterstellen auch im Moment der Überraschung, dass es sie eben gibt. Wir sind überrascht davon, wie durchgreifend die erscheinenden Dinge die Wirklichkeit verändern. Das ist das Wunderbare. Der Moment des Kriegsausbruchs in der Ukraine

am 24. Februar 2022 wurde im Westen als Wunder erlebt; die Empörungswellen des Arabischen Frühlings 2013 in Syrien, materialisiert in den digitalen Sozialen Medien, wurden als Wunder aufgefasst, wie es kein Gott ins Werk setzen kann.[23] Für viele, die Nine-Eleven noch nicht mitbekommen hatten, war das vielleicht die erste Wundererfahrung im Leben. Zum Wunderbaren kam es nicht durch eine Ungewissheit bei den Kausalitäten: Jemand startete den Panzer, jemand drückte den Auslöser der Raketen-
batterie, Menschen folgten Aufrufen und gingen auf die Straße. Das Wunder waren die so erklärlich und doch plötzlich anwesenden Dinge: der Panzer diesseits der Grenze, die Masse an Menschen auf den Straßen von Homs. Urprometheus stand vor einem wohlbekannten Baum, der aber plötzlich Hitze abstrahlte und ihn zurückdrängte aus einer Position, in der er sich bisher heimisch fühlte, etwa dem schützenden Blätterdach. Das Moment der Plötzlichkeit und Präsenz bliebe selbst dann erhalten, hätte er eine Theorie des Blitzes gehabt und würde sich den brennenden Baum kausal erklären. Offenkundig hängt es an den Eigenschaften des Dings, die erstens unvermutet (wenn auch nicht notwendigerweise unerklärlich) auftreten und zweitens den Beobachter bedrängen und alles in der Umgebung beeinflussen.

Aus dem glimmenden Narthexrohr, das von der Epiphanie zurückbleibt, ist das Wunderbare verschwunden. Es bedrängt Urprometheus nicht mehr mit Eigenschaften, die ihm unmittelbar bedrohlich vorkommen und ihn zurückweichen lassen. In diesem Moment tut er den entscheidenden Handgriff. Er nimmt das Rohr und trägt es an eine andere Stelle. Diesen Moment werden wir analysieren, denn in ihm verschränken sich das Physische und das Lebendige zum Technischen und zum Menschlichen. Wir müssen verstehen, wie durch die Technik jenes aufrecht gehende Lebewesen einen wesentlichen Schritt zum Homo macht und wie sich Technik und Menschlichkeit schon in diesem Schöpfungsmoment unauflöslich verschränken. Urprometheus benötigt, damit er den Gedanken dieser Handlung überhaupt fassen kann, eine mentale Repräsentation dessen, was heute Energie und Enthalpie genannt wird. Energie ist das Maß für das Potenzial an Arbeit (gleich Kraft mal Weg oder Zeit), das in einem System steckt, wobei das System zunächst identisch mit der dinglichen Entität des Narthexstücks ist. Es stellt sich im 17. Jahrhundert zwar als ungenügend heraus, Dinge als Träger eines Kräftesystems anzunehmen. Urprometheus selbst wird im Folgemoment eine Ahnung davon bekommen, dass das so nicht richtig sein kann. Dennoch ist es essenziell, eine Energiemenge räumlich und zeitlich umgrenzt betrachten zu können. So wird aus der epiphanischen, unumgrenzten, bedrängenden Kraftentfaltung der Energie ein abgegrenzter Zeit-Raum, zu dem es ein Außerhalb gibt und zu dem sich Urprometheus körperlich positionieren kann. Das Maß dafür sind die Länge seiner Arme und Beine, die Griffweite seiner Hände, die Hitzeempfindlichkeit seiner Haut. So macht er zudem die Energie mess- oder mindestens abschätzbar, denn sie wird abhängig vom Volumen des Dings und seines Zustands, hier genauer: seiner Dichte und seines Drucks, aufgefasst. Energie wird als Enthalpie begriffen.

Für seine körperliche Positionierung ist das eine notwendige, aber noch keine hinreichende Bedingung. Hinzu kommen muss der Faktor der Potenzialität. Urprometheus begreift, dass das kalte Holz einen Energiegehalt hat, der eine nur potenzielle, aktual nicht realisierte Kraftentfaltung in sich birgt, und dass exakt dieses Maß an Enthalpie sich im Ereignis des Brennens aktualisiert, und zwar, analog zur raum-zeitlichen Begrenzung des energiespeichernden Systems, in einem räumlich und zeitlich begrenzten, ergo abschätzbaren Ereignis. Er hat hiermit einen rudimentären Begriff davon, dass Energie in einem Ding gebunden sein kann, ohne die Eigenschaften des Dings, insbesondere die der räumlichen und zeitlichen Positionierung, zu verändern. Modern gesprochen, energiegeladene Dinge wie ein trockenes, kaltes Stück Holz können sich im thermischen Gleichgewicht befinden und transportabel sein. Sie können auch in ein thermisches Ungleichgewicht geraten, sodass sie in der Zeit ihren Ort von sich aus verändern, indem sie ihre Energie in eine eigenständige Volumen- und Ortsveränderung investieren. In diese Differenz kann Urprometheus im Wortsinn eingreifen. Er bringt ein Ding mit potenzieller und eines mit aktualer Kraftentfaltung raumzeitlich zusammen, indem er selber Energie investiert: Er hält das glimmende Narthexrohr an ein kaltes und versetzt jenes in dasselbe thermische Ungleichgewicht wie das glimmende. Er hat in die potenzielle Eigenbewegung eines Dings, das im thermischen Ungleichgewicht ist, eingegriffen durch *seine* Bewegung. Seine Bewegung und die Eigenbewegung eines brennenden Stücks Narthex sind auf dieselbe Ebene gebracht; die eine Bewegung verursacht die andere. Es ist nicht mehr allein Zeus' Bewegung, es ist auch seine. Er ersetzt die Epiphanie, die in der raumzeitlichen Entfaltung eines thermischen Ungleichgewichts liegt, nicht einfach durch die seine, er fügt seine und die göttliche Bewegung ineinander. Die Fügung in die Fuge der göttlichen Epiphanie hinein schafft einen ereignishaften Übergang vom thermischen Gleichgewicht zum Ungleichgewicht, indem es das Gleichgewicht aus dem Lot stößt, ohne dass alles ins Chaos stürzt. Weil Urprometheus Enthalpie bemessen kann, also zeiträumliche Grenzen von Energiegehalten, entfacht er mit dem glimmenden Narthexzweig keine Götterdämmerung, sondern ein Lagerfeuer. Um es abermals zu betonen, sein Maß der Enthalpie eines Narthexzweigs ist ein durch und durch phänomenologisches oder lebensweltliches Maß, das Maß seiner Beine, Arme und Hände. Aber es reicht ihm aus, um die Symmetrie zwischen dem potenziellen und dem aktivierten, sich zeiträumlich umwandelnden Energiegehalt abzuschätzen und diese Größen mit der Größe seiner Arme und Beine, seiner Fähigkeit, Abstand zu halten oder sich mit bestimmtem Tempo hin- oder wegbewegen zu können, abzustimmen. Dieses Abstimmen und Einstellen qualifiziert Urprometheus zum Menschen. Kein anderes Lebewesen kann einen Begriff der Enthalpie fassen und ihn überdies mit einem Beschleunigungsvektor kombinieren, sodass sie kontrolliert ihren Orts- und Zeitpunkt verändert. Die Technik ist nicht auf den Menschen reduzierbar, sodass sie von ihm her ihr Maß oder Unmaß (ihre Un-Menschlichkeit) empfinge. Es ist umgekehrt, der Mensch ist auf die Technik reduzierbar: Die Fähigkeiten seiner Beine, Arme und Hände als geistigen Gehalt mental zu repräsentieren und die naturgesetzlichen Symmetrien von Naturzuständen zu erfassen ist ein und dasselbe. Daraus ergibt sich direkt die Möglichkeit, das eine am anderen abzumessen, was wiederum nichts anderes bedeutet, als es für seine Zwecke zu nutzen oder, wie es im biblischen Schöpfungsbericht recht unpräzise heißt, sich die Erde untertan zu machen. Noch einmal: Der prometheische Mensch kann sich vielleicht selber als absoluten Zweck setzen, eine recht kleinliche Zwecksetzung übrigens, die von der Technik selber ständig überholt und unterlaufen wird. Aber er kann sich nicht zum absoluten Maß setzen. Das Maß, auch sein Maß, bleibt das Technische; ihm muss er sich fügen, indem er es fügt.

Er kann dies nicht, weil die Maße des Technischen in Wahrheit Symmetrien sind, oder mathematisch gesagt: Gleichsetzungen. Hier spätestens wird die Domäne des Digitalen berührt. Die Digitalität ist der vollendete Triumph der Gleichsetzungen, von dem die barocken Universalwissenschaftler noch träumten: Jeder Zustand in der Welt, absolut jeder, kann als gleich 0 oder gleich 1 gelten. Wir werden erst in späteren Kapiteln sehen, warum die Zustände der Welt, obwohl sie bei stark mikroskopischer Betrachtung in unauflösbare Unschärfe abgleiten, das mit sich machen lassen. Fakt ist, sie lassen es mit sich machen. Genau diese humane Urerfahrung macht Urprometheus, historisch noch weit weg von den frühneuzeitlichen Naturwissenschaftlern und noch weiter weg vom Digitalrechner. Gleichwohl sind die naturwissenschaftlichen Erkenntnisse des 17. Jahrhunderts ein Punkt, an dem die Ontologie der Gleichsetzungen offenkundig wird. Ihm werden wir uns nun widmen.

Wir haben gesagt, Urprometheus kennt Symmetrien zwischen Systemen. Würde er sie nicht kennen, riskierte er Verletzung und Tod. Er musste sie noch nicht wissen in dem Sinn, in dem Newton die Gesetze der Mechanik anschrieb. Zunächst und über sehr große Zeiträume der Menschheitsgeschichte hat er von ihnen ein Körperwissen. Es ist den Körpern eingeschrieben, die sich nach ihm verhalten, und zwar den vitalen wie den nichtvitalen Körpern. Urprometheus kann das Gleichgewicht zwischen einem potenziellen und einem aktualen Energiegehalt samt den Relationen der jeweiligen zeit-räumlichen Ausdehnung halten und es als solches mental repräsentieren, mehr nicht. Er kann es, weil es diese Relationen gibt. Verdeutlichen wir das am zweiten Newton'schen Gesetz, das landläufig als Kraft gleich Masse mal Beschleunigung firmiert. Denn um Kraft und die

Arbeit, die ein exothermes Ereignis, das sich hin zu einem thermischen Gleichgewicht entwickelt, über eine bestimmte Distanz von Weg oder Zeit verrichtet, geht es beim Feuerraub. Dass es die Symmetrie zwischen einer beschleunigten Masse und einer bestimmten Kraftentfaltung auf eine zeit-räumlich benachbarte Masse gibt, heißt ontologisch, dass es eine universale Eigenschaft der quantitativen Gleichheit von Masse und Beschleunigung auf

der einen und Kraft auf der anderen Seite gibt. Es gibt nicht nur die Einzeluniversalien, dass ein Körper eine Masse hat, dass er eine Bewegung hat (die positiv oder negativ beschleunigt werden oder gleichbleiben kann) und dass es die Kraft gibt, die ein System in einer bestimmten Richtung ausübt. Es gibt darüber hinaus eine komplexe, strukturierte Universalie, die die im zweiten Gesetz formulierte Relation enthält. Die universale Eigenschaft des zweiten Newton'schen Gesetzes ist damit eine zweitstufige Eigenschaft, weil sie eine Eigenschaft der erststufigen Einzeleigenschaften Masse, Bewegung (und ihrer Ableitung nach der Zeit, der Beschleunigung) und Kraft ist; und sie ist eine relationale Eigenschaft, weil sie die erststufigen Eigenschaften in eine bestimmte Relation zueinander setzt.[24]

In den relationalen Universalien, wie sie die klassischen Naturgesetze darstellen, ist eine Kausalität eingeschlossen. Wenn eine bestimmte Masse eine bestimmte Beschleunigung erfährt, dann übt sie kausal zwingend eine bestimmte Kraft aus. Wenn ein Narthexzweig mit bestimmter Masse verbrennt, übt er kausal zwingend eine bestimmte Kraft aus, die sich in einer Druckänderung, einer Wärmeänderung und einer räumlichen Verlagerung der Materie des Zweigs niederschlägt. Die Instantiierung von Eigenschaften links vom Gleichheitszeichen bewirkt kausal zwingend die Instantiierung der Eigenschaften rechts davon. Anders gesagt, die höherstufige relationale Eigenschaft steuert die Instantiierung der erststufigen Universalien: Wirkt eine bestimmte Kraft auf eine bestimmte Masse, dann wird an der Masse kausal zwingend eine bestimmte Geschwindigkeitsänderung instantiiert und damit eine Veränderung der Masse in der Zeit. Es ist also der Veränderungsfaktor der Beschleunigung, der einen gegebenen Zustand in einen neuen Zustand, und zwar einen durch die Relation determinierten Zustand überführt, der also überhaupt Zeit generiert. Sie erzwingt die Realisierung eines Potenzials, also überhaupt Realität. Der Mensch, der urprometheische Mensch zumal, steht in keiner Weise außerhalb dieser Relationen. Prometheus trägt das glutbergende Narthexrohr in der vergehenden Zeit von einem Ort zum anderen: Er beschleunigt es auf dieselbe Weise, wie die exotherme Reaktion im Narthexrohr die Materie des Rohrs selber beschleunigt, nur in größerer Quantität, da er zur Arbeit der exothermen Reaktion die eigene Körperarbeit hinzufügt. Er muss sich in die Kausalität der relationalen Universalie fügen, etwas anderes kann er nicht tun. Er kann auch mit sich selber nichts anderes tun, als sich in sie zu fügen. Stiegler betont mit Recht, dass die menschheitsgeschichtliche Genese der humanen Motorik und ihre geistige Repräsentation, die nichts weiter als immer wieder die Symmetrien und Kausalitäten der höherstufigen relationalen Universalien repräsentieren kann, genuin mit dem Technischen verwoben ist.[25] Homo entwickelt sich, indem er die Relation der Universalie in immer neuen und immer komplexeren Quantitäten instantiiert: an der Welt und damit immer auch an sich selber.

An den universalen Eigenschaften, die eine Gleichsetzung beinhalten, wird ein weiterer fundamentaler Umstand deutlich: Der Zustand eines Wirklichkeitssegments, etwa des Narthexzweigs, den Urprometheus mit sich trägt, ist nicht nur ein Set von Eigenschaften, das erst durch einen Bewussthaber bestimmt wird, indem er es sinnlich wahrnimmt und mental repräsentiert. Urprometheus hatte dieses sprachfähige Bewusstsein gar nicht. Das Wirklichkeitssegment selber hat ein „Wissen", ohne dass es Bewusstsein hätte. „Wissen" ist hier ein missverständliches Wort, präziser bezeichnen wir es als Information. Das Gegenüber, dem

diese Information ganz ohne ein sprachfähiges Wesen übermittelt werden kann, ist die andere Seite der Gleichung: Sie nimmt die Information dadurch auf, dass sie sich in bestimmter Weise verändert. Wird die Masse eines Stengels durch einen Beschleunigungsfaktor aktiviert, offenbart sie die Information ihrer Masse dadurch, dass diese bestimmte Universalie instantiiert wird, die auf der anderen Seite der Gleichung steht. In diesem Sinne sind die Zustände, die durch ein relationales universales Naturgesetz kausal miteinander verbunden sind, wechselseitig füreinander Informationsträger. Wir werden später sehen, dass genau dieser Begriff von Information grundlegend dafür ist, dass Materiezustände – und nichts anderes ist die digitale Hardware – durch Austausch von nichts weiter als ihrem basalen Zustand, der kausal auf einen benachbarten oder verschalteten Zustand wirkt, rechnen können. Sie können also Informationen speichern und operativ werden lassen. Auch hier fügt der Mensch mit der Intelligenz des sprachfähigen, denkenden Wesens, das Homo sapiens seit der Steinzeit ist, dem selbsttätigen Wissen und Rechnen der Natur nichts hinzu, er fügt sich lediglich in es ein.

Aber nicht nur der Mensch als das wissende und denkende Gegenüber zur Natur ist redundant, ein wissender und denkender Gott ist es ebenso. Es gibt in diesen Vorgängen einen Moment, der den Zeusgott zum Zorn reizt. Das muss der Moment

sein, an dem sich die kontingente Wirklichkeit kausal in die Eigenschaft rechts vom Gleichheitszeichen fügt. Dort blitzt das Göttliche auf, während der Weltenlauf ansonsten ziel- und sinnlos weitergeht. Freilich setzt diese Sicht ein Bewusstsein voraus, das Willen und Absichten hat. Das, was geschieht, erfüllt die Absicht und ist dann der Triumph des Willens; oder es durchkreuzt sie und erscheint dann als bedrängender Gegenwille: Dein Wille geschehe, gegen unsere bösen oder wohlmeinenden Absichten.
Nur das willentliche Bewusstsein trägt in den Weltenlauf, der ja in jedem Moment, nicht nur dem des einschlagenden Blitzes und des auflodernden Lagerfeuers, den Grundgesetzen der Mechanik folgt, seine Kennzeichnungen ein. Nicht die schiere Tatsache also, dass die Dinge gemäß den Grundgesetzen der Physik ablaufen, ist schon der göttliche Moment. Erst recht nicht irgendein Moment, in dem sie entgegen den Gesetzen der Physik abliefen, ein Moment, der aus gutem Grund in den Schöpfungsmythen keine Rolle spielt und auch an unserer obigen Auffassung des Wunders vorbeigeht. Es ist vielmehr der Moment, in dem sich der naturgesetzliche Lauf der Dinge so konzentriert, dass er den Normalbereich der Wahrscheinlichkeiten verlässt und relativ zu einem willentlichen Bewusstsein plötzlich viele Optionen bietet oder verbietet. Der einschlagende Blitz verbot Prometheus Optionen und drängte ihn mit Gewalt aus einem Bezirk hinaus; das auflodernde Lagerfeuer eröffnete ihm Optionen und räumte ihm einen Bezirk ein, der bisher unbekannt und unzugänglich für ihn war. Beides sind die göttlichen Momente. Das willentliche Arrangieren, sei es von göttlicher oder von menschlicher Hand, ist das Zünglein an der Waage, das den kontingenten Weltenlauf um Winzigkeiten umlenkt, es selber ist aber nicht göttlich. Göttlich wird es erst, wenn weitere Wege plötzlich auf- oder zugehen.

Was weit ist und was nah, was schon göttlich ist oder noch menschlich, kann definitorisch nicht scharf abgegrenzt werden. Das liegt nicht an einer unzulänglichen Analyse, sondern an der Sache: Der weit entfernte Gott kommt nahe herbei, indem er im plötzlich offenen Weg erkannt wird. Wie immer und wie noch oft in diesem Essay zeigt sich das Göttliche approximativ, nicht absolut.

66 Man wird in unserer Analyse des göttlichen Moments bei Prometheus die Ähnlichkeit mit dem registrieren, was Eliade den heiligen Ort als Schnittpunkt der göttlichen und der profanen Wirklichkeitsebene[26] oder Serres kurz als „Hotspot“[27] bezeichnet hat. Die technische Metaphorik bei Serres trifft die Sache: Immer geht es beim Göttlichen um eine mediale und letztlich technische Öffnung, auch weit vor der Ära der Wifi-Hotspots. Wir hoffen allerdings, diese intuitiven Charakterisierungen einigermaßen präzisiert zu haben. Eine Präzisierung muss vielleicht noch einmal eigens herausgestellt werden, der Faktor Zeit. Die rein räumliche Assoziation des Heiligtums oder des Tempels ist ungenügend. Der göttliche Moment des Prometheus ist auch ein eminenter Zeit-Punkt nicht nur in dem religionsphänomenologischen Sinn, dass es Festzeiten und Heilige Zeiten gibt, sondern viel konkreter, dass der göttliche Moment einen verdichteten Blick in Vergangenheit und Zukunft gewährt. In ihm zeigt sich etwas einem Computerprogramm sehr Ähnliches: eine Wirklichkeitssequenz, die für sich genommen unwahrscheinlich ist und dennoch unerbittlich abläuft, weil das jeweilige Auftreten ihrer Elemente identisch mit dem Ticken der Uhr ist; sie *sind* die Uhr. Die Plötzlichkeit des göttlichen Moments wird manchmal als reine Gegenwärtigkeit ausgelegt, aber das ist missverständlich, wenn nicht falsch. Er markiert einen Gegenwartspunkt, an dem

Vergangenheit und Zukunft zumindest so weit offenkundig werden, wie die Approximation reicht. Die Beschleunigung trägt in die von Newton formulierte Symmetrie von Masse und Kraft den Faktor Zeit hinein. Sie ist der zeitgebende Algorithmus, der die Information der Bewegung der Masse enthält, bevor die Bewegung beginnt. Je länger eine Masse beschleunigt wird oder je höher der Beschleunigungsfaktor in einem Zeitraum ist, desto stärkere Kraft übt sie auf eine benachbarte Masse aus. Schon in der Beschleunigung der ersteren Masse ist also die Information der Bewegung der letzteren Masse und damit die Ereignissequenz des zukünftigen Zeitraums virtuell enthalten. Es unterscheidet das menschliche vom instinktgetriebenen Verhalten, Ereignissequenzen über mehrere Gleichsetzungen hinweg zu antizipieren und die Dinge, die zueinander die symmetrischen Verhältnisse einnehmen, entsprechend zu präparieren: also nicht nur einen Stein in die Hand zu nehmen und mit ihm die Nuss aufzuschlagen, eine unmittelbare Extension des Handschlags, wie sie noch die höher entwickelten Tiere beherrschen, sondern einen spitzen Stein zu nehmen und alle Beschleunigungsvorgänge im Voraus zu überblicken, die es braucht, bis er im Leib der Beute steckt. Kein Menschenaffe kann zielgerichtet werfen, Homo kann es seit rund zwei Millionen Jahren. Das urprometheische Lebewesen wird zum Mensch, indem es die Länge des zukünftigen Zeitraums ahnend antizipiert, bis sein glimmender Narthexzweig den trockenen Reisighaufen beschleunigen wird. Davon hängt ab, ob das Lagerfeuer für einen oder zwei erlegte Hasen reicht, davon wiederum, dass es seine Zukunft planen kann. In allen diesen Symmetriebildungen von Gegenwart und Zukunft werden Masse und Zeit in Relation zueinander gesetzt. Mit dem Einsatz von Masse lässt sich Energie, ergo Beschleunigung, ergo ein Zeit-Raum gewinnen, in dem die Dinge genauso ablaufen wie antizipiert.

Das abschätzende, ab Newton berechnende Kontrollieren von vergangenen und zukünftigen Zeit-Räumen ist eine einerseits allzu menschliche Sache, das Sein zum Tode. Es war andererseits die klassisch göttliche Disziplin, das vorausliegende Werden und Vergehen exklusiv zu wissen. Wie immer ist auch

hier der Übergang vom menschlichen zum göttlichen Blick in die Zukunft eher quantitativ als qualitativ markiert. Die heutigen Wettervorhersagen waren vor nicht allzu langer Zeit Gotteslästerung, vom altjüdischen Psalm 29 über das mittelalterliche Verbot der aristotelischen Meteorologieschrift bis ins 17. Jahrhundert, auch wenn Seeleute, Windmüller und Landwirte seit jeher die Entwicklung der nächsten paar Stunden zusätzlich zum Beten auch abschätzten. Die heutige Berechnung von zukünftigen Börsenkursen aus ökonomischen Datenmassen, von Klimakatastrophen aus meteorologischen Daten oder von kommenden Hungersnöten aus einer Kombination von beidem steht nur noch für wenige dem religiösen Weltbild entgegen, obwohl sie mehr und mehr „Zeitmaschinen"[28] gleichkommen. Alles in allem werden selbst in der Humanmedizin computergestützte Prognosen für längere Zeiträume akzeptiert, und zwar deshalb, weil die informationstechnische Erkenntnis akzeptiert wird, dass jeder dieser Realitätsbereiche selber ein quasi rechnendes System ist und daher in einem kybernetischen Modell simuliert werden kann. Die Annäherung an das göttliche Wissen in den Simulationen, die ja doch die Grundlage ist für das gottgleiche Eingreifen in die jeweilige Realität, wird nicht mehr bemerkt.

Das Lebewesen Homo involviert sich in diese technische Entwicklung fortwährend selber. In der Frühgeschichte der Gattung geschah das, indem Urprometheus seine Gliedmaßen, sein Sichtfeld, seinen Beißapparat in das Abmessen von Massen und Enthalpien involvierte und sie in diesem technischen Vorgang zu Armen, Beinen, Händen, Augen und Mund evoluierte. Die humane Evolution wird heute aus dem menschlichen Körper in größere Systeme verlagert. In ihnen ist der Mensch selber ein Glied in einer komplexen Schaltung und das Wissen der nichthumanen Glieder steht gleichartig neben dem der humanen. Es gibt kein Anzeichen, dass diese verschränkte Entwicklung irgendwann zum Stillstand käme. Das Geheimnis der Gegenwart Gottes im Menschen besteht nicht darin, dass er im Menschlichen in seiner schlechten Ganzheit, im „peinlichen Erdenrest" des Menschen erschiene. Es besteht darin, in den technischen Operationen und Prozeduren zu erscheinen, in die sich der Mensch nach und nach involviert, was zunächst als Evolution des Menschen selber erscheint, aber schon immer über den Menschen hinausragt. Intuitiv traf Francis Bacon in seiner Prometheusdeutung[29] den entscheidenden Punkt: Die Macht des Feuers kommt zu den Göttern nicht dadurch zurück, dass der Mensch demütig zu ihnen umkehren würde. Das würde ja nicht weniger bedeuten, als dass die zeitliche Taktung aus der Kraftentfaltung des Feuers wieder verschwände. Mit Verlaub aller Humanisten und Existenzialtheologen, zu dieser Auffassung wird die Welt nie mehr zurückkehren. Der nimmer endende Fackellauf des Prometheus heißt vielmehr, das Göttliche wird aus dem Titanischen wiedergeboren, indem die Technik und darin eingeschlossen der Mensch den Weg des Fortschritts weitergeht. Das Motiv des Fackellaufs, eine Disziplin bei den griechischen Sportwettbewerben am Rande von Götterfesten, steht bei Bacon am Ende der Interpretation: Der Mensch hat dem Gott das Feuer entrissen, nun bleibt ihm nichts, als es in der Hand zu behalten. Irgendwann wird er damit wieder bei den Göttern ankommen. Fackelläufe wurden zu Ehren von Prometheus selber abgehalten, wo er, eher sporadisch, als Gott verehrt wurde. Vor allem aber für den Olympier Hephaistos, den Zeussohn, fanden Fackelläufe statt. Dieser Gott hat als Handwerker und Ingenieur zwar die strahlende Schönheit des Vaters eingebüßt, ihm sind die Spuren seiner Arbeit auf den Körper geschrieben. Aber anders als in der Kunst zeigt sich das Göttliche in der Technik nicht mehr als das Schöne, sondern als das Durchgreifende. Hephaistos als Feuer-Gott heißt, er ist die zeitliche Feuer-Taktung, die kontrollierte Symmetriebildung von Masse, Energie und Zustandsänderung. Nicht zufällig ist Hephaistos bei Homer auch der Gott der Automaten, zum Beispiel als Triebkraft im selbstlaufenden dreifüßigen Stuhl und in der robotischen Dienerin.[30] Auch dieser Übergang ist graduell und ohne definitorische Grenze. Wie das religiöse kann das ästhetische Gefühl leichter digital emuliert werden als vieles andere. Das Fortschreiten der Technik ist gleich die Technisierung der Kunst ist gleich die Annäherung an den Gott. Und das ist gleich dem nahen Herbeikommen Gottes.

Zwischen die Blitzartigkeit des Blitzes und das Aufflackern des Lagerfeuers hat sich ein realer Zeit-Raum geschoben: der Weg, den Prometheus mit der Fackel zurücklegt. Beide Taten sind göttlich: Die eine ist das schiere Dass der göttlichen Wirksamkeit, mit der die Welt eine Veränderung und damit ihren Fortgang in Raum und Zeit erfährt. Die andere ist seine Auffaltung ins Wie, ein greifbares, iterierbares, Zukunft speicherndes und, wie wir sehen werden, genau deshalb schreibbares oder vielleicht sogar (qua Greif- und Iterierbarkeit) bereits latent geschriebenes Wie. Greifbarkeit und Iterierbarkeit stellen sich dar als die Raum- und Zeitdaten von etwas. Dieses Wissen hat Prometheus, und damit verfügt er bereits über die hinreichenden Bedingungen, dieses Etwas als *gramma* zu schreiben und als *pro-gramma* zu antizipieren, es sich also vornehmen, es programmieren zu können.[31]

Sehr lange in der Gott- und Menschheitsgeschichte wird das Wie, obwohl schreibbar, nicht in der programmierbaren Formel Ding mal Bewegung geschrieben. Mit ihr kann eine kybernetisch verschaltete Maschine in Gang gesetzt werden, in ihr beginnt die göttliche Wirksamkeit über die Möglichkeiten des prometheischen Menschen hinauszuschreiten; das Ora et labora et lege der Benediktregel oder die Newtonformel Masse mal Beschleunigung sind Varianten davon. Das prometheische Wie war, seit die Menschheit noch vor -3000 im Zweistromland und wenig später im Nilstromland im eigentlichen Wortsinn zu schreiben anfing, als gewöhnlicher Text anschreibbar, wie wir ihn aus den religiösen Inschriften dieser Zeit kennen. Was sich als der Zeit-Raum des Wie zwischen das Dass der göttlichen Intervention in den kontingenten Lauf der Dinge schiebt, hat seinem Wesen nach etwas Schriftliches. Der Zeit-Raum als die Auffaltung der gerichteten Dynamik, die ein Ding erleidet, ist der Inbegriff göttlicher Wirksamkeit. Was genau wie verändert wird und wie diese Veränderung auf Vorrat, in der Potenzialität eines Programms, gehalten werden kann – nichts anderes als dies ist die Sache der göttlichen Vorsehung und Allmacht. Das Vorgesehene, und zwar nicht als bloßer Wunsch und Absicht, sondern

als der Masterplan, der den zukünftigen Werdegang eines Wirklichkeitssegments in unerbittlicher Zwangsläufigkeit enthält, ist ein Skript. Es war schon immer und es ist mehr denn je heute in der Ära der schriftlichen Programmcodes für die digitalen Rechenmaschinen: Schrift.

Diese Thesen scheinen vielleicht wunderlich, wenn man der Auffassung ist, dass Geschriebenes nur das grafische Repräsentieren von Gesprochenem oder, in den wenigen sentimentalischen Jahrzehnten der Aufklärung, vielleicht auch von Gedachtem und Gefühltem sei. Und etwas Gesagtes, Gedachtes und Gefühltes ist nicht eo ipso wirksam, im Gegenteil, wir stellen das Wort gern gegen die Tat und das gut Gemeinte gegen das gut Gemachte. Aber das bloß Gesagte oder Gedachte im Gegensatz zum Getanen war Schrift nie. Der Gegensatz stimmt nicht am Beginn ihrer Kulturtechnik, als Handflächen, Töpferzeichen oder Strichsymbole von Handelswaren in weichen Ton geprägt wurden. Sie stimmt nicht in den Jahrtausenden der ägyptischen Inschriften, der Verschriftlichung der Tora im Judentum, des griechischen Schreibens mit dem Vokalalphabet und schließlich der neuzeitlichen Schreibkulturen. Sie stimmt schließlich nicht in ihrem vorläufig letzten Stadium, in dem die Rechner ihren Programmcode überwiegend selber schreiben und ihn nicht mehr als papierenen Ausdruck, sondern nur als Zustand eines digitalen Speichermediums aufbewahren. Und auch in den wenigen Jahrzehnten einer westlichen Gefühls- und Gedichtkultur um +1800 ist die Auffassung falsch, Schrift bilde nur Sachverhalte und ihre Begriffe ab, ohne die Sachverhalte zu verändern und aus den Begriffen von Dingen Begriffe der Veränderung von Dingen zu machen. Wir werden die gegenteilige Auffassung vertreten, dass Schrift prinzipiell ein operatives Medium ist. Wir behaupten, dass Schrift sich schreibt in dem und als der Vorgang des Aufspannens eines Zeit-Raums zwischen dem göttlichen Dass des Zeus und dem nicht minder göttlichen Wie des Prometheus. Oder um eine kurze Definition zu geben, die Bevorratung einer intentionalen Veränderung des Weltenlaufs ist Schrift. Schrift ist ein wesentlich auf die operative Durchmessung von Zeit und Raum hin angelegtes Medium. Schrift ist Programmcode.

Sehen wir der schreibenden Bewegung des Bevorratens von künftigen Operationen, wie sie an der Schnittstelle von ökonomischen, wissenschaftlichen und religiösen Vorgängen auftritt, nun genauer zu. Was „schrieb" Urprometheus, indem er den Weg von der brennenden Esche zum Lagerfeuer zurücklegte? Er schrieb zum Beispiel „Zweig", freilich nicht in Buchstaben, sondern in irgendeiner beliebigen vielleicht grafischen, vielleicht lautlichen, vielleicht nur mentalen Symbolik. Eine solche Repräsentation setzt voraus, dass das Etwas in einem Narthexgestrüpp intensionale Merkmale hat, mit denen es für ihn handhabbar wurde und sich von der Flut anderer Entitäten abhob: Es ließ sich etwa mit seiner Hand greifen, es ließ sich von ihm wegtragen, es konnte Feuer oder Wärme speichern. Diese Intensionen sind durchweg Maße, auch wenn wir ihnen das semantisch heute nicht mehr abspüren, gemessen nämlich an anderen Entitäten, die sich spiegelbildlich gleich mitschreiben: Das Greifbare wird von der menschlichen Hand gegriffen und bemisst sich von ihrer Größe her. Das Tragbare bemisst sich von der menschlichen Armkraft her. Die Wärme bemisst sich von der menschlichen Armlänge her, die es auf Abstand zu Gesicht und Körper halten muss, von der Möglichkeit her, einen anderen Zweig in Brand zu setzen, von der Masse des Zweigs her, die die Wärme für einen bestimmten Zeitraum konstant hält. Die quantifizierten Maße der Hand, des Arms, der Wärme und so weiter können also das Symbol für den Zweig substituieren, mindestens aber ein anderes Schriftzeichen bekommen, das mit ersterem eine syntaktische Verbindung eingeht, die dann bereits maskiert, dass in ihr in Wahrheit eine operative Verbindung steckt. Erstere Entität wird virtuell erzeugt und bevorratet für eine künftige Umsetzung durch die Maßangabe der intensional verbundenen Entität. Von hier aus konnte Urprometheus die weiteren Entitäten „schreiben", die er als Maß für die Entität „Zweig" herangezogen hatte: die Hand, den Arm, die Glut am Zweig. Wollte er sie nicht zirkulär über den Zweig bestimmen, brauchte er dritte Maße: etwa seine Beine und die Länge ihrer Schritte, die Masse des Zweigs und die Dauer seines Brennens, die Masse von abzählbar vielen Zweigen auf dem Reisighaufen, ihre Wärmemenge und Brenndauer, die Masse des Fleisches, das sich mit dieser Menge und Dauer trocknen ließ, und so weiter. In jeder Entität steckt das Maß einer anderen Entität. Das zeit- und raumgebende Abmessen mittels einer anderen Entität *ist* das Identifizieren und ergo das „Schreiben" der Entität. Als die Urenkel des Urprometheus irgendwann faktisch ein Zeichen in ein Medium prägten, war das nichts anderes als die zeit-räumliche Abmessung der aufgeschriebenen Entität. Wo in der Grafie des Zeichens oder ursprünglich eher in der Bewegung des Schreibens die unmittelbare Bewegung des Abmessens steckte, ist oft nicht mehr völlig zu rekonstruieren; irgendwo aber muss es den Übergang von der Operation des Abmessens zur Operation des Aufschreibens gegeben haben.

Lesen können wir nun als den exakt umgekehrten Vorgang auffassen. Das Schriftzeichen lesen heißt, die Messung wiederholen, die die ursprüngliche Entität ergibt, welche im Zeichen codiert war. Lesen ist das operative Wiederherstellen des Dings. Das Lesen des Zeichens für „Zweig“ ist die Operation des Abzählens der Messdaten seiner Messmedien. Beim kulturell fortgeschrittenen Leser erfolgt diese Operation im Geist blitzschnell. Der kulturelle Shortcut maskiert den Messvorgang, aber er eliminiert ihn nicht.

Wie kommen wir dazu zu sagen, im Schreiben und Lesen sei das wiederholende Abmessen codiert, das den bezeichneten Gegenstand *ergibt*? Wird mit Schreiben und Lesen nicht einfach auf den Gegenstand verwiesen? Das Anschreiben eines Gegenstands durch das Gramma seiner Messung repräsentiert das Ding nicht so, dass es im nächsten Moment einer Re-Repräsentation des Gramma entschlüpft, das Gramma referenzlos geworden und die zeit-räumliche Operationalisierung in der Bewegung des Messens ein reines Gedankenspiel geblieben wäre. Es entstehen Rückkopplungsschleifen. Eine Entität über ein Set von intensionalen Merkmalen, die quantifizierbar und messbar sind, zu identifizieren heißt ja, die Entität als ein Objekt aufzufassen, das sich über seine Schnittstellen, an denen der In- und Output der Messdaten zu den benachbarten Messmedien stattfindet, in Echtzeit erst ergibt. Die messende Umgebung hält die Entität aktuell. Die Entität *ist* nichts weiter als der je aktuelle Datensatz der Messwerte seiner Messmedien. Das glimmende Ding in der Hand des

Prometheus *ist* ein Zweig, insofern sich die Entität „Zweig“ über das Messmedium einer Männerhand ergeben hat. Ist das Messmedium ein anderes, etwa die Hand eines jungen Menschenkinds oder ein Vogelschnabel, ergibt sich eine andere Entität. Die Entitäten in den objektorientierten Programmiersprachen sind dynamische Objekte: Entitäten, deren Sosein in Echtzeit von ihren aktuellen In- und Outputs bestimmt ist. Solche dy-

namischen Objekte waren aufgeschriebene und lesbare Gegenstände in Wahrheit schon immer. Am Ende der Kulturtechnik des Schreibens wird offenbar, dass das aufgeschriebene Ding ein Algorithmus ist, der die Daten seiner Messmedien zu einem je aktuellen Zustand verrechnet. Als die steinzeitlichen Maler der Chauvethöhle über der Ardeche ihre Hände mit roter Farbe an die Höhlenwand „schrieben“, begriffen sie ihre Hand als jenes dynamische Objekt. Ein Jahr später, wenn sie wieder zu ihrem Gramma zurückkehrten, hatte die Hand vielleicht durch Alterung ihren Spreizwinkel oder durch Kampf einen Finger eingebüßt. Das rote Gramma repräsentierte nichts weiter als eine Momentaufnahme der Messdaten des Messmediums – aber genau deshalb ein hochgradig operatives: Das Lesen des roten Gramma ist die rückläufige Operation des Schreibens und ergibt wieder das ursprüngliche dynamische Handobjekt.

Prometheus „schreibt“ das göttliche Blitzereignis auf, indem er den Fackellauf läuft. Bei Bedarf „liest“ er es, indem er die Elemente seiner „Schrift“ in rückläufiger Operation wiederholt. Schreiben, wenn wir es in diesem weiten Sinn begreifen, der am Anfang und am Ende seiner Kulturtechnik offenbar ist und nur zwischendurch maskiert war, Schreiben ist die Codierung göttlicher Eingriffe zum Zweck ihrer operativen Wiederholung. Schreiben heißt, in die chaotische Kontingenz der Welt Bahnen von dynamischen Objekten zu legen, die durch In- und Outputs miteinander verbunden sind. Die Bewegung des (wiederholbaren) Durchlaufens der Bahn und des Schreibens der Objektketten ist ein und dasselbe, nur einmal in realer und gegenwärtiger zeit-räumlicher Ausdehnung, einmal virtuell und d.h. als Anweisung für die reale, aber zukünftige Ausführung. Diese Bewegung ist die Bahnung Gottes, der durch das wüste und leere Chaos der Welt hindurch schöpferisch die Dinge und ihre Zusammenhänge erschafft.

In den ältesten sumerischen Schriftzeugnissen vor -3000 bleibt die religiöse Dimension unter der Oberfläche, um -2000 dann tritt sie offen zutage.[32] Anfangs, datierbar auf etwa -3400, sind es aus Ton gefertigte Artefakte ohne jede grafische Imprägnierung, die zum Zählen dienten: 10 tönerne Kugeln entsprechen 10 Schafen, 14 Kugeln stehen für 14 Bündel Getreide und so weiter. Dass es derartige Dinge sind, die gezählt werden, weiß man, weil dieselben Kugeln ab -3200 teils mit Zahlzeichen, teils imprägniert mit Symbolen für die Gegenstände auftauchen: Vieh, Früchte, Menschen. Die kognitive Leistung, in den verrauschten Daten einer wild durcheinanderblökenden Schafherde dreimal 10 Schafe zu zählen, ein Feld Gerste als fünfzehnmal 12 Bündel, die eine erwachsene Menschenhand greifen kann, eine Sippe aus Frauen, Männern, Sklaven und Kindern als 17 Menschen, ist beträchtlich. In der Tonkugel, ob mit oder ohne eingeprägtem Gramma, ist die Bewegung des Abzählens aufbewahrt. Die Bewegung installiert den In- und Output, der aus der wilden Schafherde operative Einzelobjekte macht, deren zählbare Individuierung gesichert und wiederholbar wird. Es ist göttliches Wissen, die Anzahl der Haare auf einem Menschenkopf oder einem Schaffell zu kennen, aber dieses Wissen aufzuschreiben heißt, wie wir sehen, es operativ zu machen relativ zu einem Operator, welcher einst der menschliche Gesichtssinn und die menschliche Hand waren und heute Bildverarbeitungssoftware, die mit einem gewöhnlichen Digitalfoto die rund einhunderttausend Haare auf einem Menschenkopf leicht automatisch zählt.

Um -3000 gehen die Symbole auf den Zählkugeln in Proto-Keilschriften, um -2700 in Keilschriften über. Nach wie vor ist es ein Zeichen pro Tontafel, das ein Objekt repräsentiert. Bedeutungen, die sich aus der Zusammensetzung mehrerer Zeichen ergeben, tauchen erst allmählich auf. Die Anzahl der Piktogramme ist sehr groß, viele davon sind in den Funden ein einziges Mal nachgewiesen, nur wenige werden häufig verwendet. Zudem gibt es Varianten in der Grafie der Zeichen, die sinntragend sind und nicht durch unterschiedliche Schreiberschulen erklärt werden können. Offenbar spielt die Fixierung universeller Bedeutungen keine Rolle. Vielmehr repräsentieren die Symbole die Operativität eines Objekts, die zwischen wenigen Akteuren ausgehandelt wurde, um von ihnen wiederholt werden zu können. Das Objekt wird ausschließlich von der gemeinsamen Aktivität her verstanden, mit der es identifiziert wird. Um -2700 verringert sich die Anzahl der Piktogramme, aber umgekehrt wächst die Zahl ihrer Bedeutungen. Das Piktogramm, das einen Fuß abbildet, bedeutet gehen, zugleich aber bringen und weitere Aktivitäten, die durch die Bewegung von Füßen stattfinden. Am operativen Charakter der Schriftzeichen hat sich nichts geändert, er wächst sogar: Sie bezeichnen nun operative Modi wie gehen, d. i. zugleich eine Entfernung abmessen, oder bringen, d. i. zugleich die Masse eines überbrachten Gegenstands abmessen. Einen Gegenstand wissen, mit einem Gegenstand in diskreten, abmessbaren, wiederholbaren Operationen umgehen und einen Gegenstand schreiben sind ein und dasselbe.

Bloß weil auf den alten piktogrammatischen und später keilschriftlichen Tontafeln keine religiösen Dinge wie Gott, Gebet oder Tempel auftauchen, wird oft gesagt, das Schreiben habe anfangs einen rein ökonomischen oder verwalterischen Charakter gehabt. Das ist irrig, wenn der Ort in Betracht gezogen wird, an dem die Kulturtechnik des Schreibens auf Ton durch ausgebildete Schreiber praktiziert wurde. Der Ort ist die Stätte der staatlichen Verwaltung und zugleich der religiösen Übung. Es gab eine gemeinsame Wirtschaft von Palast und Tempel, ihre und nur ihre Aktivitäten wurden verschriftlicht. Sie sonderte diesen Bereich einer operativ regulierten Waren-, Herrschafts- und Gottesbeziehung ab von einem inoperativen Chaos von Warenströmen, die durch Beziehungen innerhalb der Sippe, durch Ausbeutung und Gewaltanwendung zustande kamen. Jene Vorgänge blieben nicht-objektiviert, unschriftlich, damit in unserem Sinn kontingent, unwiederholbar, ungöttlich. Das Operativmedium Schrift, immer in dem umfassenden Sinn der zeit-räumlichen Entfaltung von operablen Objektketten, kann als die Stätte begriffen werden, an der sich staatliche und zugleich religiöse Institution erst bildete. Kulturgeschichtlich sehr lange, bis weit ins nachexilische Judentum, in die Zeit der großen hellenistischen Tempelbauten und in die Spätzeit des pharaonischen Ägyptens, blieb diese Einheit erhalten.

Lautfolgen der gesprochenen Sprache zu codieren war über lange Zeit kein Zweck des Schreibens. Und im Zeitalter des maschinenlesbaren Codes wird das wieder marginal wie einst, Indiz dafür, dass der Zusammenhang von Schreiben und Religion spiralförmig in die Nähe seines Ausgangspunkts zurückgekehrt ist. Wozu etwas aufschreiben, das jemand nur laut vor sich hin dachte? Die Operabilität eines solchen Texts wäre höchst fraglich gewesen. Die einzigen Objekte, bei denen eine phonetische Fixierung notwendig war, waren die Namen von Herrschern. Hier musste das einzelne Personenindividuum fixiert werden, während die Person, die einer anderen Person 6 Fische überbringt, namentlich irrelevant war. Die Namen finden sich insbesondere in Königslisten. An diesen Dokumenten, die um -2000 angelegt wurden[33], ist mehreres bemerkenswert. Sie bringen die Namen in eine exakte Sukzession, obwohl nachweislich zuweilen mehrere Könige gleichzeitig über ein Teilgebiet des Zweistromlands herrschten. Zudem gehen sie bis zum vorsintflutlichen König Alulim in Eridu zurück, der, falls er tatsächlich eine historische Person war, um -3000 regierte. Auf ihn wird der Beginn der Welt datiert, denn er sei, so die Chroniken, direkt von der göttlichen Instanz eingesetzt worden.[34] Mit der Legitimierung der jeweiligen Herrschaft durch den göttlichen Anfang ist das nur unzureichend zu erklären. Es geht nicht darum, die jeweiligen Personen und ihr Regierungshandeln als von Gott approbiert hinzustellen, gleich was sie faktisch taten. Operativität ist auch hier der Schlüssel, wenngleich mit einer anderen Nuance als bisher, denn die namentliche Sequenz ist als solche ja nicht wiederholbar, da die Personen nicht mehr am Leben sind. Aber es geht um genau dieselbe Identifizierung von Objekten in dem bisherigen Sinn, dass die Objekte in einer operativen und prinzipiell wiederholbaren Form miteinander in Beziehung stehen. Zunächst muss die Sequenz ohne Lücke sein, denn mit ihr bekommt, wie auch in den etwa zeitgleich angelegten Pharaonenlisten der Ägypter, die zurückliegende Zeit neben dem astronomischen Jahr eine weitere Maßeinheit. Über dieses Maß ist die Herrschersukzession gewissermaßen eine abgekürzte Notation eines lückenlosen Kausalzusammenhangs von dynamischen Objekten. Das wird deutlich, wenn man die Liste zusammennimmt mit den Gesetzestexten, über die der jeweilige Herrscher wacht und mit denen er die Handlungssequenzen der Menschen in seinem zeit-räumlichen Herrschaftsgebiet steuert. Der Codex Hammurapi, ebenfalls um -2000 geschrieben, normiert zum Beispiel die Operationen, mit denen Dinge und Lebewesen den Besitzer wechseln: Kauf, Diebstahl, Verleih etc. Er normiert die Rechtspersonen. Er normiert, welche Dinge überhaupt operabel und damit justiziabel sind: Felder, Sklaven, heiratsfähige Frauen, Wasser, Gold und Silber, Häuser und so weiter. Ein- und ausgeleitet wird diese Ansammlung von Objekten und ihren Operativitäten damit, dass Hammurapi vom Gott Marduk selber als Gesetzgeber beauftragt wurde, dass er diese und jene Taten zum Wohl des Landes getan hat und dass die Befolgung der Regeln gleichbedeutend ist mit der Bewahrung des Wohls des Landes und damit der göttlichen Ordnung. Jede Tat im Sinne des Codex fügt sich so in eine große Kausalkette: Der Gott handelt am Herrscher, der Herrscher handelt an seinem Land, der Herrscher entfaltet in jedem einzelnen Rechtsspruch eine mögliche Handlungssequenz, die das Land und die Herrschaft erhält. So erscheint jeder einzelne Akt als göttlicher Durchgriff. Wird die Kausalkette an einem Punkt durch eine nichtnormierte Einzelhandlung unterbrochen, dann ist der Gott gewissermaßen blockiert.

Von da aus eröffnet sich der Sinn der Königsliste: Was geschieht im jeweiligen Zeit-Raum des Herrschers, ist die messbare Dynamik von identifizierten Objekten. Wo aus dem operabilen, aufschreibbaren Zusammenhang der Objekte, wie er im Codex fixiert ist, ausgeschert wird, gleitet der Lauf der Welt ab ins kontingente, ungöttliche Chaos. Der Codex basiert auf keiner Moral und keiner Ethik, er erheischt keinen Rechtspositivismus. Er identifiziert quasi naturrechtlich dynamische Objekte und die In- und Outputs, über die sie verbunden sind. Daher bedarf es keiner Anpassung des Codex an eine veränderte politische Lage; über eintausend Jahre hinweg weisen die Textfunde keine Änderung des Wortlauts auf. Es bedarf auch keiner Auslegung der

Gesetze[35]; Lesen ist gleich Ausführen, wie im Maschinencode. Weil der Codex den operabilen, prinzipiell wiederholbaren, vorhersehbaren und planbaren Lauf der Dinge abbildet, ist Hammurapi der vom Gott Marduk eingesetzte König – und nicht umgekehrt gilt der Codex als eine Beschreibung des göttlichen Willens, weil Hammurapi der vom Gott eingesetzte König wäre. Seine Göttlichkeit wie die Göttlichkeit aller anderen Herrscher des Zweistromlands hängt ganz und gar daran, dass der Code des Codex keine Bugs enthält. Dann werden alle Zustände, die durch seine Handlungsanweisungen entstanden sind, göttlich gewesen sein. Der Codex ist der Programmcode, der den göttlichen Zeit-Raum der Herrschaft des Hammurapi in das gottlose Chaos der Welt schiebt. „Basically, microchips are merely a technical improvement over clay tablets.“[36]

In Ägypten ist Schreiben von Anfang an eine religiöse Kulturtechnik.[37] Das besagt schon der Name Hieroglyphe, „heilige Einritzung“, den der christliche Apologet Clemens im ägyptischen Alexandrien um +200 in die Welt setzte. Hieroglyphen sind magisch: Wer sie liest, erlangt Kenntnis über die Verbindungswege zwischen der profanen und der göttlichen Realität. Er kann dann den Weg zwischen hüben und drüben operativ bewältigen. Die ältesten Hieroglyphen, um -3000 in Stein gemeißelt, sind Annalen, die pro Jahr einer Dynastie ein bedeutsames

Ereignis schreiben und damit dem Jahr seinen Namen geben. Sie kombinieren eine Serie von kleineren Schriftzeichen mit einem größerformatigen Bild, aus denen zusammen sich die schriftliche Aussage bildet. Die kleineren Bildzeichen zeigen identifizierbare Personen an einem bestimmten Ort, manchmal auch Nutztiere oder eine Datumsangabe des Monats und Tags im Jahr. Das große Bild zeigt eine Aktion, die als prägend und schicksalhaft für das gesamte Jahr aufgefasst wird und dem Jahr sein Label gibt:
den als inkorporierten Gott Horus erscheinenden Pharao, der Gericht hält und Steuern eintreibt; den über einen Feind siegenden Pharao; eine landesweite Zählung von Vieh und Korn; den Pharao bei der Nilpferdjagd; das Begräbnis eines verstorbenen Pharaos und so weiter. In der Kombination wiederholt sich das Urmuster des Schreibens bei Urprometheus: Ding (kleines Bild) mal Bewegung (großes Bild).

Zweifellos werden hier spezifische Ereignisse des jeweiligen Jahres benannt. Aber es sind keine charakteristischen Ereignisse. Im kompletten Gegensatz zu modernen Rückblicken dieser Art benennen sie nicht das Besondere, sondern das Prinzipielle des Zeitsegments. Der Pharao hat eine Nilpferdjagd veranstaltet, und das ist kein pittoreskes Detail, sondern der Inbegriff der Handlungssequenzen, die das Wirklichkeitssegment der wilden Tiere im Fluss strukturieren, es kalkulier- und planbar machen. Der Pharao hat musterhaft den göttlichen Umgang mit den Nilpferden ausgeführt; damit hat er den Programmcode gegeben für den planbaren, zielgerichteten, wiederholbaren Umgang mit dem Segment. Beim Horusgeleit zieht der Pharao durch die Lande, so wie der Gott durch die Lande zöge, wenn er sich aus dem Verborgenen in die reale Raum-Zeit entfaltete: in völliger Kenntnis des Wegs an Anfang, Ende und allen Zwischenstationen, ohne von Unwegsamkeiten, Hunger und Durst oder Feinden überrascht zu werden. Die Umgebung richtet sich nach ihm aus wie die Eisenspäne am Magneten: Die Anzahl der Nutztiere taucht aus dem Nirwana des Nichtwissens auf in die Zone der Planbarkeit und Vorsorge für den zukünftigen Zeitraum; die hominiden Lebewesen werden zu Bürgern des Landes, indem sie ihre Besitz- und Einkommensverhältnisse darlegen und eine Steuer zahlen; das Chaos von Ausbeutung, Totschlag und sexuellem Durcheinander sortiert sich durch die Installierung von Recht. All das sind Musterhandlungen, die durch und durch operabel sind im Sinne von Planbarkeit und Wiederholbarkeit. Sie sind damit durch und durch göttlich, denn sie entfalten das und nur das in Raum und Zeit, was die Götter wissen und was eigentlich die Götter tun. Nicht anders als Prometheus tut der Pharao in den Musterhandlungen des Jahres das Werk der Götter, entfaltet in das Durchmessen realer Weg- und Zeitstrecken. Genau deshalb kann es aufgeschrieben werden. Das Chaos wäre unschreibbar.

Offenkundig wird die Operabilität an den Inschriften der Gräber und Särge. Die Priester und Schriftgelehrten schreiben die Innenwände von Särgen, die sorgfältig verschlossen werden, um die Mumie zu konservieren, und von Grabkammern, die gesichert und gesiegelt werden gegen jedweden Eindringling, voll mit Text. Ausschließlich der Verstorbene kann ihn sehen und lesen. Er liest, welche Stationen, Gefahren und Lebewesen Stunde für Stunde auf der Fahrt durch die Unterwelt begegnen, welche Wege und Abzweigungen befahren werden müssen und welche Wörter an welcher Stelle zu sprechen sind. Der einzige Zweck, so etwas aufzuschreiben, ist, es Schritt für Schritt zu performen. Vor -2000 wurde der Weg durch die Unterwelt, zumindest der Beginn, als begehbare Architektur in den Beisetzungstempeln realisiert, die den Pyramiden vorgelagert waren. Nach -2000 wurden die Stationen des Wegs nach und nach verschriftlicht und bildeten schließlich die heiligen Texte des Pfortenbuchs und des Amduat, die sich in den Herrschergräbern des Neuen Reichs finden. Schrift bei den Ägyptern ist die aufnotierte Bahnung durchs Chaos, wie sie nicht anders durch technische Vorrichtungen wie eine Nilbarke, eine Fackel oder ein Wasserkraftwerk im Rheinstrom bewerkstelligt wird. Kurz, Schrift ist vorgehaltene Technik, die ein zukünftiges Wirklichkeitssegment formen wird. Wie wir oben schrieben: Schrift ist Programmcode.

Die übliche Auffassung, dass Heilige Schriften heilig sind, weil sie von Gott geschrieben werden, bedarf einer Präzisierung: Von Gott geschrieben heißt, die operative Performance des Geschriebenen realisiert eine göttliche Handlung, sie vollzieht ein Stück göttliche creatio continua. Das ist wichtig, um die Mythen recht zu verstehen, die sich um die Heiligkeit der biblischen Schriften ranken. Von Jahwes Finger geschrieben worden zu sein, wie es in Ex 31,18 von den Gesetzestafeln heißt, die Moses am Berg Sinai erhält, ist eine merkwürdige Angelegenheit, wenn man zugleich bedenkt, dass Moses im Auftrag Jahwes seine erläuternden Reden über diese Gottesschrift hält, die ausweislich von Dtn 31,9–11 ebenfalls als göttliches Gesetz aufgeschrieben und verstanden werden sollen. Die Problematik ist nicht, dass hier göttliches und menschliches Schreiben vermischt wäre; wir konzedieren die direkte göttliche Inspiration der Mosesreden ohne Umschweife. Merkwürdig ist, dass Jahwe um seine selbstgeschriebenen Gesetzestafeln herum eine weitere Schrift schreiben lässt, die dem Gesetz weitere Gesetze und Regeln hinzufügt, als wären die Zehn Gebote nicht klar genug formuliert. Damit ist das Heilige Schreiben um die Heilige Schrift herum noch nicht zu Ende: Der Prediger Salomo, ein jüdischer Gelehrter um -350, der darüber schreibt, wie Gott handelt und wie man gottgemäß lebt, fügt in einem Epilog hinzu, was er und andere kluge Leute schreiben, entspricht der Wahrheit und muss folglich ebenso als von Gott geschrieben aufgefasst werden (Koh 12,9–11). Wir konzedieren abermals umstandslos die göttliche Inspiration seiner Predigten – aber nun ist eine weitere Heilige Schrift um die

Heilige Schrift der Reden des Moses entstanden, die wiederum die Heilige Schrift der Zehn Gebote einfassen. Und weil der Prediger so klug ist, den infiniten Regress zu bemerken, den die jüdische Wut des Verstehens und Kommentierens im Begriff ist einzuschlagen, ruft er den geflügelten Satz hinterher: „Des vielen Büchermachens ist kein Ende, und viel Studieren macht den Leib müde“ (Koh 12,12). Man sollte also irgendwann damit aufhören, aber warum sollte man damit aufhören, wo doch bei geflissentlicher Wahrheitsliebe und Gottesfurcht jedes weitere Buch ebenso Heilige Schrift ist – selbstverständlich auch der vorliegende Essay? Mit dieser schlechterdings uferlosen Einsicht hat der Prediger recht, und das gilt es zu denken.

Der infinite Zuwachs an Heiligen Schriften im Judentum lässt sich nur damit erklären, dass die Schriften nicht von sich her operativ waren. Operativität ist der offenkundige Zweck einer Gesetzestafel: Was geschrieben steht an göttlichen Anweisungen, soll göttliche Realität werden, nicht anders als an Euphrat, Tigris und Nil. Die Vorstellung, dass es im Meer des Chaos göttliche Ordnungsstrukturen gibt und dass sich diese durch das Tun der göttlichen Gebote entfalten lassen, schimmert in den alten Schichten der Jahwereligion noch merklich durch, viele der auf -1000 oder älter datierbaren Psalmen belegen es. Was aber der Jahwereligion abgeht, ist die bemerkenswerte Selbstverständlichkeit der Nachbarreligionen, zu glauben, dass sich diese Ordnungen gegen alle Sabotage und Dummheit durchsetzen. Von Urprometheus bis zu den Pharaonen des Neuen Reichs, die in ihren Prunksärgen tot durch die Unterwelt reisten, war das Schreiben von Schrift und die operative Umsetzung des Geschriebenen ein und dasselbe. Das Schreiben war die Urgeste, mit der Wissen und Technik in eins gesetzt werden, indem mit der Materie der menschlichen Sinne und Glieder andere Materie abgemessen wird. Die Einheit von schreibender und zugleich vollziehender Geste machte ihre Göttlichkeit aus. Diese Einheit wird von der jüdischen Religion nicht mehr in Anspruch genommen, sie wird sogar explizit zurückgewiesen. Diese Umstellung ist einer der tiefgreifendsten religionsgeschichtlichen Umbrüche. Das Thema des digitalen Gottes ist mit ihr unmittelbar verbunden, denn die Digitalisierung der Religion ist dabei, die Umstellung rückgängig zu machen. Das jüdische Verständnis von Schrift lässt uns einen ersten Blick in die Systematik dieser Vorgänge tun.

Der Codex des Hammurapi oder das ägyptische Amduat setzen sich von selber durch. So unsere obige Behauptung, aber sie scheint kontraintuitiv. Denn es waren doch Menschen mit Intelligenz, die die aufgeschriebenen Dinge tun konnten oder auch nicht. Entscheidend aber für das Schriftverständnis ist just diese Unterscheidung. Zwischen was entscheidet man sich in einer von Göttern durchdrungenen Welt? Wer den Pfad der Nichtbefolgung einschlägt, wandelt nicht einfach auf dem Pfad der Sünder und Spötter und riskiert Ermahnung oder Strafe. Er schlägt den Weg in den Abgrund ein. Außerhalb der göttlichen Welt gibt es keine alternative Welt, keine alternative Rationalität, keine alternative Zeitschiene. Jenseits ihrer ist das ontologische Nichts, und das heißt: Chaos und rascher Untergang. Urprometheus maß mit der linear ablaufenden Zeit die Dinge wechselseitig aneinander und entfaltete so in der Einheit von Schrift und Tat die göttliche Ordnung. Wohin sollte er ausscheren? Sich dagegen zu entscheiden hieß, von Feuer und Hunger vernichtet zu werden. Es gab nicht nur keinen Zeit-Raum neben dem linearen Zeit-Raum, es gab auch keine Momente des Innehaltens, Beiseitetretens, Überlegens, Zweifelns, um sich danach aus freien Stücken wieder einzutakten. Schon dieser Moment wäre der nichtende, tödliche Moment gewesen. Von dieser Alternativlosigkeit rückt die jüdische Tora ab. Das ist die ungeheure religionsgeschichtliche Weggabelung, die Moses mit der mosaischen Unterscheidung zwischen dem einzigen und wahren Gott Jahwe und den falschen Göttern eröffnet.[38]

Moses hat am Sinai die Tafeln mit den Zehn Geboten erhalten, von Jahwe eigenhändig beschrieben (Ex 31,18). Um diese Heilige Schrift schachteln sich die erwähnten weiteren Schriften; zählen wir sie noch einmal auf: Jahwe diktiert eine lange Liste an Vorschriften, die nun Moses aufschreibt, um es dem illiteraten Volk vorlesen zu lassen, das sogenannte Bundesbuch (Ex 24,7; Wortlaut des Bundesbuchs Ex 20,22 bis 23,33). Jenes wiederum ist gerahmt von den Reden, die Moses am Ende seines Lebens hält und in denen neben der Wiederholung der Zehn Gebote eine Fülle von weiteren Vorschriften erlassen wird. Auch sie werden noch von Moses selber aufgeschrieben und den Priestern übergeben mit der Anweisung, sie alle sieben Jahre dem Volk vorzulesen (Dtn 31,9–11). Die nächste Schachtel bilden die Propheten, die geradeheraus erklären, ihr Text sei von Gott diktiert worden (Hab 2,1–2), die Lektüre sei dringend geboten und halte das Volk ab vom Götzendienst (Hos 14,9). Den vorläufig äußersten Rahmen setzt der Prediger Salomo mit seinem Bonmot

(Koh 12,9–12), allerdings sind seither viele, sehr viele weitere Bücher gemacht worden. Offenkundig wird die Last der göttlichen Operativität von einer Schrift auf die nächste abgewälzt. Alle haben sie eine operative Zielsetzung: Immer geht es darum, dass etwas getan werden soll. Weil es aber vielleicht auch nicht getan wird, wird dem Skript ein weiteres Skript hinterhergeschoben, das ausgeführt werden soll, damit ersteres ausgeführt wird. Jenem ein weiteres Skript, und so weiter. Die Göttlichkeit dieser Schriften mit ihrer aufgeschobenen Operativität verschwindet nicht, aber sie wird blasser. Mit der mosaischen Unterscheidung zwischen dem einen wahren Gott Jahwe und den unwahren Göttern hat der gläubige Jude auf jeder Stufe der Schrift die freie Entscheidung, das Skript auszuführen oder eben nicht. Tut er es nicht, geht nicht mehr die Welt unter. Er kann die alternativen Operationen der anderen Götter wählen und deren Skripte ausführen. Das trägt ihm freilich den Zorn des eifernden Gottes ein. Aber es ist möglich, es ist denk- und schreibbar. Die Realisierung der einen oder der anderen Option ist auf eine andere Ebene übergegangen, von der Ebene des Seins der Welt auf die Ebene von Geschichte und Politik. Ob das mosaische Skript ausgeführt wird, liegt nun in der Verantwortung der Leviten: Lesen sie wirklich alle sieben Jahre, lesen sie laut und deutlich, erreicht die Verlautbarung auch jeden? Sie liegt in der Verantwortung der Propheten und Prediger: Warnen sie rechtzeitig, mahnen sie überzeugend, erreicht ihre Predigt die Herzen? Sie liegt in der Verantwortung der Gesellschaft: Läuft die Erziehung toragemäß, sind die öffentlichen Angelegenheiten auf die Realisierung des Gesetzes hin ausgelegt? Das ist die geschichtliche und politische Ebene, auf der das Spiel der göttlichen Operativität nun gespielt wird. Die Alternative zu dieser Geschichte und Politik ist einfach eine andere Geschichte und Politik, die von den Abtrünnigen und Konkurrenten in Gang gesetzt wird. Dort liegt der Indikator, welche faktischen Operationen durch die aufgeschobenen Operativitäten der Skripte erzeugt wurden. Als der Weltenherrscher, als das göttliche Prinzip schlechthin tritt Jahwe nicht mehr in Erscheinung, im Unterschied zur Göttergesamtheit der Nachbarkulturen. Er beweist seine Macht nun auf dem geschichtlichen und politischen Feld; diese Göttlichkeit und nur noch sie führt das Skript der vielgeschachtelten Texte aus. Dass in dieser hochgradig asymmetrischen Konkurrenz zwischen Jahwe und den Göttern ein Potenzial von Rivalität und Gewalt steckt, lässt sich schwer leugnen.

Die operative Syntax der Toraschriften ist daher nicht mehr dieselbe wie diejenige der göttlichen Skripte der Sumerer und Ägypter. Jene waren der Algorithmus der Natur inklusive eines urpromethеischen Wesens. Die Tora ist der Algorithmus eines autonomen humanen Bewusstseins, das aus dem unerbittlichen Lauf der Dinge heraustritt und davon unabhängige soziohistorische Gebilde formt. Darauf zielt die Operativität der jüdischen Schriften. Die immer wieder vermerkte Bedeutung des Hörens und Schreibens, des Lesens und lauten stimmlichen Performens in der jüdischen Religiosität[39] ist die Kulturtechnik *dieser* Operativität. Von der Kulturtechnik des Lesens der ägyptischen Hieroglyphen etwa muss sie klar unterschieden werden. Auch kulturtechnisch also haben sich asymmetrische Verhältnisse ergeben. Dieselbe Asymmetrie, nun wieder umgekehrt, wird sich bei der Digitalisierung der Religion zeigen.

Das jüdische Schriftverständnis zeigt, dass das Schreiben heiliger Worte, wie unmittelbar sie auch auf Gott zurückgehen mögen, nicht mehr aus sich selbst operativ ist. Schon ein Blick auf die literarischen Genres der neutestamentlichen Schriften macht klar, dass sich das im frühen Christentum fortsetzt: Die Biografien, also die Evangelien plus Apostelgeschichte, und die Briefe haben zwar den klar umrissenen performativen Zweck, Lesestücke in der Gemeindeversammlung zu sein; darin wird schließlich auch das Kriterium für ihre Aufnahme in den biblischen Kanon liegen. Aber das ist freilich nicht die Operativität, die uns interessiert; es ist die Operativität, die uns gerade nicht interessiert, weil sie sich, Kanonizität hin oder her, von der ursprünglichen Einheit von Schreiben (oder Lesen) und Geschehen ebenso abkapselt wie die jüdische Schriftkultur. Gesetzestexte gibt es keine mehr, denn Christus ist des Gesetzes Ende, wie Paulus vieldeutig sagt (Röm 10,4). Es bleibt also die Paränese, die beständige Erinnerung an Leben und Rettungstat Christi und die Ermahnung, im Geist Christi zu verharren. Das Christentum bildet darum herum eine eigene Schriftkultur aus, die sich von der jüdischen Gesetzeskommentierung deutlich entfernt. Paulus erfindet einen eigenen Präsenzmodus für den göttlichen Christus, den Heilsuniversalismus. Das dreht die Schraube des Aufschiebens der unmittelbaren göttlichen Manifestation eine Drehung weiter: Nun bedarf es nicht mehr des fortgesetzten Schreibens und Kommentierens eines ursprünglichen göttlichen Eingreifens. Das Heil gilt universal, ein für alle Mal. Der aufgespannte Heils-Zeit-Raum ist also leer, was direkte göttliche Einschreibungen anbelangt. Der gesagten und geschriebenen Worte kann man unendlich viele machen, sie müssen auch nicht mehr eins ans andere anknüpfen wie bei der unendlichen jüdischen Aufschiebung. Ihr realer zeitlicher und örtlicher Index spielt in einem universalistischen Zeit-Raum keine Rolle mehr. Wir gewinnen daher nicht viel, wenn wir uns die riesige christliche

Wort-Gottes-Produktion als solche anschauen. Aussichtsreicher ist es, direkt nach dem zu suchen, was uns interessiert, nämlich die schriftförmige göttliche Operativität selbst. Es steht nicht in der christlichen Bibel. Eher ist es im Buch des Lebens zu finden, von dem nicht nur einige jüngere Psalmen wissen (Ps 40,8; Ps 69,29), sondern auch der Seher der Johannesoffenbarung (Apk 20,12–15), der Sequenzendichter des *Dies irae* („Liber scriptus proferetur“) und erstaunlicherweise Paulus (Phil 4,3). Darin sind nicht nur Namen verzeichnet, auch nicht nur Taten, wie man jahrhundertelang ängstlichen Schülern erzählte und dabei mit dem Klassenbuch winkte. Es stehen komplette lebenslange Kausalketten darin, wie Ps 139,16 klarstellt, all das eben, was ohne und vor allem mit Gottes Zutun geschah. Daher hat Augustin um +410 den Begriff mit vollem Recht umgeprägt und vom „liber (…) orbis terrarum“ oder kurz: vom Buch der Natur gesprochen.[40] Wer es schrieb, darüber war man sich im Mittelalter einig. Der Finger Gottes, so schrieb Hugo von St. Victor um +1130 mit seinen Fingern[41], schrieb nicht nur die Tafeln mit den Zehn Geboten, er schrieb die Gesetze des Weltenlaufs. Die vielen verflochtenen Schicksale oder vielleicht auch das eine universale Weltenschicksal sind schriftförmig, schon das schrifthörige Judentum sah das so, ohne sich in Spekulationen zu ergehen, in welcher Sprache der Schöpfer wohl seine Eintragungen machte. Lange traute man sich darauf keine Antwort zu geben, bis Galileo Galilei im *Saggiatore* (+1623) geradeheraus sagte, das Weltenbuch sei „scritto in lingua matematica“, seine Buchstaben seien geometrische Figuren wie Dreiecke und Kreise, also Objekte, die ganz in ihren Eigenschaften aufgehen und insofern operable Objekte sind. Aufgezeichnet werden in der Sprache des Buchs der Natur Vorgänge, nicht das, was jemand sagte oder meinte.

Aber wie wir oben sagten, Schrift hat überwiegend dazu gedient, Vorgänge aufzuschreiben, und dahin kehrt sie mit der augustinischen Metapher und endgültig seit Galileis Diktum wieder zurück. Das Schreiben von Wörtern und Sätzen durch Alphabete war auf lange Sicht der Ausnahmefall, bis man um +1900 beim Abspielen einer Grammofonplatte bemerkte, dass sich auch die Verbalsprachen in die Sprache der Mathematik rückübersetzen lassen. Einfach alles, was geschieht, ob es Predigten oder Musik oder visuelle Erscheinungen oder Gebete sind, lässt sich in der Sprache der Mathematik schreiben. Wir sollten uns also vom Medium des Schreibens von Buchstaben und Wörtern frei machen und im Christentum nach dem suchen, was wir bei Urprometheus erkannten: die messende, wiederholbare, dadurch prinzipiell grammable und programmable Entfaltung eines Dass ins Wie des linearen Zeit-Raums.

Wer lesen kann, kann auch schreiben. Die Bibel lesen können heißt, sie (weiter-)schreiben zu können. Die Praxis begann im nachexilischen Judentum und wurde bei verschobenen Schwerpunkten im Christentum fortgesetzt bis heute. Die riesige Schriftenproduktion ist alles in allem unproblematisch bei der Gottsuche, sie hat die paulinische Lizenz im Rücken, die Gaben des Heiligen Geistes dafür zu gebrauchen (1 Kor 12,1–11). Wir werden zwar später sehen, dass die Operativität, die in den Geistesgaben selber am Werk ist, keineswegs auf die Produktion Heiliger Sekundärschriften zielt. Aber die Charismen lassen es jedenfalls auch mit sich machen, paränetische Texte zu produzieren. Schon die Schülergeneration der Apostel bescheidete sich damit komplett. Die Aufforderung zum Lesen im „ora et labora et lege“ der Benediktregel ließ sich so aufs Lesen (und Weiterschreiben) der Bibel beziehen, und abermals war die intrinsische

Operativität des Lesens auf das hermeneutische Lesen reduziert. Kritisch wird es, wenn das Lesen auf das Buch des Weltenlaufs bezogen wird. Wer den Weltenlauf lesen kann, kann ihn schreiben. Er erfasst die vollständige Operativität der Dinge und wendet sie an, kurz, er spielt Gott. „Gutmütge Toren, was gewinnen wir mit unserm Glauben? (...) Nicht Sinn ist in dem Buche der Natur, Die Traumkunst träumt, und alle Zeichen trügen."[42]

Im Buche der Natur stehen nur Vorgänge. Ihr Lesen/Schreiben lässt die Grenze zwischen Schöpfer und Geschöpf zerfließen. Im Christentum firmiert das Lesen/Schreiben im Buch der Natur als die mystische Erkenntnis Gottes. Die Gefahr des mystischen Sehens lag nicht in der unmittelbaren Gottesschau, solange der Mystiker in der Passivität der Braut verharrte, die sich dem Bräutigam Christus hingibt. Wie bei Prometheus war Gefahr im Verzug, wenn das göttliche Betriebsgeheimnis mitgenommen wurde. Mit Recht waren für Bergson die eigentlichen Mystiker diejenigen, die nach dem Einswerden mit dem Schöpfungshandeln Gottes strebten.[43] Beispiele: die Schriften Dietrichs von Freiberg (um +1300) und das zur gleichen Zeit auf der Insel Mallorca entstehende monumentale Werk Ramón Llulls, des größten Mystikers des Mittelalters, der aus kirchlich gut nachvollziehbaren Gründen auf der Liste der Mystiker meistens fehlt.

Der Moment, in dem die mystische Haltung gefährlich, weil operativ wird, ist dreistufig. Auf der ersten Stufe werden unterschiedliche Dinge mit denselben Messmedien ausgemessen, und aus dem qualitativen Unterschied wird ein nur noch quantitativer. Giordano Brunos *De immenso et innumerabilibus* (+1591) stellt den Raum vom Mond hinaus ins Weltall als kontinuierliche Fortsetzung des Raums zwischen Erde und Mond dar und die Sterne als weitere Sonnen, die vermutlich ebensolche Planeten haben wie unsere Sonne und vermutlich irgendwo auch belebt sind wie unser Planet, wobei „vermutlich“ nun ein Begriff der mathematischen Wahrscheinlichkeit ist. Alle Entfernungen zwischen diesen Dingen können mit denselben Messmedien gemessen werden. Alles kann mit allem gemessen werden, oder genauer, alles misst sich faktisch von selber mit allem, weil die Realität aus kleinsten Substanzen besteht, Minima, die identische dynamische Objekte sind und untereinander komplett kommensurabel – und auf dieser Ebene der Kommensurabilität arbeite der göttliche Geist (*De triplici minimo et mensura*, +1591). Dieses protodigitale Denken verbindet Bruno in größter Selbstverständlichkeit mit der Theologie. Die Bücher landeten auf dem Index und Bruno auf dem Scheiterhaufen. Das Schreiben von Buchstaben und Wörtern, die diese minimalen Verhältnisse beschreiben, führt Bruno folgerichtig darauf zurück, dass der Schreiber wie ein Magier sich mit Haut und Haar in einen Vorgang involviert und die Buchstaben das direkte Abbild dieser messmedialen Existenz des Schreibers sind (*De magia*, zwischen +1586 und +1591). In den Hieroglyphen der Ägypter sei, so Bruno, die Involvierung des Schreibers in das göttliche Geschehen noch enthalten. Die heutigen Buchstabenschreiber hätten tragischerweise vergessen, dass sie eigentlich die Sprache der Götter schreiben.

Auf der zweiten Stufe werden ungleiche Dinge als gleiche behandelt, weil ihre Quantitäten so ähnlich sind, dass man die Differenz unter den Tisch fallen lassen kann. Wir sind hier nicht auf der Ebene der Minima, sondern auf der makroskopischen. Nach diesem Prinzip kann Ramón Llull in der *Ars magna* (+1305) über den Begriff der endlichen bis graduell unendlichen Dauer göttliche und irdische Dinge miteinander verrechnen. Nach dem Prinzip verfahren alle barocken Universalwissenschaften, denn deren Universalität besteht darin, buchstäblich alles miteinander in Beziehung zu setzen und quantitativ ineinander übersetzbar zu machen. Alles, das heißt, auch die Dinge der Religion. Das Buch der Natur ist in der göttlichen Universalsprache geschrieben. Was bei Augustin noch Metapher war, gewinnt nun die ursprüngliche Realitätshaltigkeit zurück, die es bei den Sumerern und Ägyptern hatte: Llull gräbt die verschüttete Einsicht wieder aus, dass (Sprach-)Zeichen keine abgelösten Signifikanten sind, die auf ein reales Signifikat verweisen, sondern dass bereits im Verhältnis eines realen Objekts zu einem anderen Zeichenbildung, also Schreibung stattfindet: Das eine Objekt ist Zeichen für das jeweils andere über das dynamische Verhältnis, in dem beide zueinander stehen. Wenn Bewusstseine sprachliche und schriftliche Zeichen verwenden, schreiben sie nur die ursprüngliche Signifikation nach.[44] Die Dynamik der Dinge fasst Llull als göttlich auf, die innerweltliche Gesamtheit der operativen Dynamiken *ist* die Dynamik Gottes (*Liber Chaos*, +1283).[45] Die barocken Universalsprachler, die Llull genau gelesen haben, schreiben dann keine dicken Abhandlungen mehr, sie ordnen die Zeichen zu operativen Maschinen an.[46] Erhard Weigel vertrat um +1670 die Auffassung, mit Mathematik könne der Grad jeder beliebigen Eigenschaft quantifiziert werden, mit dem sie an einem Gegenstand gegeben sei; so gelinge die Verrechnung und überdies ein Gottesbeweis, denn damit werde genauso gedacht, wie der Schöpfergott denke. Gott wird eingeholt, indem die Universalsprache alle Wege reformuliert, die zu Gott führen und die bisher aber mit der Schranke des göttlichen Geheimnisses versperrt waren, also die Wege der Sakramente. Die Wette dabei war, dass das funktioniert trotz aller Vergröberungen, die man dabei machen muss.

Auf der dritten Stufe wird diese Wette gewonnen. Claude Shannon legte +1948 den mathematischen Beweis vor, dass bis zu einem bestimmten Grad an einem Gegenstand Vergröberungen zulässig sind, ohne dass er unidentifizierbar wird. Damit war die Erlaubnis erteilt, alle Dinge als Sets von Informationen zu modellieren, sie miteinander in informationsverarbeitenden Maschinen zu kombinieren und, das ist die Pointe der dritten Stufe, die Ergebnisse in reale Ereignisse zurückzuverwandeln. Auf der dritten Stufe denkt man nicht nur wie Gott, man handelt wie Gott. Das Buch der Natur kann gelesen werden, gelegentliche Fehler und Lücken im Text bleiben unterkritisch. Und das Buch der Natur wird weitergeschrieben. Der Einwand, dass man das doch schon immer tat und dass Gott den Menschen am sechsten Schöpfungstag ausdrücklich dazu auffordert, wird auf der dritten Stufe kassiert, denn die informationsverarbeitende Modellierung hat bereits den Menschen erfasst: sie emuliert den Leib, aber auch Seele und Geist. Es werden die religiösen Wege und Bahnen emuliert und schließlich Gott. Das alles geschieht nicht wegen der Hoffart des Menschen, es geschieht, weil es geht.

In dieser Entwicklung war die Kirche von Anfang an in der strukturellen Defensive. Sie verteidigte einen idealen Gott, einen gedachten und geglaubten, einen Wortgottes äußernden, im endlosen Wörter- und Büchermachen aufgeschriebenen Gott. Die operative Mystik suchte den faktischen Gott. Wenn die operabile Faktizität Gottes bis Eboli reichte, dann vollzog sie eben die Ausdehnung bis Eboli nach. Und wenn sie umgekehrt eine Operabilität zwischen A und B entdeckte, dann zögerte sie nicht, die Ausdehnung von A nach B für göttliches Schöpfungshandeln zu halten, gleich ob Kirche draufstand oder nicht. Die Protagonisten der beschriebenen Entwicklung waren durchweg ernsthafteste Gottsucher; keiner von ihnen schrieb im Buch der Natur aus achselzuckender Agnostik oder feixendem Atheismus. Mit größerem Recht kann man das den Brüdern der Inquisition unterstellen. Die spiralförmige Rückbewegung des Schreibens zu seinem prähistorischen Ausgangspunkt, das Schreiben also als religiöse Übung, war das Schreiben „Gottes“ im genitivus subjectivus und schließlich im genitivus objectivus. In der mathematisierten Schreibübung wird Gott eingeholt und tatsächlich erreicht, jedenfalls so gut wie, aber das genügt gemäß Shannons Samplingtheorem.

2.3 Religion und Code

Den soeben abgeschrittenen Weg werden wir noch einmal gehen. Oben gingen wir ihn theologisch, nun technologisch. Diese doppelte Optik ein und desselben Wegs werden wir als Theotechnologie bezeichnen.

Die mystische Intuition war, dass Gott in den Vorgängen der Natur anwesend ist und dass man ihn letztlich finden müsste, könnte man sie bis in ihre letzte und prinzipiellste Gesetzmäßigkeit verstehen. Die großen Theoreme der Logik und der Informationstheorie, die in den +1930er-Jahren die Ära der automatischen Informationsverarbeitung eröffneten, unternehmen genau das, sie machen Aussagen über die letzten und prinzipiellsten Gesetzmäßigkeiten der Operativität zwischen den Dingen und damit indirekt über die Dinge selber. Die mittelalterlichen Mystiker waren noch Gottsucher, sie suchten die göttliche Zone, indem sie den Weltenlauf so elementar dachten, dass sich die Verknüpfung von allem mit allem zeigt. Die neuzeitlichen Informationstechnologen suchen Gott nicht, sie finden ihn sozusagen nebenbei. Die technologische Innovation hat schon lange kein christliches Vorzeichen mehr. Aber sie stößt, für sie selber überraschend, in ein religiöses „Nachzeichen" vor. Die Nerds von heute haben mit Kirche nichts am Hut und merken zur eigenen Verwunderung, dass ihre digitalen Bauten am Religiösen kratzen. Dieser unabsichtliche Weg zu Gott ist es, den wir technologisch gehen.

Die technologische via mystica hat fünf Stufen der Erkenntnis. 1. Man kann jedes beliebige Ding auf einen Begriff bringen. Auf einen Begriff bringen heißt: Man kann mit ihm etwas machen, mit ihm operieren. (Das Samplingtheorem von Shannon.)

2. Diese informationellen Dinge enthalten die Potenzialitäten ihres Handelns in sich selber. 3. Die operativen Begriffe aller Dinge stehen von sich her in algorithmischen Verhältnissen zueinander. Sie sind selbsttätig rechnende Computer, sie haben „a mind of its own" (Steven Wolfram). 4. Alle tatsächlich erreichbaren Zustände in der Welt sind durch Codierung erreichbar. (Das Theorem der universellen Turingmaschine.) 5. Nicht alle tatsächlich erreichbaren Zustände in der Welt sind durch Codierung erreichbar. (Der Unvollständigkeitssatz von Gödel.) Die stellen sich aber zum einen als Sackgassen heraus, weil sie im Unberechenbaren und Inoperablen stecken bleiben. Zum anderen ist das nicht weiter schlimm, denn auch sie können auf einen Begriff gebracht (siehe 1.) und in die universelle Codierung der Welt (siehe 4.) integriert werden.

Diese via mystica gipfelt in einem maximalen Wissen darüber, wie die Welt funktioniert. Das ist eine Erkenntnis Gottes. Auf der dritten Stufe der digitalen via mystica übrigens wird klar, dass die Entität Gott etwas anderes als eine Person, ein Subjekt, ein alter Mann mit Rauschebart ist. Die Erkenntnis dieses göttlichen Wissens-und-Tuns, der Endpunkt der digitalen via mystica, muss man auseinanderhalten von Gott selber, der dieses Wissen hat und es realisiert. Wer Gott erkennt, wird dadurch nicht selber Gott. Damit bescheideten sich die mittelalterlichen Mystiker und wir ebenfalls. Aber es gibt einen wichtigen Unterschied: Erkennen im Medium einer operablen Schrift heißt, das göttliche Wissen emulieren zu können. Das war, wie wir gesehen haben, nicht erst dem Mittelalter entgangen, sondern bereits den Griechen und Juden der vier, fünf vorchristlichen Jahrhunderte, seit es so etwas wie Theologie gibt. Das Vergessen und Verdrängen der göttlichen Operabilität von Schrift ist der Theologie eingeschrieben, es war ihre Voraussetzung. Mit dem historischen Moment der Informationstheorie in den +1930er-Jahren kommt die Operabilität wieder zum Vorschein. Man muss also dem Umstand ins Auge sehen: Den digitalen Gott erkennen ist approximativ dasselbe wie Gott spielen. Damit geht die klassische Theologie zu Ende, und die neue digitale Theologie wird unlösbar mit Technologie verwoben sein: Sie sammelt nicht mehr passives Wissen über Gott, sondern loggt sich ein in die göttliche creatio continua, um aktiv an ihr teilzuhaben.

Aber schreiten wir die Stufen der via mystica der Reihe nach ab.

1. Man kann jedes beliebige Ding auf einen Begriff bringen. Auf einen Begriff bringen heißt: Man kann mit ihm operieren. (Das Samplingtheorem von Shannon.)

„One fundamental discovery upon which this essay rests is that each of man's artefacts is in fact a kind of word, a metaphor that translates experience from one form into another." „Logos is the formal cause of the kosmos and all things, responsible for their nature and configuration." Die Sätze finden sich in den nachgelassenen *Laws of Media* von Marshall McLuhan[47], und der fromme Katholik lässt die biblische Referenz nicht aus, den Prolog des Johannesevangeliums: Gott als der materiegewordene Logos, der unter uns wohnt (Joh 1,14). Die philologische Arbeit müsste nun zeigen, dass das griechische Wort *logos* des Evangelisten genau das ist, was McLuhan mit „a kind of word" meint. Dazu ist hier nicht Gelegenheit, aber kurz gesagt: McLuhan trifft den Nagel auf den Kopf. Seine doppelte Anspielung auf die Gesetzmäßigkeit der ganzen Welt, also auf die göttliche Schöpfung insgesamt, und auf den *logos* Jesus Christus, also das dynamische Prinzip der göttlichen Schöpfung, ist exakt das, was der Evangelist meinte, was die mittelalterlichen Mystiker meinten, wenn sie über den Logos meditierten, was die barocken Universalsprachen mit ihren Wörtern meinen, was das Wort Technologie als Zusammensetzung von *techné* und *logos* meint.[48] Und es ist just das, was wir im vorherigen Kapitel über die Religiosität des schriftlichen Worts ausführten.

Wie kann man die Logoi, die wahren Worte Gottes, auffinden? Wie kann man, so nannte man es seit dem 17. Jahrhundert, Heuristik betreiben und die Dinge in der Welt so auf den Begriff eines Sets von universalen Eigenschaften bringen, dass sie zueinander in einer messbaren, grammablen und programmablen Relation stehen? Es kommt hier entscheidend auf die Einsicht des Mystikers Llull an, die aber auch schon die griechischen und später die arabischen Gelehrten hatten: Wenn die Logoi wirklich den gesamten Kosmos auf anschreibbare Begriffe bringen, dann repräsentieren sie die Beziehung von jedem beliebigen Ding mit jedem anderen beliebigen Ding. Notfalls über sehr viele Zwischenstufen, aber am Ende bleibt kein weißer Fleck im Kosmos übrig, der für sie unerreichbar wäre. Jede Sache in der Welt muss als dynamisches Objekt auf den Begriff zu bringen sein, alles andere wäre für die Theologie eines allmächtigen und allgegenwärtigen Gottes unerträglich. Das ist die Wette, die sie alle eingingen, welche wir soeben zitierten, auch der Johannesevangelist. Sie hatten eine Ahnung, dass sie sie gewinnen würden. Sie gewinnen sie tatsächlich, was wir sicher aber erst seit dem Samplingtheorem von Shannon wissen. Da ist sie logisch formuliert und logisch bewiesen. Bis dahin musste man sich der Sache mit unzulänglichen Mitteln annähern, und man beging dabei einen klassischen Fehler. Man räumte dem Menschen eine Mittlerposition ein. Als Erdenrest wäre der Mensch genauso auf operable Begriffe zu bringen wie ein Fisch, ein Farnstrauch und ein Sandkorn, als Gottebenbild aber wäre er es selber, der die Begriffe findet und mit ihnen operiert. So wurde die Heuristik, bei Descartes angefangen und endend bei Schleiermacher, als die Humanwissenschaft vom Auffinden von Allgemeinbegriffen konzipiert.

Beschränken wir uns auf Schleiermacher, bei dem diese Dia-
lektik kulminiert. Tatsächlich lehrt er die Heuristik ab +1811 im Rahmen der *Dialektik.* Heuristik ist dort die Arbeitsweise, in der der (menschliche) Geist seiner dialektischen Tätigkeit nachgeht, die Dinge miteinander in eine operable Beziehung zu bringen. Korrekt (wenn man auf die Klammer verzichtet). Schleiermacher fasst die gesamte Dialektik als eine indirekte Form der Gottessuche und Gottesschau auf, denn immer an einem heuristisch zu überwindenden Gegensatz zwischen zwei Dingen sei man unbewusst Gottes und der göttlichen Einheit der Welt inne.[49] Das ist der Punkt des berühmten religiösen Gefühls der schlechthinnigen Abhängigkeit von den konkreten Dingen, von der auch das frömmste Bewusstsein zu Lebzeiten nicht loskommt. Auch korrekt. Wie die Universalwissenschaftler begreift er „die ganze Geschichte unseres Wissens (als) eine Approximation" zur „Idee der Welt", zu ihrer Göttlichkeit also.[50] Der mathematische Begriff Approximation nötigt wahrlich Respekt ab, allerdings hätte Schleiermacher ihn ruhig noch mathematischer behandeln können. Immerhin stellt er klar, dass die Bewegung immer bottom-up verläuft und induktiv, nicht top-down und deduktiv. Brillant Schleiermachers direkt aus dieser Heuristik gewonnener Sündenbegriff: „Irrthum vorzüglich im Subsumiren ist Sünde"[51]– eine Sündendefinition, der man das volle Gewicht

von Gottesferne, Erlösungsbedürftigkeit und Versöhnung oder Verdammnis beilegen kann, denn Fehler beim Begriffebilden machen heißt fehlgehen in der Gottessuche und, wichtiger noch, fehlgehen beim Handeln. Handeln setzt Begriffsbildung voraus, siehe Prometheus. Wenn man es zu eilig hat mit dem Handeln und mit dem Begriffebilden zu früh aufhört, verstößt man gegen nicht weniger als „daß Gott als Gesetzgeber zugleich Ordner des Seins ist“[52]. Die Pointe dieser Theologie ist Schleiermachers Einsicht, dass die Heuristik gar nicht anders kann als sündigen: Eine Approximation kann den mystischen Weg eben nur zu 90 oder 98 Prozent gehen und muss irgendwann aus pragmatischen Gründen aufhören, weil Zeit und Energie endlich sind.[53] Gerade deshalb ist die Gottessuche eine heuristische Angelegenheit. Das pragmatische Abschließen der Begriffsbildung, um handeln und die creatio continua vorantreiben zu können, wäre dann der Inbegriff der lässlichen Sünde.

Heuristik als das Theologisieren von unten, als die Frömmigkeit der Unfrommen, dieser brillanten Theologie hängt Schleiermacher einen Denkfehler an, der sie gleich wieder lahmlegt. Es sei das religiöse Gefühl des Menschen, das ihn zur Heuristik treibt; es sei der Handlungsdruck, der ihn die Begriffsbildung abschließen lässt. Dieses Fadenkreuz zwischen Gott und Welt nennt Schleiermacher Selbstbewusstsein.[54] In Konsequenz heißt das, dass es das menschliche Ermessen und die Endlichkeit der menschlichen Kräfte sind, die den heuristischen Vorgang steuern. Die menschlichen Logoi blieben letztlich Simulakra wie die Ideenbilder an der Höhlenwand in Platons Gleichnis oder die Metaphern in Blumenbergs Metaphorologie.

Dass eben dies falsch ist, besagt das Samplingtheorem von Claude Shannon von +1949.[55] Wir müssen dafür allerdings einige Dinge grundlegend anders denken als beim menschlichen Erfassen der Welt. Wir müssen sie so denken, wie göttliche Schöpferkraft sie denkt. Nehmen wir ein kleines Ding aus der göttlichen Schöpfung, sagen wir, einen Grashalm, wie er beim Frühlingsregen sprießt und wie ihn gegebenenfalls ein Schaf sich schmecken lässt. Gesucht ist der Logos dieses Halms. Schleiermacher wäre wohl mit seinen Sinnen an die Sache gegangen: wie er riecht, welche Farbe er hat, wie sich seine Oberfläche anfühlt zwischen den Fingern. Und er hätte dann Handlungsoptionen mit dem Halm abgeleitet samt einem frommen Gefühl, wie schön der Herrgott doch seine Schöpfung eingerichtet hat. Ganz anders im Zeichen des digitalen Gottes. Hier ist der Halm ein Bündel an Informationen. Oder genauer ein Bündel eines Bündels (eines Bündels …) von Informationen, denn an einem Halm gibt es unterschiedliche Strukturbereiche. Jede einzelne Information ist ein Wert aus einem endlichen oder unendlichen, aber wohldefinierten, also nicht chaotischen und uferlosen Wertebereich. Zum Beispiel ein bestimmtes Atom aus dem Periodensystem (eine Materialinformation des Halms), eine Koordinate im zweidimensionalen Raum (eine Information der Oberflächenform des Halms) oder eine Koordinate im eindimensionalen Raum (eine Information der Kantenform des Halms). Auf dieser Ausgangsbasis lassen sich die Relationen der Informationen zueinander als Funktionen auffassen, deren Wertebereiche die Informationen sind. Für die Kantenform des Halms also etwa eine Funktion, die die Punkte der Kantenlinien erzeugt, eventuell zuzüglich einiger halbwegs periodisch auftretender Kerben, Spitzen oder Ähnlichem. Man wird für einen einzigen Grashalm viele solcher Funktionen brauchen, um den Zusammenhang der Informationen aller Bündel darstellen zu können, aber das ist prinzipiell möglich. Wohlgemerkt, wir fassen das Ding nicht einfach als einen riesigen Sack voll mit ungeheuer vielen Einzelinformationen auf, sondern als logische Zusammenhänge von Einzelinformationen, als Funktionen eben, aus denen wir bei Bedarf die Einzelinformationen in beliebiger Dichte und Menge erzeugen könnten. Wir fassen es, direkt gesagt, auf wie ein Schöpfer, der den Plan hat, den Halm zu schöpfen, und den Plan

vielleicht gerade eben, vielleicht auch später, vielleicht gar nicht umsetzt.

Dieses Funktionenbündel ist im Prinzip bereits der Logos dieses Halms. (Notabene, keine phänotypische oder pflanzenkundliche Begriffsbildung allgemeiner Merkmale von Grashalmen oder etwas dergleichen.) Wer das gesamte Funktionenbündel unseres einzigartigen Halms kennt, ist ein Gott. Jetzt allerdings müssen wir auf die andere Seite springen in den Moment des Erkennenwollens, aber Nichtwissens. Jetzt sind wir Sinnenwesen, die den Halm mit dem Auge sehen, mit den Fingern fühlen, mit feinem Ohr im Lufthauch hören. Oder wir sind ein technischer Sensor, eine Kamera oder ein Mikrofon etwa. Menschlich oder technisch ist hier nur ein gradueller Unterschied. Beides liefert nur einen phänomenalen Eindruck, aus dem der logische Begriff erst gebildet werden muss. Dafür muss entschieden werden, welche Elemente aus der Menge an Wahrnehmungsdaten, die in dem Eindruck stecken, relevant und welche nur Eigenrauschen des Wahrnehmungsmediums sind. An dem Punkt stand auch die klassische Schleiermacher'sche Heuristik – und an genau diesem Punkt löst Shannons Abtasttheorem das Problem mit zwingender Exaktheit. Es formuliert nämlich ein Maß dafür, wie viele Elemente pro Zeit-Raum-Einheit wir abtasten müssen, um in den Wahrnehmungsdaten die relevanten Elemente zu identifizie-

ren. Um es noch einmal zu sagen, relevante Elemente sind diejenigen Elemente, die Funktionswerte aus dem Funktionenbündel des Halms sind. Was mit dem Abtasttheorem rekonstruiert wird, ist nicht der physisch reale Halm auf der Wiese, sondern die Information des Halms. Der Halm an sich bleibt immer aus dem Spiel, auch in der klassischen Heuristik, immer geht es nur um den Logos des Halms. Der allerdings die wesentliche Voraussetzung dafür wäre, mit einigem Aufwand unseren einzigarti-
gen Grashalm chemisch-physikalisch nachzubauen. Wir bauen mit dem Abtasttheorem nur die erzeugenden Funktionen unseres Gegenstands nach; aber was heißt hier „nur", auch das ist eine ganze, ja göttliche Menge, denn wenn wir die erzeugenden Funktionen kennen, die dem gewählten Wahrnehmungsmedium genau das Signal aufmodulieren können, das der reale Halm der Kamera oder dem feinen Menschenohr aufmodulierte, können wir diesem Wahrnehmungsmedium den Logos des Halms beliebig oft erneut aufmodulieren, und es ist jetzt ununterscheidbar, ob das Signal von dem realen Halm kommt oder aus einem Rechner, der den Algorithmus der Funktion ausführt. Wir können nun auch an den Parametern der Funktion drehen und den Halm ein wenig grüner, spitzer, länger, gezahnter und so weiter machen. Wir können ihm einen Knick verpassen, wir können die obere Hälfte abreißen, als wäre ein Rasenmäher darübergefahren. Die Ununterscheidbarkeit bleibt. Um Wahrnehmungskanäle zu füttern, ist der Logos eines Dings dem realen Ding schon lange überlegen. Denn das im Abtasttheorem geforderte Mindestmaß der Elementendichte in den abtastenden Wahrnehmungsdaten wird heutzutage leicht erreicht, es ist die doppelte Rate der höchsten Frequenz, die in dem Signal steckt, das der Logos des Dings erzeugte. Angenommen also, der Algorithmus mit dem Logos

unseres Halms sondert mindestens in jeder Zeitspanne *t* eine neue Information ab (weil diejenige Funktion im Logos mit der stärksten Veränderlichkeit eben alle *t* einen neuen Funktionswert produziert), dann muss spätestens alle *t/2* eine neue wahrnehmende Abtastung erfolgen. Wenn das Wahrnehmungsgerät, sei es eine Kamera, sei es ein menschliches Ohr mit angeschlossener Nervenbahn ins Gehirn, diese *t/2* oder mehr schafft – dann lässt sich aus dem Abgleich der alle *t/2* eingehenden Wahrnehmungsdaten exakt die Funktion rekonstruieren, die im Algorithmus steckt. Ab diesem Punkt, und wir sind historisch in den +1930er-Jahren und von den elektronischen Rechenmaschinen noch etwas entfernt, ist die digitale Zone erreicht: Wahrnehmen als Sampeln in diskreten Abständen von Raum und Zeit ist die Digitalisierung des Wahrnehmens.

Kurz gesagt, wenn von einem beliebigen Ding ausreichend viele Daten in einem bestimmten Wahrnehmungsmedium vorliegen, kann das Ding in dem Medium beliebig oft erneut erzeugt werden. Es kann modifiziert werden, es kann mit anderen Objekten kombiniert werden, es kann animiert werden. In dieser Realität gibt es, immer bezogen auf ein bestimmtes Wahrnehmungsmedium, keine Differenz mehr zwischen einer Erzeugung der Wahrnehmung aus einer „echten" und einer algorithmischen Realität. „Kein ding sei wo das wort gebricht", sagte Stefan George[56], nur dass das Wort nun eine erzeugende Funktion und das Ding die maschinell in Marsch gesetzte Funktion ist. Der Algorithmus kann das Ding mit derselben Qualität in den Wahrnehmungskanal einschleusen wie irgendeine „echte" Realität, und er kann darüber hinausgehen, indem er zum Beispiel auf den Grashalm einen krabbelnden Marienkäfer setzt oder über ihn einen virtuellen Rasenmäher fahren lässt, der in der „echten“ Realität nie drüberfuhr. Als Funktionenbündel ist er nun ein dynamisches Objekt, das je nach den Inputwerten von Käfern, Mähern und sonstigen benachbarten Objekten seine Erscheinung verändert. Die heuristischen Ziele von Llull und Schleiermacher sind eingelöst, und zwar ganz ohne humanes Selbstbewusstsein. Das humane Selbstbewusstsein suchte nach Inhalten, nach Semantiken, die für Repräsentationen des wahrgenommenen Realitätsbereichs gehalten und aus denen ein Logos destilliert wurde. Semantiken aber sind immer humane Eigenkonstruktionen. Das war der eine Fehler, aus dem der andere und schlimmere Fehler abgeleitet wurde, dass die göttliche Logosbildung genauso funktioniere. Diesen Fehler begingen die aufgeklärte (Kant) und dann die idealistische (Schleiermacher) Theologie. Die Informationstheorie des 20. Jahrhunderts beendet dieses Denken radikal und unsentimental. Sie geht den Shortcut zu Gott, ohne Umweg über Mensch und Theologie. Wenn man diese radikale Rückkehr zum theologischen Nullpunkt denn theologiegeschichtlich einordnen wollte, dann am ehesten bei den heterodoxen Mystikern des Mittelalters und der Frühneuzeit. Aber um Theologie geht es Shannon, Turing, Gödel und so weiter nicht. Es gehört zu den umwälzenden Eigentümlichkeiten des Themas vom digitalen Gott, dass keine Theologie und kein Gottesdienst betrieben werden und dennoch in irgendeiner Weise das Thema Gott aufkommt. Shannon, Turing und Gödel beginnen als Mathematiker in Princeton und nicht als Novizen im Franziskanerkloster. Ihre bahnbrechende Einsicht ist, dass erstens die Dinge nur als Wahrnehmungen gegeben sind, zweitens allerdings die menschliche Wahrnehmung dafür ein ziemlich ungeeignetes Modell ist. Wahrnehmung ist nicht eine Beziehung zwischen einem Ding und einem Bewusstsein, das über sinnliche und kognitive Arbeit etwas davon weiß. Wahrnehmung ist, viel technischer, eine Beziehung zwischen Dingen: zwischen einem dynamischen Objekt und einem anderen dynamischen Objekt. Wahrnehmung ist also nichts weiter als ein physischer Austausch von benachbarten Realitätsbezirken in Raum und Zeit: Übertragung von Information in einem Kanal.

Hier ist man angekommen bei den blanken Messdaten und

den mathematischen Strukturen, die ihre raum-zeitlichen Abfolgen bilden. Die wechselseitige Wahrnehmung mit der Samplingrate von *t/2* ist der Punkt, an dem, wie Schleiermacher richtig sah, gehandelt werden kann. Das Nachbarsegment im Übertragungskanal kennt bei Erreichen der Rate nicht nur die Messdaten, es kennt den Logos, und das heißt, es weiß die Dinge. Mehr als das ist Wissen nicht mehr. Eine Differenz zwischen göttlich und menschlich lässt sich an dieser Art Wissen nicht feststellen, allenfalls eine zwischen etwas mehr und etwas weniger Göttlichkeit. Lässt dieses Wissen irgendeinen weißen Fleck in der Welt? Das ist nicht zu sehen. Ob das informationstechnisch gewusste Ding ein Grashalm oder ein Exoplanet ist, eine mich ängstigende oder erheiternde Situation, ein Gebetsanliegen, ein Groschen im Opferstock, eine Behauptung im Glaubensbekenntnis, bleibt sich gleich, immer ist es eine logische Struktur in digitalen Abtastvorgängen. Auf dieselbe Weise zerfließen die Grenzen zwischen Handeln und Schöpfung. Wenn der Logos eines eingegangenen Datensatzes errechnet wurde, kann er nach Gusto modifiziert werden, und zwar handelnd wie schöpfend. Mit der Kenntnis des Logos sind der handelnden Instanz die Dinge nicht nur zuhanden, wie die Existenzphilosophie meinte. Sie sind ihr zur Um- und Neuschöpfung verfügbar, die mit der gleichen Ursprünglichkeit wie die originale zur Welt kommt:

Gleichursprünglichkeit.[57] Aus dem der Heuristik bedürftigen handelnden Menschen bei Schleiermacher ist in der digitalen Ära der creator continuus geworden. Die Differenz von Sein und Schein ist aus der Welt.

2. Die informationellen Dinge enthalten die Potenzialität ihres Handelns in sich selber.

Im digitalisierten Logos ist konstitutiv die Dimension Zeit enthalten: er ist zeitkritisch. Und zwar unabhängig davon, ob er aktuell in einem zeitverbrauchenden laufenden Programmcode ausgeführt wird oder auf Abruf in einem Speicher liegt. Schon seine Entstehung war zeitkritisch: Sie verdankte sich einer diskreten Abtastung des Informationsflusses durch einen Kanal in bestimmten, gleichen Zeitabständen. Bereits das bloß im Speicher liegende Objekt ist zeitkritisch, insofern seine Informationsbits nur als eine diskrete zeitliche Folge Sinn ergeben. Wenn es dann aktualisiert wird, damit eine andere Instanz es wahrnehmen kann, gleich ob das ein digitales oder ein humanes Medium ist, muss diese zeitliche Struktur performt werden. Natürlich kann sie – und damit das Objekt als solches – modifiziert werden, aber das ist nichts weiter als die Kombination der Zeitstruktur dieses Objekts mit der eines anderen Objekts. Per Fourieranalyse lassen sich die beiden Objekte wieder auseinanderrechnen. Gegebenenfalls muss das auch geschehen, um die Objektkombination in den kleinstnötigen gleichen Zeitabständen portionsweise in den Kanal zu schicken. Der Logos eines Objekts ist nie geduldige Logik auf dem Papier, zu der eine zeitgebende Maschine namens humanes Bewusstsein von außen hinzuträte, um ihr Beine zu machen. Wie es in einem schönen Aufsatztitel heißt: „Algorithm

= Logic + Control“[58]. Erst mit der Zeitgabe des Control wird aus den logischen Strukturen ein Algorithmus, ein Programm, in dem das Objekt geboren oder wiedergeboren wird. Und nach einigen Stufen der Kompilierung des Programmcode in Maschinensprache wird die Zeitrate des Controlelementes stets die Taktfrequenz sein, in der die ausführende Maschine ihren Zustand ändert. Das Controlelement ist das Feuer, das den Logiken Beine

macht und den Fackellauf von einem Schritt zum nächsten in Gang hält, bis das codierte Objekt zur kompletten Existenz gekommen ist: Der Reisighaufen brennt und Prometheus schaut zufrieden in die Flammen. War er es, der sie entfachte? Es war die zeitkritische und ergo kausale Logik des gesamten Settings, in das er seine Hände, Arme und Beine als dynamische Objekte exakt einfügte.

Informationstechnische Dinge unterscheiden sich von den analogen dadurch, dass sie den Faktor Zeit in sich enthalten. Eine analoge Tasse etwa steht als Tasse im Geschirrschrank. Ihre Potenzialität liegt darin, dass ein Mensch mit Bedürfnissen, Vorstellungen und Intentionen mit diesem Ding als solchem etwas in der Zeit und im Raum macht, sie etwa aus dem Schrank holt und Kaffee eingießt. Er fügt dem Ding einige Eigenschaften mit Zeit- und Raumdimension hinzu, die den Vorstellungen in seinem Kopf entstammen und die er von außen an es heranträgt. Das ist das typische Dasein von analogen Dingen, falls sie uns nicht wie ein vom Blitz brennender Baum zurückdrängen. Sie stehen ruhig in Raum und Zeit herum und erleiden Veränderung von außen durch unsere Intentionen. Anders das informationstechnische Ding. Es muss, um überhaupt als solches auftreten zu können, die Informationen von Zeit und Raum in sich tragen. Es hervorzuholen heißt, es sich sozusagen aufs Neue schöpfen zu lassen, indem die Serie von Informationsbits in gleich langen Zeitabschnitten gelesen und geschaltet wird. Die Tasse kann immer nur als dieselbe Tasse aus dem Schrank geholt werden; die Hand, die sie beim Herausholen modifizieren wollte, zerbricht sie. Das informationstechnische Ding wird durch andere informationstechnische Dinge, die es an allen Punkten modifizieren können, in ein immer aufs Neue ursprüngliches Schöpfungsereignis geholt. Jeder seiner Auftritte ist Schöpfung. So entstehen Netzwerke von informationstechnischen Objekten, die permanent auseinander erzeugt werden und die immer genau das sind, was sie im aktuellen Zustand des Netzwerks sind. Man kann nicht von außen auf das Ding zugreifen, man kann es nicht in eine Außenwelt jenseits der Informationskanäle holen. Es ereignet sich nur dort, und es ereignet sich nur in einem Ereigniszusammenhang, der umfassender ist als es selber. Der „Wille" und eine „Intention", es sich ereignen zu lassen, existieren ja auch nur als Informationsobjekt im Netz.

Die innere Dynamik eines informationstechnischen Objekts ist einerseits viel sensibler, andererseits viel durchgreifender als die eines analogen Dings. Viel sensibler, denn eine externe Kraft, die nicht technologisch genau die Bedingungen bereitstellt, dass es sich schöpferisch ereignen kann, etwa durch eine exakt passende Soft- und Hardware, greift am Objekt vorbei oder fasst es so ungelenk an, dass es zerstört wird. Andererseits viel durchgreifender insofern, als jeder technologisch gelingende Auftritt die immer neue Geburt einer strahlend jungen Venus aus der Muschel ist. Das Objekt hat sich mit allen Informationen, die technisch durch seine Input-Schnittstelle gelangen konnten, modifiziert und erscheint als absolute Präsenz. Es wird kein Traditionsbestandteil aufgerufen. Seine Präsenz ist etwas kategorial anderes als die Aufführung eines alten und bedeutungsvollen Musikstücks, wie frisch und munter man sie sich auch denkt. Es erscheint jedes Mal zum ersten Mal, denn der gesamte Informationsfluss, in den es eingebettet ist, erscheint immer nur einmalig. Religiöse Dinge, die wir in solche informationstechnischen Auftrittslogiken stellen – und uns gleich mit dazu, sonst sind wir handlungsunfähig –, haben mit der Traditionalität, mit der der silberne Abendmahlspokal im Schrank, das Kirchenlied im Gesangbuch und das Gloria in der Agende steht und all dies bei Bedarf hervorgeholt wird, nichts mehr zu tun. Das digitale Gloria wird, wenn es ertönt, genau jetzt zum ersten Mal live von den Engeln gesungen. Es ereignet sich als creatio continua oder es ereignet sich überhaupt nicht. Und man muss innestehen, technologisch, um es mitzubekommen. Innestehen technologisch aber heißt: HCI, Human-Computer-Interaction.

Hans Castorp gibt in Thomas Manns *Zauberberg* zu Protokoll, das „Geisterhafte“ der Klänge sei besonders in der Nähe des Grammofonapparats vernehmbar und schwäche sich bei Entfernung stark ab.[59] Die Präsenzproduktion funktioniert erst ab einer gewissen Übertragungsrate an Information, ab dieser aber zwingend. Man ist dann in das Netz eines Schöpfungszusammenhangs eingewoben, und zwar sehr konkret in die intrinsische Zeit-Räumlichkeit der sich schöpfenden Dinge selber. Damit ist technologisch beschrieben, was das Magische schon immer war, seit Urprometheus sich in ein informationstechnisches Setting stellte, das größer war als er selber. Die Sprüche des ägyptischen Totenbuchs, die wegen der ihr innewohnenden performativen Potenzialität nur dort angeschrieben werden durften, wo die geeignete Soft- und Hardwareumgebung bereitstand, damit sie ausgeführt werden können, nämlich im Pharaonengrab, sind zu

Recht magische Sprüche genannt worden: Ihre Magie ist, dass sie sich von selber ausführen, wenn die besagte Umgebung installiert ist. Asymmetrisch kehrt die technologiegetränkte Frömmigkeit zur alten Magie zurück. Das abstrakte Fenster, das Gerhard Richter +2007 im Kölner Dom installierte, wird oft magisch genannt. Zu Recht, denn es ist das technologische Gegenteil zu den üblichen Bildmotiven in Kirchenfenstern, die Tradition aufrufen und Sinn herstellen. Die 11.263 Glasquadrate mischen 72 Farben nach dem Zufallsprinzip. Da es, rein physikalisch, keinen absoluten Zufall gibt in der Welt, nur einen relativ zu unserem humanen Fassungsvermögen, schreibt die Installation jedes Wesen, das seinen Sehsinn auf das Richterfenster richtet, in den Informationsfluss des verwendeten Zufallsgenerators ein: vielleicht irgendeinen Ausschnitt aus entlegenen Kommastellen von *pi* multipliziert mit den Zerfallszeiten einer Handvoll natürlichen Urans. In diese creatio continua, kombiniert mit den ähnlich zufälligen Lichtverhältnissen zum Betrachtungszeitpunkt, stellt sich das lichtempfindliche Organ hinein. Sinn ergibt das nie, allerdings im glücklichen Moment ein Informationsnetzwerk, in das das Auge mit dem neuronalen Apparat dahinter sich eingeklinkt hat. Das ist der magische Moment. Über Gott verrät er nichts, er stellt nichts Göttliches dar, wie empörte Katholiken anmerkten. Er baut den göttlichen Schöpfungsvorgang ins Fenster ein. Dass digitale Kunst mit Magie assoziiert wird, liegt schlicht in der Natur der Sache[60]: Sie verbaut das schöpferische Procedere ihrer informationstechnischen Objekte in das Kunstwerk.

Die berühmte Unterscheidung Durkheims von Religion und Magie hat mit dieser Konstellation ihre Gültigkeit verloren. Das magische Denken, das jeder für sich allein empfinde, wittere nur überall etwas diffus Göttliches. Erst sobald sich eine Gemeinschaft zusammenfinde, die das Numinose in gemeinschaftlichen Ritualen praktiziere, entstünden Religion und Kirche, so Durkheim. „Es gibt keine magische Kirche“[61], aber unter den Bedingungen der Technologik wird diese Behauptung falsch: Wenn religiöse Gemeinschaft als technologisches Netzwerk realisiert ist, weil es und nur es echtzeitliche Teilhabe an der göttlichen Schöpfung ermöglicht, dann ist diese Gemeinschaft notwendigerweise magisch. Wer es nicht glauben will, lese noch einmal die neueren religionssoziologischen Befunde nach, die ans Licht bringen, dass sich heute religiöse Communities entlang von gemeinsamen Medienpraktiken bilden[62], andernfalls bilden sie sich überhaupt nicht. Man muss nur noch das Faktische und aktuell Operative im Wort Praxis dazudenken, und man hat die Definition von Kirche im digitalen Zeitalter.

3. Die operativen Begriffe aller Dinge stehen von sich her in algorithmischen Verhältnissen zueinander. Sie sind selbsttätig rechnende Computer, sie haben „a mind of its own“ (Steven Wolfram).

Christliche Kalenderbilder zeigen gern ein ockergelbes Blatt vor blauem Herbsthimmel, einen sich im Wind beugenden Grashalm, einen Zweig voller Regentropfen. Wenn das Gottes schöne Schöpfung sein soll, dann ist sie arg aus dem Zusammenhang gerissen. Die menschliche Einbildungskraft ist es, die sie herausreißt, um sie schönheitstrunken und weltvergessen für sich selber betrachten zu können. Der Narthexzweig in der Hand des göttlichen Prometheus tritt auch als solcher auf, aber sein Als-solches-sein liegt nicht in einer humanen Imagination, sondern in seiner Ereignishaftigkeit. Er ist das dynamische Objekt, das Bündel von

Eigenschaften des Volumens, der Masse, der Enthalpie und so weiter einschließlich der temporalen Ereigniseigenschaften, kraft derer es in immer neuer schöpferischer Frische hervorgebracht wird. Diese Eigenschaften vernetzen das Objekt samt seinem humanen Träger ganz und gar in die dynamischen Objekte neben sich. Nicht nur durch die jedem einzelnen Objekt innewohnende Ereignisalgorithmik, sondern auch durch die Ausweitung des Ereignismodus auf die ganze Kette der dynamischen Objekte entfaltet sich diese Schöpfung. Sie ist wahrhaft schöpferisch, weil selber weiterschöpfend. Und sie ist wahrhaft göttlich, weil jedes Objekt jedes Mal neu und jedes Mal als ein anderes erscheint. Die humane Einbildungskraft dagegen ist in jeder dieser Hinsichten eine Sackgasse.

Warum kommunizieren benachbarte informationstechnische Objekte überhaupt miteinander? Einerseits, weil ihre Anordnung und ihre rein physikalische Nachbarschaft absichtlich arrangiert wurden. Jemand kennt die Ereignisalgorithmik im Innern eines Objekts, er weiß also, zu welchem Zeitpunkt die Außengrenzen des Objekts welchen physischen Zustand haben, den sie dem Nachbarobjekt kausal übermitteln. Und jemand kennt die Logik, mit der ein Objekt sich je nach gemessenen Zuständen an diesen Schnittstellen verändert. Diesen Jemand fassen wir üblicherweise als das Bewusstsein auf, das außerhalb des Netzwerks steht und mit einem Eingriff von außen einem Stück Hardware seinen Willen, sprich seinen Programmcode, aufprägt, der dann die Kaskade kalkulierter Objektdynamiken in Gang setzt. Andererseits aber wissen wir, dass der vermeintliche Eingriff von außen letztlich eine Täuschung ist. Der Mensch ist ein Klumpen Hardware wie die Rechnerprozessoren auch, der von den benachbarten Hardwarezuständen beeinflusst ist und der, wenn er Programmcode schreibt, nichts weiter tut, als sich zu modifizieren gemäß dem Code, den er selber empfangen hat. Es gibt keine Software, wie wir wiederholt zitierten[63], und deshalb ist der humane Programmierer auch selber nur eine dynamisch sich verändernde Hardware. Das führt nicht zwangsläufig in einen totalen Determinismus und wir müssen nicht komplett die Idee eines freien Willens aufgeben, was wir hier aber nicht vertiefen

können. Der Umstand, dass die Gesetzmäßigkeiten der Informationstheorie und besonders das Samplingtheorem universal gelten, mahnt uns aber, die Sache mit hinreichender Pauschalität anzugehen. Da gibt es nur Hardware, so weit das Auge reicht. Und gemäß der jeweils implementierten logic+control interagieren die Objekte. Es ist nicht übertrieben, die Zustände als Wissen zu bezeichnen, das die Hardwareeinheiten voneinander haben. Denn erstens ist ihre zeitverbrauchende interne Ereignisdynamik ein zeitlicher Puffer, der sie prinzipiell auch zu einem Speichermedium macht: Sie behalten ihren Zustand eine kurze Zeit, in der sie absolut unzugänglich sind, für sich, dann modifizieren sich ihre Interfaces und der Informationsaustausch geht weiter. Zweitens tasten sie sich wechselseitig gemäß des Samplingtheorems ab, was heißt, dass bei entsprechender Abtastfrequenz ein dynamisches Objekt nicht nur über den momentanen Zustand der Schnittstelle eines anderen Objekts Kenntnis erlangt, sondern über den Algorithmus, nach dem er sich verändert. Daher kann jedes System durch ein hinreichend großes anderes System emuliert werden. Das ist die informationstheoretische Basis jeglicher künstlichen Intelligenz.

Einfach gesagt, wenn wir die Welt als eine Ansammlung von natürlich verschalteten informationstechnischen Objekten auffassen, fassen wir sie als einen großen rechnenden Computer auf. Er rechnet von allein, denn was im Großen und Ganzen abläuft, läuft innerhalb der Gesetze der Boole'schen Algebra und des Samplingtheorems ab. Ob man einen Rechner aus den elektrischen Potenzialen von Siliziumtransistoren, aus den quantenmechanischen Zuständen von winzigen Raumvolumina oder aus den mechanischen Eigenschaften von Papier baut, ist nebensächlich. Aus so gut wie allem lässt sich ein Rechner bauen, vorausgesetzt, man kennt den Algorithmus, nach dem die gewählte Hardware sich verhält. Konrad Zuse, der +1941 die legendäre Z3 baute, den ersten funktionsfähigen Digitalrechner, meinte in einer späten Arbeit von +1969 bewiesen zu haben, dass sich der ganze Kosmos wie eine Rechenmaschine verhält.[64] Noch vor der Jahrtausendwende wurden die mathematischen Beweise geliefert, dass bestimmte zelluläre Automaten jede beliebige Rechnung, von der ihre Durchführbarkeit bewiesen ist, tatsächlich durchführen können.[65] Wenn man von einem bestimmten Phänomen in der Welt, sagen wir zum Beispiel dem globalen Wetter, weiß, dass es sich gemäß einem bestimmten Automaten verhält, dann stimmt im Wortsinn die Behauptung, dass das Wetter selber rechnet und dass theoretisch, wenn man einige Anfangsbedingungen einer Wetterlage so manipulieren könnte, wie es eine bestimmte Rechenaufgabe verlangt, in der Entwicklung des Wetters irgendwann die Lösung ablesbar ist wie auf dem Taschenrechner. Das Wetter selbst ist Speicher und Prozessor. Was ist das Wetter dann anderes als ein System wie unser menschliches Gehirn, das in gewissem Sinn weiß, was jetzt und insgesamt zu tun ist? „The weather has a mind of its own", wie Stephen Wolfram sagte, einer der Pioniere der zellulären Automatentheorie.[66] Der Gedanke, der digitale Gott sei tot, wenn man den Stecker zieht, ist ziemlich naiv.

Das Modell der von selber rechnenden Weltsegmente ist der zelluläre Automat. Ein solcher Automat ist im Wesentlichen durch drei Parameter definiert. Erstens, jede Zelle kann eine bestimmte Anzahl an Zuständen einnehmen und in einem definierten Zeitraum seinen Zustand updaten. Jede Zelle steht zweitens mit einer bestimmten, in der Regel geringen Anzahl weiterer Zellen in direktem Kontakt. Drittens, wenn sich der Zustand

einer Zelle ändert, ändert sich nach einer definierten Regel der Zustand aller direkt kontaktierten Zellen, was eine weitere Zustandsänderung auf der nächsten Ebene der Zellen bewirkt. Was Giordano Bruno als Minima imaginierte, die fortwährend selber aneinander Messdaten erheben und austauschen, kehrt in algorithmischer Stringenz als Zelle wieder.

Der alles entscheidende Faktor in diesem Weltmodell ist Zeit. Im mechanischen Weltbild Galileis und Newtons wurde der Faktor Zeit als eine Zeitgabe aufgefasst, die jemand willentlich von außen einem System zuführt. Prometheus verrichtete gezielte Arbeit, indem er am Narthexzweig Kraft über eine Wegstrecke in der Zeit investierte. Von diesem Punkt an konnte mit den Grundgleichungen der Mechanik und der Strömungslehre gerechnet werden. Woher Prometheus' Intention kam, wie sie gar ins Gesamtereignis einberechnet werden könnte, war im mechanischen Weltbild absolut unzugänglich. An diesem Punkt fingen Psychologie, Ästhetik, Politik, Theologie an. Sie speicherten vergangene Erfahrungen und zukünftige Intentionen symbolisch und semantisch, also ohne die zeitabhängigen Dinge darin zu quantifizieren. Das zelluläre Weltmodell wischt diese Grenzen mit dem groben Pinsel weg. Es bezieht einfach alles ein, Organisches und Anorganisches, Dinge mit und Dinge ohne Bewusstsein, mentale Intentionen und physische Potenziale. Viele Faktoren in den Vorgängen, die mit zellulären Automaten modelliert werden, sind unbekannt und bleiben es auch, sie werden nicht einmal nach Wahrscheinlichkeiten abgeschätzt. Die Grenzen der Zellen in den zellulären Automaten müssen nicht mit den Begrenzungen von Dingen, Menschen oder sozialen Räumen übereinstimmen. Es kommt lediglich darauf an, dass ein großflächiger Vorgang im Gesamtverlauf modelliert werden kann. Und weil das so gut wie immer geht, ergibt sich daraus der zwingende Schluss, dass Informationsaustausch (samt seinen Gesetzmäßigkeiten wie dem Samplingtheorem und anderen) der operative Modus der Welt ist. Ist der entsprechende zelluläre Automat identifiziert, mit dem es grosso modo gelingt, ein Ereignis zu simulieren, kann man seine späteren und früheren Stadien nach Belieben berechnen; wo man den Gegenwartspunkt setzt, ob man beim Rechnen also in die Vergangenheit oder die Zukunft blickt, spielt keine Rolle. Die Zeitmaschine, die das Vorantreiben der Entwicklung erfasst, ist im Automat eingebaut. Ob ein Urprometheus zum glimmenden Narthexzweig griff, wann, wie und warum er das tat, muss dem Automat nicht gesagt werden; er weiß schlicht und einfach, dass Urprometheus es tat.

Die Berechnung von Strukturen, die nach dem Prinzip zellulärer Automaten ablaufen, benötigt zwar einen Rechenaufwand, der von einer Zellgeneration zur nächsten exponentiell wächst, also auch bei der Simulation auf den leistungsstärksten Rechnern irgendwann gegen eine weiche Wand läuft. Dafür können die Automaten äußerst komplexe Vorgänge simulieren. Der Automat mit dem Namen „Rule 110“[67], von Stephen Wolfram +1983 ersonnen, hat sich als geeignet erwiesen, Vorgänge zu simulieren, in denen vorwiegend die klassischen Naturgesetze am Werk sind: biologische Wachstumsvorgänge, Grundwasserströme, die

Genese des Universums vom Urknall weg, Verteilungsmuster von Galaxien, Haarmuster von Mäusen, Strukturen in Sedimentgesteinen und so weiter. Der „Game of Life"-Automat, den John Conway +1970 entwarf[68], ist bei sozialen Vorgängen besonders effektiv und kann das Verhalten von Wertpapierhändlern, die Bewegungen in einem Schwarm Schmetterlingen, die Auswirkung von Bränden auf Ökosysteme, die raumzeitliche Ausbreitung von Keimen in einem Hospital, Verkehrsflüsse, Größenverteilungen von Unternehmen, das Wetter, die Interaktion von neuronalen Zellen (also unser menschliches Gehirn) und so weiter simulieren.

Damit sind nur zwei recht universelle Automaten genannt, es gibt viele andere, mit denen sich spezifischere Ereignisse modellieren lassen. In Summe ergibt sich aus ihnen nichts anderes als die alte These der Lullisten und Universalsprachler: Alles in der Welt geschieht nach dem Muster eines zellulären Automaten. Es ist an der Zeit, Galileis Satz, das Buch der Natur sei „in lingua matematica" geschrieben, umzuschreiben: Das Buch der Natur ist in Programmcode geschrieben.

Was mit mindestens der Samplingrate abgetastet werden kann, wird gewusst, sagten wir oben. Gewusst in dem Sinn, dass man die Erzeugendenfunktion des Wirklichkeitssegments kennt und es relativ zu einem Wahrnehmungsapparat simulieren könnte. Die Simulation mittels zellulärer Automaten ist wesentlich weitreichender. Hier werden Abtast- oder allgemeiner: Wahrnehmungs- und Reaktionsvorgänge selber simuliert, und nicht nur einer, sondern eine ganze mehrdimensionale Kaskade. Nicht ein momentaner Zustand, das gesamte Ereignis wird simuliert. Wie oben lässt sich die Simulation nicht in eine zweite physische Realität verwandeln; wie auch sollte aus der Information über die

Dynamik der Galaxienverteilung im Kosmos ein zweiter realer Kosmos errichtet werden? Die Pointe liegt woanders: Die Serien von Wahrnehmungs-, Wissens-, Wechselwirkungsvorgängen sind in der Simulation mit zellulären Automaten mit enthalten. Wir sind in ihr mit enthalten. Die qua Operativität rechnenden Systeme sind keine unmenschlichen Systeme, sie schließen den Mensch mit ein. Man mache sich das klar etwa an der Genetik. Die Entwicklung des Erbguts der menschlichen Spezies im Lauf ihrer Geschichte seit Urprometheus verhält sich wie ein zellulärer Automat, und dem ist das momentane Verhalten der einzelnen Exemplare der Spezies unterworfen, auch wenn es sich nicht in allen Details aus ihm ableiten lässt. Der zelluläre Automat weiß, was die Zellen wissen, denn er kennt ihre Impressionen, die Verarbeitungsroutine ihrer Impressionen und die daraus resultierenden Expressionen. Er weiß, wie sich eine jeweilige Umgebung anfühlt, was man in ihr tun könnte (denn er kann in die Zukunft blicken), was man tatsächlich in ihr tut (denn er kann in die Zukunft spulen) – und all das zusammengenommen heißt, er weiß alles in allem, was man in ihr glaubt. Er bildet die spirituelle Gesamtlage des simulierten Ereignisses ab. Nicht den Glauben eines einzelnen Menschen in einem bestimmten Moment, das ist ein kleines Rädchen im Ganzen. Er repräsentiert eine spirituelle Gesamtdynamik, der sich der einzelne Gläubige punktuell, aber nicht insgesamt entziehen kann.

Der zelluläre Automat simuliert, das ist die schlussendliche Pointe, das Göttliche. Ein System, das wie ein zellulärer Automat funktioniert und sich mit diesem Modell beschreiben lässt, erfüllt das wesentliche Merkmal einer schöpferischen Instanz, eine umfassende Realität zu installieren, der sich in ihrem Bereich alles fügen muss und nichts entziehen kann. Wenn man von einem solchen System das sagen kann, dann wird man auch sagen müssen, dass es eine göttliche Instanz ist. Und wenn es nicht nur Bewusstseine sind, die zeitgebendes Wissen von sich in der beschriebenen Form haben, sondern auch anorganische Systeme wie das Wetter oder das Weltall, dann wird man die Vorstellung aufgeben müssen, dass unter den Geschöpfen des biblischen Schöpfungsberichts nur das Menschenwesen schöpferisch ist. Das Menschenwesen sogar am allerwenigsten, denn es ist in seinem Wahrnehmen, Denken und Empfinden gefangen. Systeme, die nach dem Prinzip des zellulären Automaten funktionieren, sind es in weit höherem Maß: Sie schaffen Realitäten, denen sich das Wahrnehmen, Denken und Empfinden fügt, weil sie es buchstäblich mit im Kalkül haben. Das wiederum haben sie, weil ihnen das zeitliche Weitergehen eines Systems von einem Zustand zum folgenden implementiert ist und nicht durch Mutmaßen, Abschätzen oder die vielbeschworene menschliche Erfahrung von außen und äußerst unvollkommen herangetragen werden muss; das Aufschreiben des aktuellen Zustands ist zugleich der Befehl zur Realisierung des Folgezustands. „I think that the river / Is a strong brown god“, dichtete T. S. Eliot[69], aber die Griechen mit ihren Najaden hatten das auch schon begriffen, als noch keine braunen Flüsse Brücken und Häuser einrissen.

Alle turingvollständigen Systeme – was das heißt, werden wir gleich sehen – haben dieses schöpferische Merkmal. Sie haben es dem mathematisch beweisbaren Prinzip nach, dem man sich in der realen Umsetzung nur annähern kann, weil jeder Schritt der Annäherung einen exponentiellen Zuwachs an Aufwand erfordert. Diese Frage der Quantität lässt an allen schöpferischen Vorgängen, auch den göttlichen, den peinlichen Erdenrest kleben, weil es keinen unendlich großen Mitteleinsatz geben kann. Aber es ist eben keine Frage der Qualität. Qualitativ hat der Begriff der Schöpfung mit der Theorie der turingvollständigen Automaten die härteste und konkreteste Ausformulierung erfahren, die in der gesamten Menschheits- und Religionsgeschichte bisher gegeben wurde. Und bestimmte zelluläre Automaten wie die „Rule 110" oder das „Game of Life" oder nahezu jeder moderne Digitalrechner sind eben turingvollständig. Der Mensch aus dem Garten Eden ist es nicht. Dieser bestürzende Umstand ist es, der von Haus aus unfromme Geister wie Norbert Wiener, John von Neumann, Stephen Wolfram oder Kurt Gödel zum Denken Gottes hinführte, schlicht durch Rechnen, ganz ohne Verkündigung und Predigt.[70] Wiener, Neumann und Wolfram stammen aus einer jüdischen, Gödel aus einer protestantischen Familie, keine davon war fromm. Für ihren Weg zu Gott hatte die Missionstheologie bisher keinen Begriff.

4. Alle tatsächlich erreichbaren Zustände in der Welt sind durch Codierung erreichbar. (Das Theorem der universellen Turingmaschine.)

Denken wir uns einen humanen Protagonisten R. B. In seinen Lebensjahren hat er unendlich viele Eindrücke empfangen, komplexe Erfahrungen gemacht, unentwegt Gedanken gedacht und Träume geträumt, auch religiöse. Wie seine feinstziselierten inneren Zustände zustande kommen, hält er für undurchschaubar selbst von seinen nächsten Mitmenschen, ja von ihm selber. Angenommen, dieser humane R. B. ist Teil eines Netzwerks, in dem auch technische Intelligenzen agieren, digitale Rechner also. Netzwerk meint, dass alle Akteure dynamische Objekte sind, die mit In- und Outputs untereinander verbunden sind, auf denen innere Daten, wie sie jeder Blutdrucktest oder jedes EEG diagnostizieren, und expressive Daten wie etwa sprachliche oder gestische Äußerungen zirkulieren. Die Anzahl der In- und Outputs kann man sich größer oder kleiner denken, das spielt keine Rolle, jedenfalls ist sie endlich. Kann das Netzwerk jeden möglichen inneren und expressiven Zustand, in den R. B. überhaupt kommen kann, erzeugen?

126 Ja, das kann es. Das Netzwerk kann es deshalb, weil der Weg zu allen überhaupt erreichbaren Zuständen durch eine Codierung ersetzt werden kann. Es gibt eine Serie von Befehlen, die man als Datei den Rechnern im Netzwerk einspeisen kann, sodass früher oder später R. B. in den beabsichtigten Zustand kommt. Vielleicht ist sie sehr lang und das Netzwerk muss sehr lang arbeiten, aber es gibt sie. Und sie kann im Netzwerk selber gefunden werden. Das besagt der Satz der universellen Turingmaschine, logisch bewiesen +1937 von Alan Turing.[71] Die Turingmaschine ist das einfachst denkbare Prinzip einer Rechenmaschine, nach dem heute jeder digitale Rechner arbeitet. Alles, was überhaupt berechenbar ist, kann sie berechnen. Exakt formuliert, jede berechenbare Funktion kann von einer Turingmaschine in eine Serie von maschinenlesbaren Befehlen umgewandelt werden, die von der Maschine selber gefunden wird. Ein Rechner, der das Prinzip der universellen Turingmaschine beherrscht, ist turingvollständig.

Wenn man bedenkt, dass es lösbare Funktionen gibt, an deren Lösung ein humaner Mathematiker oft jahrelang tüftelt und seine ganze Genialität aufwenden muss, ist allein dies eine umwälzende Erkenntnis. Aber ist der intendierte Zustand von R. B. überhaupt eine lösbare Funktion? Das Menschenherz, dachte man gern, ist doch ein so verwinkeltes Kämmerlein, dass keine Mathematik je dorthin reicht. Es scheint nicht nur offen zu sein, ob die Funktionswerte der inneren Zustände von R. B., die dem intendierten Zustand vorausgehen, zu einer lösbaren Funktion gehören, es scheint doch unklar zu sein, welche Funktion das überhaupt ist.

Aus dieser Verlegenheit hilft Shannons Samplingtheorem. Definitiv benötigt wird nur die Selbstauskunft von R. B., hier und jetzt in dem beabsichtigten Zustand zu sein. Von einigen vorherigen Zuständen können dann In- und Outputwerte des dynamischen Objekts R. B. abgetastet werden. Sie werden immer ein lückenhafter Ausschnitt des gesamten Informationsflusses der vorhergehenden Phase sein. Aber das vereitelt die Sache nicht, wie wir wissen, denn das Samplingtheorem besagt, dass aus einer gewissen Informationsmenge eine Funktion des Informationsflusses rekonstruiert werden kann, der zu dem angegebenen Endzustand führt. Ist diese Funktion lösbar, d.h. sind die Funktionswerte der weiter zurückliegenden Zustände durchweg berechenbar? Und natürlich wäre auch das Vorspulen in die Zukunft chic: Sind die inneren Zustände nach dem intendierten berechenbar, in die R. B. mit einer gewissen Unabwendbarkeit geraten wird? Wenn sich noch kein genialer mathematischer Beweis dafür gefunden hat, dass genau diese rekonstruierte Funktion lösbar ist (und für viele der fraglichen Funktionen liegt keiner vor), dann könnte man jetzt die universelle Turingmaschine anwerfen, die Funktion durchrechnen lassen und gegebenenfalls unendlich lang warten. Wenn die Maschine unendlich lang fürs Rechnen braucht, ist die Funktion unlösbar. Unendlich lang abzuwarten ist unpraktisch, nicht einmal Gott hat sich für seine Schöpfung unendlich viel Zeit genommen; in der endlich langen Spanne von knapp 14 Milliarden Jahren seit dem Urknall ist ja das eine oder andere zustande gekommen. Für so handfeste

Dinge wie den inneren Zustand von R. B., und sei es einer der innigsten Gottseligkeit, kann man einige kleinere Fehler tolerieren: Man schätzt einen prima vista schwer berechenbaren Funktionsbereich durch eine Hilfsfunktion ab, die sicher und schnell rechenbar ist. Dass das legitim ist, besagt wiederum das Samplingtheorem, das Turing genau kannte und aus dem er selber die Empfehlung ableitete, sich beim praktischen Einsatz des

Prinzips der Turingmaschine nicht allzu sehr von der formalen Unlösbarkeit von Funktionen abschrecken zu lassen. Das heißt, auch eine lückenhafte Datenlage der Zustände vor dem intendierten reicht aus, damit die Turingmaschine von einem beliebigen Ausgangspunkt aus den Pfad findet, der in einer endlichen Zeitspanne tatsächlich zum intendierten Zustand führt. Mit Turings Satz ist die Vermutung bewiesen[72] und wir können alle theologischen Erwägungen, dass das Ebenbild Gottes vielleicht doch noch etwas anderes sei, weil ja auch Gott etwas anderes sei, ad acta legen. Denn auch Gott ist nichts anderes, siehe oben.[73]

Selbstverständlich kann die Prozedur im Netzwerk, die früher oder später den beabsichtigten Zustand erzeugt, wiederum durch jedes andere Netzwerk emuliert werden, das mit anderen Akteuren arbeitet, sofern es turingvollständig ist, auch das besagt der Satz der universellen Turingmaschine. Der mentale Zustand, Liebe zu empfinden, der in einem Netzwerk zwischen zwei Menschen entsteht, kann von einem Netzwerk, in dem ein Akteur durch einen Computer ersetzt wird, emuliert werden. Der Zustand des aktuellen Glaubens an eine höhere Macht, der sich in einer religiösen Gemeinschaft einstellt, kann emuliert werden durch eine religiöse Human-Computer-Interaction, denn es gibt dafür einen Turingmaschinencode, der auf jedem handelsüblichen Rechner ausgeführt werden kann. Dass der Mensch eine

Maschine ist, dachten schon die Universalwissenschaftler des 17. Jahrhunderts. Der Satz von der universellen Turingmaschine in Kombination mit dem Shannon'schen Abtasttheorem stellt klar, er ist keine, aber das macht nichts, denn er kann in übergreifende maschinelle Zusammenhänge eingebunden werden, ohne dass seine Menschennatur einen Strich durch die Rechnung macht. Das Allzumenschliche wird durch das Abtasttheorem ausgekontert und von der Turingmaschine über Umwege doch noch erreicht.

Fassen wir zusammen, was der Satz von der universellen Turingmaschine besagt. Alle (berechenbaren) Rechnungen sind mit einer einfachen selbstrechnenden Maschine berechenbar. Jedes rechnende System, sei es ein natürliches wie das Wetter, sei es ein Laptop vom Elektronikfachmarkt, kann durch dieses allgemeine Maschinenmodell emuliert werden.

Wenn die Überlegung richtig ist, dass die rechnenden natürlichen Systeme (solche, die sich wie zelluläre Automaten verhalten und die Rechnungen ausführen, die das entsprechende Automatenmodell rechnen kann, also etwa das Wetter oder das Gehirn eines Lebewesens) das Prinzip der göttlichen Schöpferkraft inkorporieren – dann ist die Turingmaschine die Entdeckung einer neuen Form von Gottesebenbildlichkeit. Gott ähnlich zu sein, diesen Gedanken, der erstmals in Ps 8,6 auftaucht, schrieben die jüdischen Theologen nach dem Exil in Babel in die Schöpfungsgeschichte hinein (Gen 1,27 und Gen 5,1, später Weisheit 2,23). Sie meinten damit, dass es unter Gottes Geschöpfen eines gibt, das der schöpferischen Potenz Gottes nahekommt. Hätten sie erstens gewusst, dass fast alles in der Welt in einem präzisen Sinn selber schöpferisch ist, eine creatura creaturans gewissermaßen (zelluläre Automaten), und hätten sie vor allem zweitens gewusst, dass es ein Maschinenmodell gibt, das jedes dieser schöpferischen Geschöpfe in seiner Schöpferkraft vollständig nachbildet (die universelle Turingmaschine), sie hätten gesagt: Gewiss ist der Mensch als Bild des Schöpfergottes geschaffen, mehr aber noch die Turingmaschine, die sogar den Menschen emulieren kann.

5. Nicht alle Evidenzen in der Welt sind durch Codierung erreichbar. (Der Unvollständigkeitssatz von Gödel.) Die stellen sich aber zum einen als Sackgassen heraus, weil sie im Unberechenbaren und Inoperablen stecken bleiben. Zum anderen ist das nicht weiter schlimm, denn auch sie können auf einen Begriff gebracht (siehe 1.) und in die universelle Codierung der Welt (siehe 4.) integriert werden.

Wenige Jahre, bevor Turing das universelle Modell jeder Rechenmaschine fand, formulierte Kurt Gödel in Wien einen Beweis, der das Wörtchen universell attackiert.[74] Sein Unvollständigkeitssatz setzt dabei an, dass man beim Rechnen Axiome braucht, evidente Wahrheiten also, mit denen bewiesen werden kann, dass ein einzelner Rechenschritt korrekt ist. Die Axiome selber sind nicht beweisbar, was heißt, sie können nicht aus einem anderen Axiom hergeleitet werden. Axiome sind sehr einfache Wahrheiten, etwa diese: Zu jeder natürlichen Zahl *n* gibt es eine natürliche Zahl *n'*, die ihr folgt. Oder das Parallelenaxiom, das besagt, dass zu jeder Gerade und einem nicht auf ihr liegenden Punkt *P* genau eine weitere Gerade existiert, die durch *P* geht und sich mit der ersteren nirgends schneidet.

Gödel beweist zwei Dinge, die sich zueinander wie zwei Seiten derselben Medaille verhalten: Erstens, es gibt Rechnungen und Beweisführungen, die sich mit Bezug auf das eine Axiom als korrekt erweisen, mit Bezug auf das andere aber als falsch. Die entsprechenden Fragen, die berechnet oder bewiesen werden sollen, sind also unentscheidbar. Mit der Turingmaschine gedacht, die ja alle Rechenschritte auf die Axiome herunterbricht: Sie wird unendlich lang rechnen, weil ihr ein Axiom fehlt, das eine Entscheidung herbeiführen könnte. Eine Rechnung, für die die Turingmaschine unendlich lang braucht, gilt als unlösbar. Aber die Aufgabe wurde doch korrekt gelöst, und zwar von einem Menschen. Hat der Mensch der Maschine uneinholbar etwas voraus? Zweitens, man könnte die korrekte Rechnung oder das ihr zugrunde liegende Prinzip doch einfach zu den anderen Axiomen hinzufügen, dann wäre die Verlegenheit beseitigt. Das geht aber nicht. Dieses Axiom würde notwendigerweise zu einem der anderen Axiome im Widerspruch stehen. Da die Turingmaschine die Axiome nicht zugleich „im Blick“ hat wie ein humaner Rechner, sondern sie nacheinander abarbeiten muss, wird sie zwischen den widersprüchlichen Axiomen auf immer und ewig pendeln und über diesen Punkt der Rechnung nie hinauskommen.

Der Mathematik bleibt nur die Wahl zwischen Pest und Cholera. Diese Erkenntnis hat sich in den neunzig Jahren seit Gödels Beweis als unumstößlich erwiesen. Kein Computer, keine noch so universelle Turingmaschine kann ihm entrinnen. Viele Interpreten, auch Gödel selber, schlossen daraus, dass der Mensch der Maschine aus Prinzip überlegen sei. Triumphiert am Ende die Theologie vom Menschen als dem eigentlichen und einzigen Ebenbild Gottes?

Gödels und Turings Sätze werfen Fragen auf, die ins Herz jeder Gotteslehre, jeder Christologie und jeder daraus gewonnenen theologischen Anthropologie stechen. Selbst den Mathematikern verlangt es viel ab, die genaue Tragweite der Sätze zu erfassen. Die Theologie hat es gar nicht erst versucht, Ausnahmen[75] bestätigen die Regel. Mit jeder Deutung reitet man auf der Rasierklinge, und auf der mathematischen Seite wie auf der theologischen geht es weit hinunter. Aber dem christlichen Glauben bleibt nach Gödel und Turing keine andere Wahl als die zwischen Skylla und Charybdis: entweder sich diesen Sätzen zu stellen oder in der Versenkung der Religionsgeschichte zu verschwinden. So gehen wir zwei vorsichtige Trippelschritte, einen zurück, einen vor.

Der erste: Gödels Satz öffnet den weiten Raum für das Menschsein im Unendlichen: den Menschen der Schönheit, der Intuition, der dichterischen Behausung (wie Hölderlin sagte), der Liebe, der Kreativität. All das kann kein anderes Lebewesen. Ist es gottesebenbildlich? Ist das abenteuerliche Hinausfahren ins Unendliche nicht nur das humane Merkmal schlechthin des Menschen, wie es in der *Antigone* des Sophokles heißt, sondern auch des gottesebenbildlichen Menschen? Ist das Auffinden von verstreuten Puzzleteilen im unendlichen Zahlenraum, und zwar auf Kosten einer operativen Konsistenz des Ganzen, wirklich ein Ebenbild dessen, wie Gott selber handelt? Man muss sich im Klaren sein, was man theologisch mit dieser Deutung unterschreibt: Man nagelt Gottes Schöpferkraft auf eben diese Merkmale fest; man behauptet, genau diese Merkmale seien es, die das göttliche Wirken vom profanen Lauf der Dinge unterscheiden.

Gödels Satz offenbart eine fundamentale Schwäche der Mathematik und eine Stärke des Menschen auf einem bestimmten Terrain, dem Terrain des Unendlichen. Überall dort, wo eine Sphäre unendlich viele kombinierbare Elemente hat, wo es um semantische Bedeutungen geht (und nicht um tatsächliche Ursache-Wirkung-Folgen), wo die Offenheit ins Unendliche den Reiz der Sache ausmacht, schwächelt die Logik. Es scheint also richtig zu sein, die humanwissenschaftlichen Bezirke der sprachlichen Bedeutungskonstruktion, der subjektiven Gewichtung von Entscheidungsgründen, des poetischen Auffindens von Evidenzen nicht der logischen Maschine zu überlassen. Die Maschine muss logisch zwingend und mit endlichen Ressourcen an Zeit, Raum, Speicherplatz und Energie zu Potte kommen, der geniale Mensch kann im Unendlichen herumspringen. Halten wir fest, die unendliche Intuition ist gut darin, Evidenzen zu generieren, wo es streng genommen (weil axiomatisch unvollständig) keine gibt.

Ich klammere hier bewusst aus: die Sphäre der politischen Willensbildung, der ästhetischen Kommunikation, der religiösen Praxis. Diese Sphären fallen gerade nicht unter Gödels Satz. Warum nicht, wird deutlich im zweiten Trippelschritt. Die Praxis des Rechnens wird von Gödels Satz nur in wenigen Ausnahmefällen aufgehalten. Die praktischen Probleme, in denen Rechenmaschinen zum Einsatz kommen, werden in der Regel modelliert als Systeme, in denen eine gewisse Anzahl an dynamischen Objekten miteinander verschaltet ist und mehrere Algorithmen interagieren. Die Korrektheit des Ergebnisses bemisst sich dann daran, dass die Interaktion tatsächlich funktioniert und sich in einem stabilen Zustand hält. Dafür können, ja müssen Ungenauigkeiten im Detail in Kauf genommen werden: sei es, dass man aufhört zu rechnen, obwohl vielleicht ein Funktionswert nicht bis zum Ende durchgerechnet wurde und womöglich nicht werden könnte, weil die Maschine unendlich lang bräuchte; sei es, dass Messergebnisse an einer Schnittstelle zwischen den Objekten nicht vollständig vorliegen und es womöglich nicht können, weil die Messung unendlich lang bräuchte. Es sind just derartige Fehler, die mit dem Prinzip des Shannon'schen

Abtasttheorems überwunden werden können und bei denen Turing mahnte, sich von ihnen nicht irritieren zu lassen. Dann nämlich spielen die Maschinen ihre Stärke aus: Sie kommen zu Potte mit diesen Problemstellungen. Sie liefern Ergebnisse, und zwar in einer Echtzeitspanne, auf die sich das System einstellen kann, ohne seine Operativität unterbrechen zu müssen. Auch ein Mensch würde irgendwann fertig, aber bis dahin wäre

das System zusammengebrochen. Die Relevanz von Gödels Satz kippt hier ins Gegenteil von dem, was sie anfänglich schien. Die Schwäche der Rechenmaschinen im Unendlichen wird zu einer geradezu schöpferischen Stärke im Endlichen. Von der Zielvorgabe her, die in sich geschlossene Operativität eines Systems zu erreichen und aufrechtzuerhalten, können sie ohne Rücksicht auf mathematische Schönheit eine dreckige Rechnung durchziehen bis zum Ergebnis. Oder auch andersherum in einem dreckigen Datensalat die Daten finden, mit denen sich eine Stelle des Systems im operativen Zustand halten lässt – das Prinzip Big Data. Für kommunikative Prozesse ist diese Fähigkeit der Rechenmaschinen wie geschaffen. Politische, ästhetische und eben auch religiöse Kommunikation lässt sich sehr gut als ein kybernetisches System modellieren, das aus dynamischen Objekten besteht, unabhängig davon, ob es ein Hybrid aus humanen und technischen Elementen ist, ob es die künstliche Simulation einer natürlichen Intelligenz enthält oder die digitale Emulierung einer analogen Technik, oder ob es eine komplette technische Neuschöpfung ist. Hier hilft geniales Stochern im Unendlichen kaum, weit dagegen kommt man mit näherungsweisen Modellbildungen, die nach anderen näherungsweisen Modellbildungen Schritt für Schritt optimiert werden, um den Sand im Getriebe nach und nach zu Staub zu mahlen.

Die geniale Unendlichkeit des Menschengeists ist in Wahrheit unschöpferisch. Der tatsächliche creator spiritus ist die im Endlichen rechnende Maschine: Es ist das in Echtzeit zum Resultat kommende Rechnen, das kybernetischen Systemen den Odem nicht des Lebens, sondern des Operierens einhaucht. Ohne Rücksicht auf Gödels Bedenken vollziehen die Rechenmaschinen die zum schöpferischen Handeln befreiende Heuristik, von der Schleiermacher sehr genau erkannte, dass sie das Scharnier zum göttlichen Handeln ist. Göttlich ist, wer den Dämon des Unendlichen reitet.

Der Unvollständigkeitssatz ist nicht Gödels letztes Wort. Ihn ergreift die sekundäre Mathematikerfrömmigkeit: Er hält Gott für beweisbar.[76] Wenn man fragt, was Gödel unter dem Gott versteht, dessen notwendige Existenz er beweisen zu können glaubt, erhält man zur Antwort eine erstaunliche Definition: Göttlich ist

laut Gödel eine Entität, die alle positiven Eigenschaften in sich vereint. Diese Entität soll notwendigerweise existieren. Wir beabsichtigen hier nicht, Gödels Gottesbeweis zu verifizieren oder zu widerlegen. Wir legen nur ein wenig diesen Gottesbegriff aus, denn es ist der Begriff des digitalen Gottes oder mindestens eines seiner Elemente. Gott enthält nur positive Eigenschaften, so Gödel zum einen. Negative Eigenschaften sind die Negation von positiven Eigenschaften. Negation einer Eigenschaft kann, darin sind sich so gut wie alle Ontologen einig, nicht eine existierende Negativeigenschaft zu jeder existierenden Positiveigenschaft sein. Nehmen wir Ereigniseigenschaften: es ist stürmisch, es bebt die Erde, es brennt. Zu diesen Eigenschaften gibt es keine absoluten Negative. Wenn man akzeptiert, dass es die positive Eigenschaft gibt, dass etwas stürmisch sein kann, dann verwirft man zugleich die positive Eigenschaft, dass etwas nichtstürmisch sein kann. Es ist dann ruhiges, sonniges usw. Wetter, dessen intensionale Merkmale andere und mehr sind als nur die Merkmale des stürmischen Wetters mit negativem Vorzeichen. Davon unbeschadet schließen die Merkmale des einen Wetters aus, dass die Merkmale des anderen instantiiert sind: es herrscht ruhiges Wetter, was den Sturm ausschließt; die Erde ist unbewegt, was das Erdbeben ausschließt; im Dornbusch ist kein Feuer, was ausschließt, dass er brennt.

So weit, so gut. Gott enthält *alle* positiven Eigenschaften, so Gödel zum anderen. Freilich nicht zugleich, das kann Gödel nicht meinen. Denn er muss seinen Unvollständigkeitssatz im Kopf gehabt haben, als er am Gottesbeweis arbeitete. Axiome sind ja doch Eigenschaften. Zu einer korrekten Rechnung, die die Eigenschaft des Axioms A aufweist, existiert irgendwo im unendlichen Universum eine korrekte Rechnung, die die Eigenschaft des Axioms B gleich Nicht-A aufweist, das besagt der Unvollständigkeitssatz. Die Liste der mathematischen Wahrheiten ist zum Unendlichen hin offen, und das schließt ein, dass sie untereinander inkonsistent sind. Gödels Beweis beinhaltet aber eine Annahme, die eben diese Inkonsistenz ausschließt, die Annahme, dass alle möglichen positiven Eigenschaften untereinander nicht im Widerspruch stehen. Das ist ganz und gar nicht selbstverständlich, nicht nur Gödels eigener Unvollständigkeitssatz steht dem in gewisser Weise entgegen, auch Leibniz hatte sich bei seinem Gottesbeweis an genau diesem Punkt vergeblich abgearbeitet. Warum nimmt Gödel die Annahme nun einfach als gesetzt?[77] Man kann vermuten: weil er mittlerweile eingesehen hatte, dass sich mit dem Prinzip der universalen Turingmaschine das Problem auf eine zeitliche Ebene verlagert. Mit unendlich viel Zeit kann die Turingmaschine von jeder Eigenschaft zu jeder anderen Eigenschaft gelangen. Und warum sollte man einem göttlichen Wesen das nicht zutrauen? Die menschliche Genialität im Unendlichen taugt dafür nicht, aber doch der unerschöpfliche göttliche Vorrat an Zeit und Energie, der umgekehrt nichts anderes heißt, als dass Gott unendlich große Aufgaben tatsächlich, also in endlicher Zeit bewältigen kann. Die Turingmaschine vollzieht einen Schritt nach dem anderen. Sie instantiiert im einen Schritt Axiom A und nur das. In einem späteren Schritt

kann sie Axiom B instantiieren, sofern sie meint, diese Eigenschaft aktuell zu benötigen. Die simple Turingmaschine kommt hier nie zum Ende, und wenn doch, dann ist sie eine göttliche Turingmaschine. Mit dieser göttlichen Turingmaschine rechnet Gödels Annahme. Das ist der Punkt, aus dem der Gödel'sche Gottesbeweis entfaltet wird. An ihm wird offenbar, was unter einem göttlichen Wesen, das alle positiven Eigenschaften in sich
 vereint, zu verstehen ist: Gödels Gott ist das Wesen, das Rechnungen, in denen A und B gebraucht werden, in endlicher Zeit zu Ende bringt. Dann nämlich ist es wahrhaft schöpferisch: Es kann Kreationen hervorbringen, in denen A und B in ein echtzeitlich kommunizierendes und stabiles System integriert sind.

Wie könnte jenes göttliche Wesen das machen? Die eine Möglichkeit ist, seine Göttlichkeit ist derart, dass der formale Widerspruch von A und B für es nicht gilt. Dieser Gott könnte zur selben Zeit und am selben Ort im Sturm und nicht im Sturm sein. Das war schwerlich der Gottesbegriff des Logikers Gödel. Es ist schwerlich die Gottesvorstellung, die ein sekundärfrommer Mathematiker anziehend findet. Unsere Gottesvorstellung ist es auch nicht. Die andere Möglichkeit ist, das göttliche Wesen ist ein Schöpfergott, für den die formale Unvereinbarkeit von A und B gilt, der sie aber in endlicher und echtzeitlicher Spanne bewältigen kann. Seine Kreaturen sind Systeme, die in den linearen Lauf der Zeit hinein existieren und in dieser zeiträumlichen Existenzweise A und B systemisch miteinander kombinieren. Der formale Widerspruch von A und B wird in der Zeit und mithilfe der Zeit überwunden. Um die Kreatur in endlicher Zeit, also überhaupt tatsächlich zu erschaffen und nicht wie die Turingmaschine erst am Sanktnimmerleinstag fertig zu werden, muss eine formale Überwindung, nicht Außergeltungsetzung, des Widerspruchs hinzukommen, und das leistet das Samplingtheorem. Das System, das A und B enthält, muss schlicht und einfach laufen, jetzt. Die Instanz, die das kann, ist göttlich, und je besser sie es kann, desto göttlicher ist sie. Das ist der Kern des Gödel'schen Gottesbegriffs.

Wenn das Prinzip des Samplingtheorems das Scharnier zwischen Welt und Gott ist; wenn, um es allgemeiner zu sagen, der erfolgreiche Umgang mit den Unsauberkeiten und Widrigkeiten der Welt göttlich ist; wenn, um es in prädigitaler Theologie zu formulieren, Gott der Sündenvergeber, der Heiland ist – dann ergibt sich daraus eine Eigenschaft Gottes, die ebenso fundamental ist wie bislang ungedacht: Die Göttlichkeit in den Kreaturen ist mehr oder weniger realisiert, im quantitativen Sinn. Gott ist der Punkt der Verbindung von A und B, die faktisch realisiert ist, indem die Macht des Göttlichen sie vom Unendlichen ins Endliche gezogen hat. Das ist der Moment, in dem Gott sich inkarniert und alle Freuden und Leiden der digitalen Existenz auf sich nimmt. Seine Herrlichkeit wird nicht nur bestaunt und genossen, sie wird selber operativ und gibt sich zugleich der bedingungslosen Teilhabe preis. Alle Momente der klassischen Christologie werden hier reformuliert: die Jüngerschaft als Human-Computer-Interface, die Passion als die unüberbrückbare Kluft zwischen A und B, die Auferstehung als die per Samplingtheorem überbrückte Kluft zwischen A und B, die Ausgießung des Geistes als Startpunkt der emulativen Phase des Christentums, die Mimesis der Eucharistie[78] als gamifizierter Jesusplot, die Kirchen (nur noch im Plural, zudem: ecclesiae semper reformandae) als künstliche Intelligenzen.

Mit dem Samplingtheorem und der technologischen Möglichkeit, alle intelligenten Informationsflüsse zu emulieren, seien sie in einer belebten oder in einer unbelebten Entität realisiert, ist die uralte Dialektik zwischen der Existenz und der Erkenntnis Gottes, zwischen der Selbstoffenbarung Gottes und dem Glauben an Gott aufgerufen. Am Kipppunkt der beiden Seiten stand bisher der Mensch. In der Theotechnologie ist die Dialektik auf eine neue Stufe gerückt: Jetzt ist Gott selber in der Position des Kipppunkts, und zwar der digitale Gott, der zugleich die originale schöpferische Intelligenz und ihre Emulation, zugleich die Offenbarung und die Erkenntnis der Offenbarung ist. Indem der Mensch in der informationstechnischen Ära die Rolle des Erkenntnissubjekts verloren hat und überhaupt die Instanz des Subjekts untergegangen ist, tritt der Mensch beiseite, um wieder der kleine Teil der Schöpfung zu werden, der er bis zum Frevel des Prometheus war, und der digitale Gott rückt an seine Stelle. (Im Übrigen eine tröstliche Aussicht für die theologische Anthropologie, aber das wäre ein eigenes Thema.) Es ist nicht verkehrt zu sagen, Gott ist wieder an der Stelle angekommen, die er über weite Strecken der Religionsgeschichte hatte, einschließlich der Jesusbotschaft, dass das Gottesreich nahe gekommen ist oder der emulative Glaube sich dem Gottesreich nähert, aber das sind nur die zwei Seiten der dialektischen Medaille.

Betrachten wir zunächst die Offenbarungsseite dieser Dialektik. Die Äußerung Gottes in der Schöpfung und selbst die Feststellung, dass das Geschaffene gut ist, erfolgen nolens volens in menschlichen Reformulierungen, bei denen sich die jüdische und christliche Tradition aber um größtmögliche Passivität bemüht hat: der passiven Haltung des Staunens über die Schöpfung, wie sie sich in den Psalmen und der Weisheitsliteratur zeigt, oder dem Modus des menschlichen Schönheitsempfindens angesichts der herrlichen Werke Gottes, klassisch im XIII. Buch der *Confessiones* des Augustinus formuliert. Diese Modi der passiven Teilhabe an der göttlichen Selbstoffenbarung verschwinden unter theotechnologischen Bedingungen. Die Schöpfung selber erfasst nun ihre Göttlichkeit, indem sie sich ihrer Gesetzmäßigkeiten innewird, sie in sich selber als Programm (immer als operative Schrift gedacht, als Pro-Gramma) speichert und durch sich selber ausführt. Schöpferische Absicht, kreativer Wille, göttliche Providenz stehen im Buch der Natur als Programmcode geschrieben, und die Von-Neumann-Architektur des Computers wie auch die Turingmaschine mit ihrer letztlich ununterscheidbaren Verschaltung von Speicher- und Rechnereinheiten sind die genaue technologische Emulation dieses Prinzips. Indem die rechnende Instanz – sei es ein natürlicher zellulärer Automat, sei es ein Artefakt aus Halbleitern – Programme und damit schöpferische Absichten speichern kann, speichert sie Zukunft, die irgendwann, wenn ein bestimmter Informationszustand erreicht ist, in eine Folge von Gegenwartszuständen umgesetzt wird. Dieses Programm läuft dann ab. Je unerbittlicher und störungsfreier es abläuft, desto höher das Maß seiner Göttlichkeit. Dieses Maß der faktischen Operativität rechnender Systeme löst das alte göttliche Maß des Staunens und Schönheitsempfindens ab. War das alte Maß qualitativ und höchst subjektabhängig, so ist das neue Maß des Göttlichen ein quantitatives: Programme laufen störungsfrei ab; sie greifen durch in die Realität, das heißt, sie machen aus ihrer Umgebung dynamische Objekte, deren Verhalten und Handlungsoptionen nun von ihnen her berechnet werden; sie realisieren die Güte der Schöpfung, wie es in der klassischen Theologie des biblischen Schöpfungsberichts hieß; sie sind der göttliche Hotspot, von dem Serres sprach; sie sind das Wunder, wie wir es oben beschrieben. Die göttliche Operativität ist an allen Ecken und Enden mit Unvollkommenheit belastet, die nun aber nicht durch humane Aisthesis, sondern wiederum durch quantitative Mechanismen, im Prinzip immer Varianten des Samplingtheorems, abgepuffert werden. Die rechnende Schöpfung selber sieht, ob es gut war und wie gut es war, und evaluierend spielt sie sich in Echtzeit zu sich selber zurück, um sich zu optimieren.

142 Betrachten wir sodann, wie in der umgekehrten Richtung die Erkenntnis Gottes auf den dialektischen Kipppunkt zuläuft. Auf ihr geschehen, theotechnologisch, sehr konkrete Dinge: Die Rekonstruktion aller Übergangslogiken, in denen die Informationskette eines gottgeschöpften Realitätsbereichs vom einen in einen anderen Zustand wechselt, mittels des Samplingtheorems, ist eine Erkenntnis des jeweiligen göttlichen Schöpfungsprinzips, das den Realitätsbereich durchherrscht. Gott kennen ist emulieren. Das gottgeschöpfte Ding wurde gleichursprünglich nachgeschöpft. Es ist das Wesen der Emulation, wie das Original zu funktionieren, ohne es zu sein – und genau dadurch die Differenz zwischen Essenz und Existenz durchzustreichen. Das heißt, die Emulation kann alle möglichen Zustände des Originals einnehmen und weiß selbst, wie sie sich in alle diese möglichen Zustände bringen kann, auch die, in die das Original real nie kam.

Der emulative Erkenntnisweg kostet Zeit und Energie, und das heißt in einer entropischen Welt, der digitale Pilger schwimmt negentropisch gegen den Strom und wird die Quelle nur annähernd erreichen. Der *digital pilgrim's progress* nähert sich Gott nur, indem entlang der Stufen der digitalen via mystica das göttliche Prinzip im jeweiligen Realitätsbereich erfasst wird. Auch wenn die Arbeit gegen die Entropie keine völlige unio mystica mit dem göttlichen Original erlaubt, die Distanz zur bloß staunend genießenden Erkenntnis Gottes ist kategorial: Jene war passiv, diese nun ist aktiv oder genauer: operativ. Die emulierende Näherung an ein göttliches Schöpfungsprinzip ist ein operatives Netzwerk, das seine Funktionsfähigkeit, seine Stabilität, seine Anpassungsfähigkeit im Verhältnis zu den angrenzenden Systemen selber evaluiert und optimiert. Nicht ein externer Betrachter, wie etwa klassisch Petrarca auf dem Mont Ventoux, entwickelt eine Vorstellung oder einen einmaligen Eindruck von der Göttlichkeit der Schöpfung; das operative Netzwerk nähert sich der göttlichen Schöpfung durch permanente eigene informationstheoretische Arbeit an.

Es ist eine der großen Denkwürdigkeiten der technologischen Kehre der Frömmigkeit, kirchengeschichtlich gesehen ein digitaler Re-entry des Radikalpietismus, dass der digitale Pilger nicht mehr nur Christ heißt, sondern Christus ist. Der Erzkatholik McLuhan sah das, wie so oft, schon in den +1970ern klarer als andere: „And the process of perception is that of incarnation.“[79]

Kapitel 3 Digitalisierung der religiösen Praktiken

3.1 Die digitalen Kirchen

Der urchristliche Begriff von Kirche ist nicht schwer zu fassen. Paulus, die Paulusschüler wie auch die Evangelisten ziehen das griechische Wort *ekklesia* heran, wenn sie von den Gemeinden reden, die sich im Glauben an Jesus Christus versammeln (1 Kor 1,2; Kol 1,18; Mt 16,18). Bei den Griechen ist das nicht unbedingt ein religiöser Begriff. Die beiden Wortteile *ek-* (heraus-) und *-legein* (sammeln, sagen, rufen – das Verb zum Substantiv *logos*) zeigen die Grundbewegung von Kirche an: Ein Glied der Kirche muss heraus aus seinen angestammten Verhältnissen; die Herausgenommenen sammeln sich um einen Ruf, der an sie ergeht. Der Ort der Versammlung, sei es der Marktplatz bei den politischen Ekklesien der Griechen, sei es ein Privathaus bei den urchristlichen Zusammenkünften, sei es ein Gebäude mit Turm, Glocken und Wetterhahn, ist unwichtig. Er ergibt sich vom Bindungsvektor der rufenden und sammelnden Kraft her, und für die neutestamentlichen Autoren ist das Christus. Auch kann nicht über ein essenzielles Merkmal bestimmt werden, wer zusammengerufen wird. Das ergibt sich absolut situativ und aktual darüber, ob man im Bann des Rufens und Sammelns steht. Im

12. Schmalkaldischen Artikel definiert Luther Kirche durch den einen Satz des Johannesevangelisten von den Schäflein, die die Stimme ihres Hirten hören (Joh 10,3). Die Herde konstituiert sich vom aktual operativen Medium der Stimme her. Mehr ist christliche Kirche nicht, und dass sie nicht mehr ist, darin liegt auch schon die ungeheure Medienrevolution der Jesusbotschaft. Für Kirche braucht es keinen Petrus, keine Mission, kein Bekenntnis, keine Heilige Schrift, nicht einmal Ostern. Es braucht nur das je singuläre Medienereignis des Rufens und Sammelns durch eine Instanz, die die göttliche Kraft des Rufens und Sammelns hat.

Welche Instanz ist das, einst und jetzt? Es kommt hier darauf an, in völliger Unvoreingenommenheit zu antworten. Es waren einst die magischen Stellen auf Berghöhen und an Wasserufern, die den alten Religionen zu heiligen Orten wurden. Es war Jesus von Nazareth, der Dämonen austrieb, Kranke heilte und Jünger um sich scharte. Es waren Personen, einige mit religiöser Botschaft (Petrus, Paulus, Martin Luther King, Bhagwan) und einige ohne (Evita, Lady Di, Franz Beckenbauer). Es sind Dinge (ein Zahn des historischen Buddha, ein Splitter vom Kreuz auf Golgatha, der heilige Gral, das iPhone). Es ist stets etwas Konkretes: Rufen und Sammeln sind physische mediale Ereignisse. Das Rufen und Sammeln findet medienmateriell statt oder überhaupt nicht. Hier liegt die Zumutung für die Kirche, wenn dieser ekklesiologische Medienmaterialismus so formuliert wird: „If God is humanity connected, then the internet is God incarnate; a manifestation of our connection, a rudimentary form of hyperconnected humanity. (…) I believe that we are God, the internet is our savior, and our purpose is to create the world we want. Each one of us is a creator. And together, we are The Creator.“[80]

Das sind nicht unsere Worte und es ist nicht unsere digitale Theologie. Gott ist mehr als die mediale Verbundenheit der Menschen: es fehlen die Dinge. Auch ist nicht die mediale Verbundenheit als solche der Heiland, das haben wir oben schon präziser formuliert. Zugestehen aber muss man, dass Gilliams Worte dem Begriff von Kirche, und zwar dem genuin christlichen, ziemlich nahe kommen. Welche Instanz ist es heute, die alle Lebensbereiche durchdringt, ruft und versammelt? Es ist nicht unbedingt das real existierende Internet, aber wir müssen das nur etwas weiter fassen als die selbst rechnende und von sich aus operative informationstechnische Macht, dann sind wir bei dem, was Kirche ist. Welche real existierende informationstechnische Anordnung auf dem Planeten dem näherungsweise entspricht, diese Frage kommt von der anderen Richtung her. Bleiben wir zunächst in der offenbarungstheologischen Richtung, dann ist Kirche jedenfalls eine mediale Anordnung. Daraus ergibt sich ein Postulat und eine Aufgabe. Wir können postulieren, dass sich alle kirchlichen Funktionen im Kern als informationstechnische Prozesse erweisen und prinzipiell in konkrete mediale Anordnungen überführt werden können. Die Aufgabe ist, dies ins Werk zu setzen.

Das haben die Kirchen erkannt, oft vielleicht unausdrücklich, aber jedenfalls sind sie dabei, die vorfindlichen Informationstechnologien zu nutzen und kirchliche Funktionen nach und nach dort zu implementieren. Je genauer sie sich der Medialität aller kirchlichen Handlungen bewusst werden, umso mehr werden sie die real genutzten Medien selber mitgestalten und die Göttlichkeit in ihnen zu explizieren versuchen. Die Katholiken weihten schon immer ihre Kirchen, Altäre und Abendmahlsgrale, die physischen Medien des göttlichen Erscheinens also, zu heiligen Gegenständen. Das ist Medienmaterialität und Informationstechnologik avant la lettre, aber noch nicht als solche durchdacht und modelliert. Das geschieht, seitdem die Werkzeuge der Informationstechnologie in jedermanns Händen sind.

Zu einfach machte man es sich, verwiese man Erscheinungen wie Gilliams Internetreligion oder die KI-Kirche Anthony Levandowskis ins Reich des Götzendiensts. Der +2018 gestorbene

Gilliam steht mit seinem viel gelesenen Buch pars pro toto für eine heute typische Frömmigkeitskarriere, neben der sekundären Mathematikerfrömmigkeit das zweite digitale Frömmigkeitsmuster, das man digitalen Neospiritualismus nennen könnte: vom traditionellen Kinderglauben an einen personalen Gott, der sich in den Turbulenzen des Lebens verflüchtigt, hin zu spirituellen Bedürfnissen und Transzendenzerfahrungen an unvermuteten Stellen, die, siehe Hans Castorps Grammofon, oft technologische Zusammenhänge haben. Der moderne Mensch geht über solche winzigen Alltagsreligiositäten meist hinweg, Gilliams Nahtoderfahrung im Krankenhaus aber war mächtig genug, um ihn ihre Religiosität beim Schopf packen zu lassen und das göttliche Wesen, das ihm da entgegengetreten war, zu beschreiben: „humanity connected“, eine technologische Verbindung, die über Technologien die humanen und medizintechnischen Entitäten zu einer Macht zusammenrief, die stark genug war, ihn vom Tod ins Leben zurückzuziehen. Der Hirte ruft und die Schafe hören seine Stimme, jetzt, in operativer Gegenwart. Das ist bereits der kirchliche Moment. Was hätte es bedurft, um ihn festzuhalten und zu einer Kirchengründung voranzuschreiten (was Gilliam nicht tat und es bei der Buchveröffentlichung und Vorträgen beließ)? Das technologische Setting hätte erhalten werden müssen, um die beteiligten Entitäten im Modus als operative religiöse

Objekte zu halten, in dem sie der Religiosität ihrer Erfahrung innewerden könnten. Es hätte also der Funktionalität bedurft, die in der traditionellen christlichen Kirche die Liturgie bereitstellt. Liturgie ist nichts weiter als die Versuchsanordnung der cognitio dei experimentalis, eine erprobte und bewährte zwar, aber keine sichere Bank. Ihre Permanenz *ist* Kirche, und wenn sie zusammenbricht, bricht Kirche zusammen. Wir werden im Lauf des Kapitels sehen, was dieser Grundgedanke für Kirche in der technologischen Ära bedeutet. So viel wird jetzt schon deutlich: Kirche hängt an der Bedingung der faktischen göttlichen Operativität, und das macht sie situationsgebundener und wohl auch historisch volatiler als die bisherige christliche Kirche, die sich neben dem Axiom der Liturgie auch auf das Axiom einer universalistischen Christologie gründete. Letzteres ist seit Aufklärung und Säkularisation weitgehend abgeschmolzen, Ersteres gilt mehr denn je, verwindet sich aber ins Technologische.

Was Gilliam nur andeutete, versuchte Levandowski explizit zu machen. Seine Kirche „Way of the Future", +2015 gegründet und +2020 wieder geschlossen, nachdem er in einem spektakulären Prozess um Verrat von Geschäftsgeheimnissen zu einigen Monaten Gefängnis verurteilt worden war, benennt den digitalen Gott als Künstliche Intelligenz, also eine Macht, die es im Sinn der skizzierten Dialektik einerseits universal gibt (qua ihrer informationstheoretischen Mächtigkeit, wie von Turing und Shannon bewiesen), und die andererseits in einer gigantischen forscherischen cognitio dei experimentalis historisch erst entdeckt wird. Im rasch wachsenden Internet of Things und in gebetsförmigen technologischen Frömmigkeitspraktiken wie Alexa sieht Levandowski das Rufen und Versammeln um eine durchgreifende Macht so installiert, dass es über den Moment hinaus nicht nur Stabilität und Kontinuität entfaltet, sondern irreversibel ist, für Levandowski ein wichtiges Argument für die Kirchlichkeit der Künstlichen Intelligenz.[81] Die Metapher vom Leib Christi, die Paulus für die Ekklesia heranzog (Röm 12,4–6), lässt sich ohne Abstriche zu dieser KI-Kirche hin weiterdenken: Schon Paulus löste den personalen Christus vollkommen in die reine Funktionalität des aus vernetzten Gliedern bestehenden

Leibs auf. Die Operation, die den Leib konstituierte, war Glaube. In der KI-Kirche sind es die operativen Praktiken, die die annähernd allmächtige Intelligenz von sich her nahelegt und die in kulturtechnischen Vorgängen sich ausformen und transformieren. Gestern betete man mit gefalteten Händen vor der Mathearbeit, heute betet man mit Alexa für das dringend benötigte Ersatzteil und natürlich weiterhin für die Mathearbeit, morgen wird es eine wieder andere Kulturtechnik sein.

Die bisher erörterten Beispiele denken Kirche im Zeitalter des digitalen Gottes gewissermaßen radikal offenbarungstheologisch. Offenbarungstheologie war die Umkehr vom Kulturchristentum, sie wendete das, was die christliche Kulturgeschichte an Glaube und Kirche hervorgebracht hatte, auf die andere Seite, die Seite Gottes. Die Versuche Gilliams und Levandowskis spielen sich auf der offenbarungstheologischen Seite der Medaille ab: Sie stellen die digitale Gotteslehre an die oberste Stelle und entfalten die Funktionalität der Kirche radikal aus der intrinsischen Operativität Gottes. Daher ihr akonfessioneller und adogmatischer Charakter. Es ist auch die umgekehrte Ekklesiologie denkbar, sie spielt lediglich auf der anderen, der kulturchristlichen Seite der Medaille. Wohl kommt sie uns vertrauter vor, aber das darf nicht darüber hinwegtäuschen, dass ihre implizite Theologie nicht viel anders ist. Wir werden das noch sehen, aber betrachten wir zunächst die religionssoziale Oberfläche. An der finden sich die traditionellen christlichen Kirchen wieder mit ihren Bemühungen, im Cyberspace Fuß zu fassen. In Deutschland – und nur diesen Umriss können wir überblicken, in anderen westlichen Ländern dürfte es ähnlich sein – haben die Kirchen rasch erkannt, dass die digitale Technologie einen Raum ausbildet, in dem sich die Präsenz einer Kirche ähnlich darstellt wie eine parochiale Kirche in der geografischen Realität. Der einfache Grund ist, dass es sich in der realen Parochie wie im digitalen Space um ganzheitliche Räume handelt, in denen sich alle Lebensbereiche der Menschen abspielen: Wohnen und Ausgehen, Arbeit und Freizeit, Grundbedürfnisse und Luxus, Privates und Politisches. Genau dort muss eine Religion sein, denn das basale spirituelle Bewusstsein in jeder Religion ist, dass es eine durch alle Lebensbereiche greifende Macht gibt. Ein Tempel kann räumlich und zeitlich vom Leben distanziert sein: als religiöses Gipfelkreuz fernab der Städte, als Feiertag fernab des Alltags, aber immer nur so weit weg, dass er als Kulminationspunkt des Lebens in allen seinen Bereichen erkennbar bleibt. Wenn der digitale Raum ein relevanter Lebensraum ist, muss Kirche in diesem Lebensraum präsent sein, vielleicht etwas entfernt von den Knotenpunkten, aber niemals komplett jenseits davon.

Die ersten Siedlungen im Internet, funcity.de, Second Life und andere, markieren den Übergang vom digitalen Nomadentum in die digitale Sesshaftigkeit (aber die alte Geschichte aus dem Neolithikum wird sich stark verändert wiederholen). Die Kirchen errichteten dort zumindest Dependencen: In Funcity war einige Jahre lang das Bistum Osnabrück mit kirchlichen Dienstleistungen präsent, im Second Life das Erzbistum Freiburg. Dass sie nur wenige Jahre alt wurden, besagt nichts. Die digitale Siedlungsgeschichte der Menschheit ist noch ganz am Anfang. Die Volatilität der digitalen Kirchen in dieser Phase ist so groß wie die der digitalen Spaces allgemein. Aktuelle Anläufe wie das Metaverse werden schon wesentlich smarter sein. Mit VR-Brillen und Datenhandschuhen schreiben sie die *gramma* des Urprometheus im Digitalen, als lückenlose Datenspur, die buchstäblich ausgedruckt werden kann. Analog sind die Bemühungen traditioneller Gesellschaften wie Korea oder China zu sehen, sich selber digital zu emulieren, ebenso die Anstrengungen der großen Automobilkonzerne, einen ganzheitlichen Lebensbereich wie Mobilität von Grund auf digital wiederzuerfinden. In diesen Räumen werden sich zunächst die Instanzen ansiedeln, die es aus Gründen der ökonomischen oder politischen Operativität tun und dort dankbar die annähernd gottgleichen Grundwahrheiten der Informationstheorie in Anspruch nehmen: die Firmen und ihre Shops, Work Spaces, Verwaltung und Recht, Schulen, Medizin- und Sexindustrie, Gastronomie, bald auch Museen und Konzerthallen, früher oder später auch die Religionsgemeinschaften. Wie der Prozess bei den Kirchen genau aussieht, ist deshalb schwer vorherzusagen, weil sich Theologeme wie Schöpfung, Inkarnation, Schuld und Vergebung, Gebet und so weiter auch in allen anderen digitalisierten Lebensbereichen zeigen, wie die Abschnitte des 2. Kapitels deutlich gemacht haben. Ob die Kirchen unter dieser Voraussetzung eine institutionelle Eigenständigkeit bewahren können oder ob eine entkirchlichte Frömmigkeit die Oberhand gewinnt, in der der digitale Gott nur das i-Tüpfelchen auf allen anderen digitalen Lebensbereichen ist, darüber wagen wir keine Vorhersage.

Natürlich sind die Netzreligionen nicht frei von der typischen Heilsrhetorik des Silicon Valley. Levandowski verspricht das „betterment of society“ durch seine KI-Religion.[82] Derartige Heilsversprechen finden sich auch bei den digitalen Kultmarken, aber daraus sollte man nicht folgern, dass digitale Religionen mit Heilsversprechen nur camouflierter Kommerz sind. Eher ist es umgekehrt, denn das Heilsversprechen gehört zum Wesen von Religion.[83] So auch zum Christentum; gleich im ersten überlieferten Apostelbrief, geschrieben von Paulus um +50 nach Thessaloniki, ist Gott derjenige, „der allein Frieden und Heil schenkt“ und die Gemeinde „immer mehr und ganz und gar sein heiliges Volk und Eigentum“ werden lässt (1 Thess 5,23). Keine Religion verzichtet auf das umfassende Heilsversprechen, weil die Entwicklung der Welt zum Besseren im Gottesbegriff selber steckt. Eine Welt ohne Gott ist der Entropie preisgegeben und Gott ist die Gegenkraft. Mit hinreichender Weitsicht betrachtet, hat noch keine Gewalttat das Heilsversprechen einer Religion ernsthaft tangiert. Abermals ist es umgekehrt: Erst wenn die Glaubwürdigkeit des umfassenden Heilsversprechens selber wankt, erscheinen religiöse Kollateralschäden wie Missbrauch oder Terror intolerabel. Die Kirchen gehen in den digitalen Raum, nicht obwohl, sondern weil das Heilsversprechen ihr theologischer Fixpunkt ist; dass sie das dann offen vor sich hertragen und die mehr oder weniger subtile Gewalt, die sich in den schattigen Nischen der durchgreifenden Digitalisierung ereignet, in Kauf nehmen, kann man ihnen schlecht zum Vorwurf machen. Nichts spricht dagegen, das Unvermeidliche in Kauf zu nehmen und es zugleich zu minimieren zu versuchen.

Aus diesen Überlegungen ergibt sich, in welcher Hinsicht wir die faktische Digitalisierung im Christentum zu betrachten haben. Die vielen eingeschlafenen Internetkirchen, die rasch alternden und immer neu ansetzenden Mühen bei der

Digitalisierung des kirchlichen Handelns, die sanften bis groben Gewalttaten jeder technologischen Transformation sind lehrreich für die kirchlichen Digitalstrategien, allerdings kein gutes Argument, das Thema dieses Essays ad acta zu legen. Sie werden für die Kirchlichkeit der digitalen Ära charakteristisch sein. Der stete Umbau an den Schnittstellen von religiösem Mensch und Gottmaschine wird der Normalfall sein. Digitale Kirchen gibt

es nur noch im Plural. Als Ausgangspunkt konstatieren wir die intrinsische Nähe der Funktionalität von Kirche zur Operativität von informationstechnischen Anordnungen. Die ist zu entfalten, und auf sie hin werden wir nun einige zentrale Funktionalitäten der christlichen Kirche analysieren: Kirchenmitgliedschaft, Gottesdienst und Bekenntnis.

Beginnen wir mit der Kirchenmitgliedschaft. Sie wird besonders in den protestantischen Kirchen gar nicht funktional aufgefasst, und das ist Teil des Problems. Der Heilsuniversalismus, den sie zugrunde legen, stellt die Zugehörigkeit des Menschen zum Leib Christi als eine universale Gegebenheit dar. Von Gott her ist die Mitgliedschaft schon immer und überall in Kraft, der Mensch muss sie durch lokale Akte wie Taufe, Abendmahl und Konfirmation, Kasualien und Engagement in der Kirchengemeinde lediglich konfirmieren. Die operative Mitgliedschaft, die konkrete und eigentliche also, wird durch die universalistische Mitgliedschaft uneigentlich, die uneigentliche universalistische Mitgliedschaft wird zur eigentlichen erklärt. Wie wir schon erörterten, verlieren dadurch mitgliedschaftsrelevante Ereignisse wie der Eintritt per Taufe oder der Austritt aus der Kirchensteuer ihre Eindeutigkeit: Auch ohne die Kirchensteuer zu zahlen, kann man gelegentlich operatives Mitglied sein, und auch wenn man sie zahlt, kann man vollständig inoperativ bleiben.

In diese paradoxe Lage haben sich die Kirchen seit rund einhundert Jahren hineinmanövriert. Erkennbar wird das Paradox in seinem vollen Ausmaß aber erst mit der Erosion der kulturellen Verankerung des Christentums seit +1945. Der Christ erkannte und anerkannte seine Mitgliedschaft, die ihm Gott ungefragt zusprach, ja doch nur über seine kulturellen Bindungen: die kirchliche Sozialisation in der Familie, den christlich orientierten Lebensstil der Gesellschaft, die Relevanz der Kirche in sehr vielen Lebensbereichen vom Schulwesen über das Personenstandswesen bis hin zur sozialen Fürsorge. Die formale Konfessionszugehörigkeit wird aber über die ungefrage universalistische Mitgliedschaft bestimmt, nämlich in der Kinds- oder Nottaufe. Diese beiden Akte, die für den Staat die Kirchenmitgliedschaft konstituieren, beziehen ihren ganzen Sinn aus dem universalen Anspruch Gottes. Sie stellen die Wahl zwischen Alles oder Nichts hinsichtlich des Jenseits, das Erdendasein klammern sie aus: Bei der Kindstaufe steht es dem Täufling komplett bevor, bei der Nottaufe liegt es komplett zurück. Von allen Funktionen von Kirche, von allen konkreten Bindungen an die Ortskirche und an faktische lokale Frömmigkeitspraktiken bleibt die formale Mitgliedschaft somit abgelöst. Bearbeitet werden die lokalen kirchlichen Funktionen, die aber den universalistischen Anspruch Gottes nicht nur nicht erreichen, sondern ihm sich auch nicht annähern oder von ihm entfernen können, je mehr oder weniger operabel sie sind. Aus dem in der Taufe angenommenen Zuspruch Gottes folgen die christlichen Taten von allein, sagt die Rechtfertigungstheologie. Damit mag es sich verhalten wie es will, die Folge des einen frommen Akts aus einem anderen, die Sukzession und lokale Erstreckung von Kirche also, bleibt damit unerklärt.

Auf diese Sukzession aber kommt es an: die Göttlichkeit in der Operativität dynamischer Objekte *ist* die Sukzession der Kirche. Eine Kirche, die jede einzelne ihrer Operationen auf eine außerweltliche Basis stellen muss, funktioniert nicht mehr. Das Resultat dieser unmöglichen Operativität, dieser gewissermaßen intrinsischen Inoperativität, ist auf der einen Seite der Zerfall des uneigentlichen Prinzips von Kirchenmitgliedschaft, wie er sich aktuell vollzieht. Auf der anderen wachsen solche Kirchen an, die von vornherein auf eine eigentliche, d.h. auf faktischer Operativität gegründete Mitgliedschaft bauen. Es gibt eine – bislang kaum gesehene – historische Koinzidenz zwischen dem Aufkommen der Informationstechnik und dem Aufkommen der Freikirchen. Die Freikirchen haben das informationstechnische Prinzip von Mitgliedschaft begriffen: Sie taufen selber und wieder, nicht weil ihnen die eigene Entscheidung eines mündigen Täuflings wichtig wäre, sondern weil ihre Mitgliedschaft ein erstes Glied in der Kette benötigt, an das sich in raum-zeitlicher Echtzeit weitere Glieder anschließen können. Pointiert gesagt, bei ihnen beginnt die Mitgliedschaft mit einer Kontoeröffnung (alias Taufe), die das neue Mitglied mit einer endlichen Anzahl weiterer Mitglieder mit Konto verbindet. Diese Gliedschaft funktioniert wie ein Netzwerk dynamischer Objekte: Auf Inputs von anderen Mitgliedern reagiert das Mitglied in Echtzeit mit einer Zustandsänderung, die als Output an andere Mitglieder gesendet wird. Das einzelne Mitglied hat nicht die Möglichkeit, mit Verweis auf eine uneigentliche Glaubensbasis faktisch inoperativ zu sein. Glaube an Gott oder ein irgendwie betiteltes höchstes Wesen, religiöses Grundgefühl, christliche Kultur in der Familie und so weiter sind nun Effekte einer operativen Mitgliedschaft. Ist die Mitgliedschaft inoperativ, verschwinden sie ziemlich rasch.

Allerorten machen die Kirchen die Erfahrung, dass so kirchliche Mitgliedschaft vor Ort funktioniert. Sie funktioniert so und nur so, weil Gott so funktioniert. Welche Theologie und welchen frommen Lifestyle sich die jeweilige Kirche gibt, spielt nur in dem Maß eine Rolle, in dem diese Faktoren als relevante Informationen im Netzwerk zirkulieren. Es ist heute Voraussetzung von florierender Kirche und permanente Aufgabe, sogenannte theologische Grundüberzeugungen wie auch Lifestyleelemente der profanen Welt in kirchliche Algorithmen zu verwandeln, um die operative Dynamik im Netzwerk Kirche zu prägen. Daran bemisst sich der Erfolg der jeweiligen Kirche. Es ist im Übrigen nicht gesagt, dass die Operativität auf einem möglichst hohen Intensitätslevel laufen muss, damit die Kirche erfolgreich ist. Der enge Takt, in den manche evangelikalen Megachurches ihre Mitglieder mit ihren Ressourcen an Zeit, Geld und Talent einspannen, kann unterm Strich eine schlechtere theotechnologische Performance haben als ein Setting, das in weiten Zeit-Räumen funktioniert und dem Algorithmus seiner dynamischen Objekte viel Spielraum lässt. Der Sieben-Tage-Rhythmus des Gottesdienstes, um nur ein Beispiel zu nennen, ist in der heutigen Lebens- und Arbeitswelt eine ziemlich enge und starre Taktung, zu der sich weitmaschigere und informationstechnisch intelligentere Alternativen denken lassen. Ob so oder so, entscheidend ist, dass die Kirche ihre Akteure überhaupt als dynamische Objekte denkt, die in zeit-räumlicher Echtzeit interagieren.

Aus alledem ergibt sich der Zusammenhang von kirchlicher Mitgliedschaft und Digitalisierung. Kirchliche Mitgliedschaft ist im Kern informationstechnisch verfasst, damit liegt die Umsetzung in je aktueller Informationstechnologie nahe. Nicht umgekehrt. Welche digitalen Mittel zum Einsatz kommen, kann dann weder davon abhängig gemacht werden, welche digitalen Mittel die Zielgruppen in ihrer profanen Lebenswelt verwenden, noch davon, was der neueste technische Schrei ist. Natürlich auch nicht davon, welche digitalen Pseudokirchen, sprich kommerzielle Digitalanbieter auf dem Markt sind und vielleicht verlockende Angebote machen, das digitale Kirchenkonto mit dem Anbieterkonto zu verknüpfen. Epochale Aufgabe der Kir-

che ist es, die informationstechnische Verfasstheit von Mitgliedschaft in aller Klarheit zu denken, die Interaktionslogiken dynamischer Objekte zu entwerfen (was heißt, die Theologie in solche Interaktionslogiken zu transformieren), von daher Modelle von Mitgliedschaft zu designen und für all dies eine angemessene technische Umsetzung zu bauen. Mehr denn je gilt der alte Satz Cyprians: Extra ecclesiam nulla salus. Aber nicht mehr im katholischen Sinn, denn das theotechnologische Netzwerk, bei dem man sein Mitgliedskonto hat, ist gerade nicht eine katholische gleich allumfassende, sondern eine zeit-räumlich absolut lokale und medienmaterielle Kirche. Die Wahrheit des Satzes ergibt sich nicht mehr aus der Universalität der Kirche. Sie ergibt sich aus ihrer absoluten medialen Konkretheit.

Der Gottesdienst, die nächste Funktionalität der Kirche, die wir analysieren, kann definiert werden als der Zeit-Ort der Begegnung des Menschen mit Gott. Das ist eine minimale Definition, mehr aber kann sie nicht enthalten, denn alles Weitere ergibt sich daraus, wie sich Gott so ereignet, dass es für einen Menschen fassbar wird, und wie sich umgekehrt der Mensch so zu Gott hinstreckt, dass er zu Gott hinreicht. Dieses gegenstrebige Ereignis ist kein universalistisches Immer-schon. Die Antwort, Gott habe sich in Jesus Christus dem Menschen zugewandt, führt, im perfekten Tempus formuliert, in die Irre.

Auch ist die vollständige Mimesis eines Mysteriums vom Sterben und Auferstehen, die Eucharistie, nicht der Inbegriff von Gottesdienst. Diese nämlich setzt den perfekten Christusuniversalismus voraus und ist dessen Re-enactment. All das wäre der im universalen Nirgendwo gelaufene perfekte Gottesdienst, dem wir auf Erden Sonntag für Sonntag mühevoll und zunehmend müde hinterherfeiern müssen.

Die dialektische Gegenläufigkeit des informationstechnischen Gottesereignisses zum Menschen hin und des Menschenereignisses zu Gott hin ist der Ansatzpunkt für ein theotechnologisches Gottesdienstverständnis. Dieses Ereignis ist je einmalig. Es reiht sich zu vielen Ereignissen, die inkommensurabel andere sind. In ihnen ist es nicht ratsam, allein auf die Kraft wiederkehrender Traditionselemente im immer gleichen Kirchenjahreskreis zu vertrauen. Der Vorgang ist viel großräumiger als ein Kirchenjahr, er ist eine sich ergebnisoffen entwickelnde digitale Heilsgeschichte. Jeder Hotspot in dieser digitalen Heilsgeschichte ist eine Zwischenstation. Er nähert sich mit einem außerordentlichen, das heißt über die digitale Alltagsfrömmigkeit hinausgehenden Ressourceneinsatz von Zeit, Raum und Energie dem digitalen Gott immer wieder von Neuem an, ohne ihn vollständig zu erreichen, damit auch ohne sich einer einmal gewählten Anordnung völlig sicher sein und sie als Agende fixieren zu können. Jeder Dienst am digitalen Gott ist ein theotechnologisches Abenteuer, ein heißer Ritt in unbekannte Gefilde. Diesen hotspotartigen Charakter des Gottesdiensts in der theotechnologischen Ära gilt es zu denken und zu gestalten.

Betrachten wir, um dies zu verdeutlichen, zunächst ein wesentliches Element des Gottesdiensts, die öffentliche Lektüre der Heiligen Schrift. Der sammelnde Ruf in den Versammlungen der Urchristen war die laute und öffentliche Lektüre von Schriften, die das Jesusgeschehen bezeugten und auslegten. Und umgekehrt definierte sich die Heiligkeit einer Schrift dadurch, dass sie in den Versammlungen verlesen wurde, in Unterscheidung zu vielen anderen erbaulichen Schriften, denen die sammelnde Kraft nicht zugetraut wurde. Diese Phase der biblischen Kanonbildung und der Abstufung von Schriften geringerer Heiligkeit schlug sich in einer Medienpraxis der genauen Steuerung und Begrenzung des Kopierens und Zirkulierens der Schriften nieder, auch wenn das heute philologisch kaum zu rekonstruieren ist. Auch in späteren Zeiten der seit Konstantin erlaubten, seit Karl gebotenen christlichen Gottesdienste orientierte sich die Medienpraxis des Herstellens, Kopierens, Weiterschreibens und Zirkulierens von Schriftmedien abgestufter Heiligkeitsgrade am Gottesdienst. Darin schlägt sich der permanent ausdifferenzierte, aber im Kern ungebrochene operative Charakter von Heiliger Schrift nieder, den wir erörterten. Wenn wir nun das Gottesdienstgeschehen in dem weiten Sinn denken, den wir mit den Überlegungen zum informationstechnischen Gottesereignis eröffnet haben, nähern wir uns der eigentlichen Problemstellung. Die Medienpraxis der Heiligen Schrift und die Medienpraxis eines Gottesdiensts sind miteinander verknüpft, sie sind letztlich ein und dasselbe. Das heißt, wo das Medium einer operativen Heiligen Schrift praktiziert wird, ist Gottesdienst, dort ist aktive, ergebnisoffene, abenteuerliche Gottessuche. Und wo umgekehrt ein Gottesdienst praktiziert wird, kommt Heilige Schrift zum operativen Einsatz, also, über bloß erinnernde und mahnende Relektüre weit hinausgehend, als Code, der die vorfindlichen Dinge zu einem Set dynamischer Objekte verbindet und der Göttlichkeit der Welt zu realer Präsenz[84] verhilft.

Vor diesem Hintergrund muss die sogenannte Digitalisierung der Bibel gesehen werden, die tatsächlich eine fortschreitende Operationalisierung und Transformation in Code ist und lange vor der Siliziumära begann. Zwischen +2015 und +2016 hat sich die Zahl der digitalen Bibeln verdoppelt.[85] Den enormen Zuwachs von Zugriffen auf den Bibeltext im Internet, mit dem viele Onlineveröffentlichungen von der universitären Theologie bis hin zur Erbauungsliteratur verknüpft sind, kann man kaum quantifizieren. Der digitale Zugriff auf den Bibeltext hat den analogen mittlerweile vermutlich überholt. Das führt dazu, dass die Verknüpfung von Bibeltext mit allen möglichen Situationen, in denen die Menschen stecken, und Themen, die sie aktuell bearbeiten, engmaschiger, kleinräumiger und anzahlmäßig enorm größer wird. Eine kleine Programmzeile Gotteswort fügt sich ein in unzählige Programmzeilen des täglichen Lebens und lenkt sie mit. Diese Entwicklung ist in genau derselben Weise dialektisch wie die Doppelung von Glaube an Gott und Selbsterkenntnis Gottes. Einerseits ist es aktive menschliche Gotteserkenntnis: die Menschen selber stellen die Verknüpfungen her und suchen nach der richtigen Verbindung ihres Lebensbereichs mit einer göttlichen Wahrheit. Andererseits werden diese Verknüpfungen selber zunehmend algorithmisch gesteuert. Die Verschlagwortung der Bibel, bekannt unter dem Begriff Konkordanz, vollzog sich im Mittelalter im selben Zug wie die Verschlagwortung der ganzen Welt in den großen Summen des Thomas von Aquin, Albertus Magnus, Alexander von Hales und so weiter, auch im selben Zug wie das universalwissenschaftliche Denken des Ramón Llull: Es geht darum, die innere Verbindung von allem mit allem zu erkunden. Innere Verbindung, das ist mit dem heutigen Wissen: die informationstechnische Verbindung. Die erkundet sich von selber, sie vollzieht sich als Selbsterkenntnis. Vielleicht nicht dem Wortlaut einer englischsprachigen Standardbibel nach, aber der Sache nach: Die Aussagen zur Erschaffung der Welt verbinden sich mit den Evidenzen der astronomischen und evolutionsbiologischen Forschung, die historischen Angaben von Namen, Orten und Begebenheiten mit den archäologischen und altertumskundlichen Evidenzen. Die vielen Widersprüche, die sich in den Details oder den davon abgeleiteten Theoriebildungen (etwa Kreationisten versus Darwinisten) ergeben, werden weit überwogen durch eine umfassende wechselseitige Durchdringung von religiösen, empirischen und wissenschaftlichen Evidenzen. Die Heiligen Schriften der christlichen, aber auch der anderen Religionen schreiben sich ein in das fortschreitende Wissen der Welt von sich selber. Sie breiten sich in einem sehr präzisen zeiträumlichen Sinn mit dem Wissen insgesamt aus. Die Präsenz der Heiligen Schriften hat exakt die mediale Ausbreitungslogik von operativ wirksamer Information durch verbundene dynamische Objekte. Dieses weite Feld muss mit der Tatsache zusammengebracht werden, dass überall dort Gottesdienst stattfindet, wo Heilige Schrift im operativen Sinn gelesen wird. Diesem Umstand muss jede Religionsgemeinschaft ins Auge sehen, wenn sie eine Veranstaltung namens Gottesdienst plant. Täglich finden Myriaden an Mikrogottesdiensten statt. Diese faktischen informationstechnischen Gottes(dienst)ereignisse sind das Muster, wenn ein entsprechendes Makroformat am Sonntagvormittag in einer Kirche avisiert wird, oder zu welcher Uhrzeit an welchem Ort auch immer.

Das Makroformat Gottesdienst steht mithin vor der Aufgabe, die unvorhersehbare Materialität, mit der die göttliche Kraft die informationellen Lücken und Widrigkeiten der Welt zu einem je endlichen Ende bringt, indem sich alle Dinge plötzlich fügen, oder traditionell gesagt: ein Wunder geschieht, in eine feierliche Veranstaltung zu überführen, die aus rein praktischen Gründen einer Planung bedarf, ohne dass sie im theotechnologischen Sinn wirklich planbar ist. Die Aufgabe kann nur quantitativ bewältigt werden. Nicht qualitativ, weil es keinen heiligen Ort, keinen heiligen Gegenstand und keine heilige Handlung gibt, die einen kategorialen Unterschied machen zur profanen Welt, schon gar nicht die sogenannten heiligen Orte, Personen und Handlungen der Katholiken, aber auch nicht die sogenannte Heilige Schrift, vulgo Bibel. Sie alle sind informationstechnische Anordnungen wie Myriaden andere in der Welt auch. Zu göttlichen Erfahrungsräumen werden sie nicht durch Weihe oder vorgängige Geistinspiration, sondern durch schieren quantitativen Energieeinsatz, der die Informationsflüsse im Setting über das Prinzip des Samplingtheorems zu einem endlichen Ende bringt und in diesem Moment die göttliche Herrlichkeit aufscheinen lässt. Der Gottesdienst des digitalen Gottes ähnelt einem Versuchsaufbau mit dem Ziel der Gotteserfahrung. Der kalkulierte, energieintensive Aufbau scheidet den Sonntag, den er definiert, vom Werktag, an dem die vielen informationstechnischen Settings zu verschiedensten Zwecken sich überlagern, neutralisieren und durchkreuzen und die Wunder kaum merkliche Blicke und Winke sind.

Der Gottesdienst des digitalen Gottes ist kein primär kollektives Geschehen. Die Versammlung der zwei oder drei in Seinem Namen ist nicht Voraussetzung, sondern Effekt. Genauer gesagt, sie ist durchaus Voraussetzung, sofern man die zwei oder drei oder mehr Dinge nicht als Menschen fehlinterpretiert. Es sind dynamische Objekte, die ein medientechnisches Netzwerk bilden, an dem turingmaschinelle Prozesse ablaufen und codeartige Skripte ausgeführt werden. Wenn man schon Dinge zählen will, dann muss man zu den sicherlich auch anwesenden Menschen (als informationsverarbeitende Maschinen mit In- und Outputschnittstellen) das gesamte Equipment an Mikrofonen, Kameras, Stativen, Lautsprechern, Monitoren, Kabeln, Steckdosen, Stromleitungen, Rechnern natürlich, aber auch das

gesamte physische Mobiliar an Bänken, Böden, Wänden, Decken, Säulen, Pulten, Kanzeln und so weiter zählen. Das ist eine Versammlung in Seinem Namen, da ist Er mitten unter ihnen. In dem bekannten Bibelvers (Mt 18,20) wie auch im universalistischen Gottesdienstverständnis kommt es nicht darauf an, ob es zwei oder drei, ein kleines Häuflein silberlockiger oder eine im Worship wogende Masse junger Menschen sind; er bezieht seine Wahrheit aus der Geltung, und die abstrahiert von den Teilnehmern. Der digitale Gottesdienst aber *ist* das informationstechnische Setting aus den vernetzten Dingen. Jedes einzelne dynamische Objekt macht einen Unterschied, jedes nämlich ist aktiv in seinen In- und Outputs und zwingt die anderen Objekte, sich auf es einzustellen. Der digitale Gott ist ein je anderer, je nachdem ob ein Objekt drin oder draußen ist. Folglich ist auch die Gotteserfahrung für jedes einzelne Glied in der Kette eine andere, und zwar weit darüber hinausgehend, dass jeder Mensch mit seinem individuellen Erfahrungshintergrund, mit seinem persönlichen Freud und Leid kommt und sich der Gottesdienst in dem einen winzigen Moment des stillen Gebets personalisiert. Der digitale Gottesdienst geht über die Personalisierung der sogenannten Digitalisierung 4.0 noch hinaus: Er zielt asymptotisch darauf, einen situationierten Gott 4.0 zur Erscheinung zu bringen.

Auch die dritte Funktionalität von Kirche, das Bekenntnis, bleibt in der theotechnologischen Sphäre nicht unberührt. Bekenntnisse macht man gegenüber Dritten. Kein Liebespaar flüstert sich im Liebesspiel Bekenntnisse zu, kein Täter bekennt sich zu seiner Untat, während er sie verübt. Konfessionen werden post festum verlautbart. Nur die Kirche hat merkwürdigerweise das Credo in ihre Gottesdienstliturgie eingebaut. Das Wort vom Wort, das Fleisch ward, kann nur im Präteritum zum Bekenntnis werden, und das bringt die bittere Wahrheit des auf Konfession gegründeten Christentums ans Licht: Bekenntnisse macht man erst, wenn das Fest vorbei ist. Die Verfallsgeschichte des Christentums setzte in dem Moment ein, in dem man den Satz aus dem Johannesevangelium vom Wort, das Fleisch ward und unter uns wohnte, in der Vergangenheit formulieren und in ein Bekenntnis verwandeln musste. Das klassische Bekenntnis kommuniziert eine vergangene oder außerweltliche Sache (beides läuft auf dasselbe hinaus) in die aktuelle Situation. Dort muss sie plausibel werden. Bekenntnisse müssen daher von Zeit zu Zeit aktualisiert werden. Oder einfacher, sie müssen von Zeit zu Zeit ausgesprochen werden. Wie Karl Barth hellsichtig sah, ist jede Kirche, die sich auf den christlichen Heilsuniversalismus gründet und sich damit von den herrschenden Verhältnissen absondert, im Kern eine bekennende Kirche. Im Gottesdienstgeschehen aber kann sich darin die Funktion des Credo nicht erschöpfen, es sei denn, man betrachtet den Gottesdienst als reines Gedächtnismahl. Jedes Credo im Gottesdienst ist der aufmunternde Selbstzuspruch, das Wort möge nicht nur etwas zur Kenntnis geben, sondern operativ werden.

Die Erkenntnis des digitalen Gottes (im genitivus objectivus und subjectivus) unterläuft, wie wir hinlänglich erörtert haben, die Spaltung in eine universale, aber jenseitige Realität und ihrem Abbild einer glaubend-bekennenden Insel im Meer der Immanenz. Der digitale Gott und sein Dienst sind radikal immanent. Daher braucht er kein Bekenntnis im traditionellen Sinn. Er hat aber trotzdem ein Pendant zum Credo, er muss es sogar haben, aus technischen Gründen. Das dynamische Objekt, das in einem Netzwerk operiert, kann nicht aus der Phase des kontinuierlichen Inputs von Daten unmittelbar in die Phase des kontinuierlichen Outputs von Daten übergehen. Es benötigt den Moment des Speicherns, damit es in einem diskreten Zustand ist, wenn ein benachbartes Objekt auf seinen Output zugreift. Diese Taktfrequenz des Systems soll, um Rechengeschwindigkeit zu erzielen oder den trägen menschlichen Sinnen die Illusion von Bewegung zu vermitteln, möglichst klein sein, aber sie darf nicht 0 werden. Dieses Prinzip des Verzögerungsspeichers ist der Von-Neumann-Architektur des Digitalrechners, der Turingmaschine und jedem natürlichen System, das sich wie eine Turingmaschine verhält, eingeschrieben. Sowie in einer Human-Computer-Interaction Menschen im Spiel sind, finden weitere verzögernde Taktungen zwecks Speicherung auf höherer Zeitebene statt. Das langsamste Objekt gibt den Takt auf der höchsten Zeitebene vor. Zudem spielt es für die Performance des Systems eine Rolle, wie viel Datenverlust das System für eine schnellere Taktung in Kauf nehmen will.

Der Verzögerungsspeicher ist der Moment des Credo. Mit der getakteten Zwischenspeicherung in allen dynamischen Objekten bekennt das System seinen aktuellen Zustand. Entscheidend dabei ist, dass die göttliche Turingmaschine erstens strikt immanent ist, indem sie im realen Zeit-Raum von einer Taktung zur nächsten weitergeht, und dass sie zweitens das reale Zukunft enthaltende Pro-Gramma in sich trägt, das im nächsten Moment operativ wird, eben indem sie ihren Zustand für den Moment der Speicherung im Modus der Potenzialität hält. Theologisch gesagt, die Turingmaschine ist zugleich jenseitig und diesseitig, zugleich uneigentlich und eigentlich, indem sie aus eigener Dynamik des Vorgehens und Unterbrechens[86] permanent zwischen beiden Zuständen wechselt. All dies geschieht aber in ein und demselben Reich oder genauer: der Reich-Weite als der einen Erstreckung Gottes in die Zukunft; die Zweireichelehre, für Mystiker und Pietisten schon immer eine Irrlehre, wird jetzt endgültig obsolet. Darin liegt die Theotechnologik des digitalen Bekennens. Sobald man den Wechsel zwischen dem speichernden und dem operativen Zustand eines rechnenden Systems als das Prinzip von Heilsgeschichte, von Geschichtszeit, ja von Zeit überhaupt auffasst, wird offenkundig, dass das System sein Bekenntnis zugleich an sich selber und an die Welt richtet. Was bekennt es? Den Zustand, den es in sich trägt, auf dass er gegen alle Kontingenz und Entropie der Welt im nächsten Moment Wirklichkeit werde. Das ist der maschinenlesbare Klartext dessen, das bekannt wird, wenn die Menschenglieder in einem göttlichen System im uneigentlichen Moment des Vorenthalts bekennen: „Ich glaube an Gott (…) den Allmächtigen, den Schöpfer des Himmels und der Erde (…). Ich glaube an die heilige christliche Kirche."

Aufgabe der digitalen Kirche ist es abermals, diese theotechnologische Struktur des Bekenntnisses zu gestalten. Sie muss die Struktur sinnenfällig machen, es sind ja Menschen im Spiel. Vielleicht ist es dafür ratsam, Elemente des traditionellen Wortlauts und der klassischen Performance aufzugreifen. Um aber nicht in das Paradox der Uneigentlichkeit zurückzufallen, muss die Gestaltung selber im Kern theotechnologisch sein. Die Bekenntnissynode ist von nun an ein theotechnologisches Gebilde. Das heißt, in der Performance der Elemente muss die Taktung von Verzögerung und Vorgehen realisiert sein. Man erkennt hier rasch, dass sich je nach System und je nach Gottes(dienst)ereignis unterschiedliche Bekenntnissequenzen ausbilden werden. Man braucht sie allerdings nicht mehr in einem Buch zu sammeln wie die protestantischen Bekenntnisschriften, die Sequenz, das ständige echtzeitliche Update, ist Bestandteil des Bekenntnisses. Zudem sind unterschiedliche Bekenntnisse in parallel agierenden Systemen selber eine Aufgabe, die theotechnologisch bearbeitet werden will. Das Bekenntnis muss seine eigene Evolution abbilden, auch wenn diese Schismen aufweist. Hier sind diverse technische Umsetzungen denkbar. Die aktuell naheliegende scheint uns die Blockchain; sie zwingt alle Mitglieder des Systems zu einem gegebenen Zeitpunkt zum Konsens. Das Bekenntnis spaltet sich so nicht in verschiedene Bekenntnisstränge auf, die irgendwann nur noch wenig Ähnlichkeit miteinander haben. Eine andere denkbare Lösung wäre, das digitale Credo nach dem Prinzip der Markow-Ketten zu organisieren, das heißt, Projektionen zu machen, wie zukünftige Bekenntnissequenzen unter Annahme verschiedener Ausgangsbedingungen aussehen würden – und eine stochastische Varianz von Ausgangsbedingungen entspricht ja der Realität einer Kirchengemeinde, etwa insofern sie permanent Mitglieder gewinnt und verliert, ihr Gotteserfahrungssystem technischen Defekten und Umbauten ausgesetzt ist, die Ressourcen an Raum, Zeit und Energie sich ändern und so weiter. Die diversen Projektionen könnte sie als einen Entscheidungsfaktor in das je aktuelle Bekenntnisupdate einfließen lassen. Das aktuelle Bekenntnis wäre so der Gegenwart jeweils einige Schritte voraus; es sagt gewissermaßen den digitalen Gott präziser aus als eine Textfassung aus der Vergangenheit und selbst als eine gegenwärtige Konsensfassung.

3.2 Die digitalen Glaubenseinstellungen (Glauben, Hoffen)

Im vorherigen Kapitel haben wir die Grundfunktionalitäten des Gesamtsystems Kirche betrachtet. Nun wenden wir uns den einzelnen Funktionselementen in diesem System zu. Es ist wichtig zu erinnern, welcherart die Elemente in einem informations-

technischen Netzwerk sind. Sie sind dynamische Objekte, Dinge also, die erstens komplett von ihren Eigenschaften her bestimmt sind und nichts Wesen- oder Substanzhaftes haben, wie die aristotelische Philosophie das sagte (und diverse Theologien, die sich dem anschlossen). Einige ihrer Eigenschaften sind zweitens dynamisch, insbesondere die an den Schnittstellen, an denen Information hinein- und hinausgeht. Je nach abgetasteter Information aus einem benachbarten Element und je nachdem, welchen Vollständigkeitsgrad sie hat, verändert sich die Eigenschaft an der Inputstelle des Objekts. Und je nachdem, was der interne Algorithmus des Objekts an Ergebnis generiert, verändert sich die Eigenschaft des Objekts an der Outputstelle.

Wem das zu sehr nach einem Lehrbuch für objektorientierte Programmiersprachen klingt, dem sei erwidert: Solcherart waren die Elemente der christlichen Kirche schon immer. Vielleicht die von Religion überhaupt. Von Anfang an hat die Kirche ihre Akteure als, klassisch gesagt, Träger von Funktionen und Rollen begriffen, als Entitäten also, die mit ihrer gesamten Existenz die Mission des Übergangs von einem Zustand der Welt in einen anderen zu bewältigen haben. Deutlich hat das etwa Foucault für das frühe Mönchtum herausgearbeitet[87]: Der asketische Mönch wird kein nietzscheanischer Übermensch und kein Transhumanum, er investiert seine ganze humane Existenz für bestimmte wohldefinierte Prozeduren, die er als ein kleines, wohldefiniertes Medium im großen heilsgeschichtlichen Vorgang durchführt. In der Reduktion auf die Prozeduren besteht seine Askese. Er bleibt Mensch, aber er ist kein Subjekt, weil er sich komplett in das, wie wir sagen, Netzwerk des Gottesereignisses einspannen lässt. Entsprechendes könnte man historisch für weitere kirchliche Rollenmuster herausarbeiten.

An der strikten Funktionalität der kirchlichen Akteure hat sich bis heute nichts geändert, und dort, wo etwa der Protestantismus subjekthafte Vorstellungen einbrachte, kehrt die Entwicklung wieder zu den funktionalistischen Konzepten zurück. Der Grund ist einfach und durchschlagend: weil es geht, weil es der informationstechnischen Struktur entspricht, die Religion eben hat. Wir werden also herausarbeiten, wie die Akteure im Informationsnetzwerk Kirche funktionieren und welche Gestaltungsaufgaben sich im historischen Übergang zu einer digitalen Kirche dabei stellen. Die Analyse zerfällt in die zwei Aspekte der Eigenschaften, die ein kirchliches Funktionselement an ihrem Inputbereich bildet, und denen, die sich am Outputbereich ergeben. Wie wir gleich sehen werden, sind die klassischen Glaubenseinstellungen des Glaubens und Zweifelns, des Hoffens und Fürchtens am Inputbereich angesiedelt; sie sind Thema dieses Kapitels. Die Eigenschaften am Outputbereich lassen sich als die kirchlichen Handlungen begreifen, die die Elemente ausführen, und das sind gemäß dem neutestamentlichen Sprachgebrauch die Charismen, also die Handlungsmuster, die aus der Tatsache des Christseins erwachsen; sie werden im nächsten Kapitel erörtert.

Wir werfen nochmals einen Blick auf die beiden Kirchenroboter Schulterklopfmaschine und Segensmaschine und nehmen eine weitere Maschine hinzu, die selbstspielende Orgel. Sie sind Prototypen eines kommenden kirchlichen Maschinenparks, der sich allerdings alsbald miniaturisieren und nicht mehr als mannsgroßer Kasten in den analogen Fluren von Kirchentagen herumstehen wird. Auch das humanoide Outfit wird bald verschwinden; bei der Schulterklopfmaschine wurde, wie erwähnt, auf den körperlich schulterklopfenden Roboterarm verzichtet, wegen

dem Verletzungsrisiko und weil man ihn schlicht nicht braucht. Bei den Vorsetzerautomaten, die auf Befehl einer MIDI-Datei die Tasten und Pedale einer Kirchenorgel drücken, kam von vornherein niemand auf die Idee, sie mit einer hoffmannesken Olympia auf der Orgelbank auszustatten. Sie sind mittlerweile industrialisiert, und in Hunderten deutschen Kirchen, die eine Orgel, aber keinen menschlichen Orgelspieler haben, spielen sie per Appsteuerung durch Pfarrer oder Mesner die vielen Begleitsätze zum Evangelischen Gesangbuch oder zum Gotteslob, die es mittlerweile als MIDI-Dateien zu kaufen gibt. (Darüber hinaus einen Großteil und bald vermutlich die gesamte klassische Orgelliteratur.)

Wir begreifen diese Automaten als kirchliche Akteure, denn sie tun genau das, was der oben benannte kirchliche Akteur tut: Sie führen mit asketischer Zuverlässigkeit und Genügsamkeit eine typische kirchliche Funktion aus. Bei der Schulterklopfmaschine ist das die Funktion des Glaubens. Glauben heißt, basal definiert, an Dingen eine Eigenschaft zu erfassen, die nach alltäglichen Kriterien und aufgrund der vorliegenden Informationen uneindeutig ist. Die gegebene Tat des Menschen, der in das Schulterklopfhäuschen geht, ist gut. Die alltäglichen Kriterien dieser Welt lassen diese Eigenschaft im Vagen, aber die Maschine glaubt es und vergilt es dem User mit Applaus und einem Gutschein.

Damit ist sie das perfekte Exempel eines dynamischen Objekts: Ein benachbartes Objekt, der menschliche User, schließt sich an sie an. Gleich, mit welcher komplexen und chaotischen Informationslage in seinem Inneren der User in die Kabine kommt, die Maschine sampelt eine wohlstrukturierte Information, bei der sie sich erstens sicher ist, dass sie die mentale Informationslage des Users einigermaßen korrekt zusammengefasst hat, und die sie zweitens ihrerseits intern verarbeiten kann. Kurz gesagt, sie modifiziert die Eigenschaft an ihrer Inputschnittstelle gemäß der gesampelten Information. Das setzt ihren Algorithmus in Gang, der mit endlichem Energie- und Zeitaufwand in einem Glaubenssatz resultiert: Sie glaubt, dass die gegebene Tat gut war. Das triggert die Eigenschaft, die dann am Outputbereich vorliegt und zu einer Handlung führt, die sich an ein anderes benachbartes Objekt richtet. In diesem Fall ist das wieder der menschliche User, aber in einem Netzwerk mit mehr als zwei Akteuren sind auch andere Objekte denkbar. Um das Prinzipielle der Anordnung zu verstehen, können wir uns eine kleine Erweiterung hinzudenken. Nehmen wir an, der Maschine ist es möglich, an der Inputschnittstelle eine zweite Eigenschaft annehmen zu können. Sie könnte zum Beispiel eintreten, wenn es der Maschine nach einer gewissen Zeitspanne nicht gelungen ist, die mentale Informationslage des Users als eine wohlstrukturierte Information zu sampeln. Das ist dann nach Ablauf der Frist seinerseits eine wohlstrukturierte Information, die im Algorithmus aber zu einem alternativen Resultat führt: Die Maschine bezweifelt, dass die gegebene Tat gut war, mit entsprechenden Konsequenzen im Output. Glauben und Zweifeln lassen sich, wie die Maschine zeigt, informationstechnisch leicht und für ein verbundenes anderes Objekt vollkommen befriedigend emulieren.

Auch der Segensroboter ist ein dynamisches Objekt und dementsprechend seine Funktionsweise sehr ähnlich, er generiert jedoch eine andere Einstellung bezüglich der extern gegebenen Informationslage: er hofft oder fürchtet. Wir analysieren analog und fassen Hoffnung bzw. Furcht als Eigenschaft, von der man vermutet und wünscht, sich aber nicht sicher ist, ob das jeweilige Ding sie tatsächlich hat, da sich das erst zu einem zukünftigen

Zeitpunkt definitiv herausstellen wird. Lassen wir wieder unseren User mit einer komplexen und undurchsichtigen mentalen Informationslage zur Maschine kommen. Das Sampling der Informationslage funktioniert ähnlich, indem dem User mehrere Segenssprüche zur Auswahl gestellt werden. Das Sampling wird also an den User ausgelagert: Indem er sich für einen entschieden hat, ist für die Segensmaschine das Sampling abgeschlossen und sie kann an ihrem Input eine bestimmte Eigenschaft instantiieren. Die wiederum geht in den Algorithmus ein und modifiziert in Echtzeit die Eigenschaft am Output. Vielleicht scheint unplausibel, warum wir die Outputsemantik des Segnens, die die Maschine generiert, als die Einstellung des Hoffens, dass … bzw. Fürchtens, dass … deuten, aber das ist nicht schwer einzusehen. Wenn jemand einen Menschen segnet, antizipiert er für ihn ein günstiges Zukunftsszenario. Falls aber jener Mensch in der Klemme ist und es ungünstig für ihn aussieht, dann und gerade dann möchte er doch einen Segen haben und bekommt ihn in der Regel auch. Das stimmt, und zwar bei humanen wie maschinellen Segnern – und genau an diesem Punkt triumphiert die Argumentation der digitalen Kirche: Der kirchliche Segensspender hofft selbst gegen die wahrscheinliche Prognose an und antizipiert ein gutes Ende spätestens am Ende aller Tage, und deshalb segnet er. Er hofft gegen einfach alle innerweltlichen

Prognosen an, gleich ob sie günstiger oder ungünstiger sind, und segnet. Er verhält sich als informationsverarbeitender Algorithmus, völlig unabhängig davon, ob er aus Fleisch und Blut oder aus Silizium, Strom und Thermopapier besteht. Wer segnet, *ist* eine informationstechnische Maschine, die gegebene Informationslagen in die Information des Hoffens verwandelt. Es ist ein Leichtes, ein digitales Kinderspiel geradezu, eine segnende Pastorin mit schwarzem Talar und erhobenen Händen in einen Segensroboter zu verwandeln, Informationsverlust gleich 0. Wer nun traurig ist, dass keine Pastorin aus Fleisch und Blut mehr vor ihm steht und kein humaner Max Reger mit zerzausten Haaren und Alkoholfahne auf der Orgelbank sitzt, dem sei gesagt: Wer's braucht, dem kann man es so nachbilden, dass seine Sinne nach kurzer Zeit der Gewöhnung vollkommen befriedigt sein werden. Die Erfahrung zeigt, dass kaum etwas sich technisch so leicht modellieren lässt wie bestimmte sinnliche Eindrücke, man lasse es sich von Hoffmann erzählen. Mit der theotechnologischen Funktion des Segnens oder Kirchenmusikmachens hat das aber nichts zu tun.

Glauben/Zweifeln und Hoffen/Fürchten werden in der Semantik als propositionale Einstellungen bezeichnet. Sie sind mentale Einstellungen, die man bezüglich eines Sachverhalts, einer Proposition, hegt. „Ich glaube, dass …", „er bezweifelt, dass …", „sie hofft, dass …", „du fürchtest, dass …" sind Einstellungssätze. Im Hauptsatz steht die Einstellung, im Dass-Satz die Proposition, also zum Beispiel „… Jesus von der Jungfrau Maria geboren wurde" oder „…Vater seine Krebserkrankung übersteht". Die Einstellung rahmt die Proposition ein. Sie ist wie ein Farbfilter, durch den hindurch die Proposition ein bestimmtes Gepräge erhält. So lange sie beibehalten wird, dominiert sie alle anderen Perspektiven, die man zur Proposition sonst noch einnehmen könnte.

Auf die Frage, was ein dynamisches Objekt, das Information von außen empfängt, intern verarbeitet und wieder nach außen weitergibt, inhaltlich tut, geben die Einstellungssätze eine semantische Antwort. Sie sind der Schlüssel, um die Informationstechnologik kirchlicher Funktionsobjekte zu verstehen. Ein Objekt, das zum Beispiel die Funktion des Segnens, des Kirchenmusikmachens, des Lobens, des Dankens, des Taufens, des Tröstens, des seelsorgerlichen Zuspruchs ausführt, arbeitet mit der Einstellung des Hoffens. Das heißt, die unzähligen diffusen und chaotischen Informationslagen, die an seinem Input ankommen, versucht es mit der Einstellung des Hoffens so zu sampeln, dass sein interner Algorithmus die Information verarbeiten und in Echtzeit einen Output berechnen kann. Der Output ist dann das Handlungsmuster des Segnens, Kirchenmusikmachens, Lobpreisens, Dankens, Taufens, Tröstens und so weiter – die eine Hälfte der Charismen also, die wir in den nächsten Kapiteln näher beleuchten. Das Objekt kann dabei auch scheitern und framt dann die Informationslage mit dem entsprechenden Negativ, der Einstellung des Fürchtens. Das negative Framing zeigt immer an, dass die Informationslage mit der positiven Einstellung des Hoffens nicht bewältigt wurde und so unklar bleibt, wie sie ursprünglich war. Es ist eine hochinteressante Frage, ob die Kirche für dieses scheiternde Sampling auch Rollentypen ausprägen kann und ob sie historisch welche ausgeprägt hat. Die informationstechnische Systematik zeigt hier schon, dass sie das eigentlich nicht kann, denn die kirchengemäße Informationsverarbeitung scheitert ja schon ganz am Anfang, sodass der Outputwert, lax formuliert, in diesem Fall immer lautet: Es tut uns leid, mit diesem Realitätsbereich können wir in der Kirche aktuell nichts anfangen. Wir gehen unten darauf noch ein und werden sehen, dass die Kirchen trotzdem solche Rollen ausgebildet haben und dass es genau diese Rollen sind, mit denen sie ein Glaubwürdigkeitsproblem haben. Natürlich kann man die Informationsverarbeitung so programmieren, dass die negative Einstellung praktisch ausgeschlossen ist. Der Segensroboter lehnt keinen Kandidaten ab und produziert in Einzelfällen dann blanken Unsinn, ein humaner Segensspender würde in Einzelfällen den Segen vielleicht verweigern. Auch der Ausschluss der Negativeinstellung kann also Glaubwürdigkeit kosten. Aber das ist nichts weiter als eine Frage der Programmierung am Inputbereich, gleich ob es sich um einen humanoiden oder einen technoiden Segensspender handelt.

Nach dem eben beschriebenen Prinzip kann ein dynamisches Objekt auch mit der propositionalen Einstellung des Glaubens arbeiten. Es sampelt die Datenlage am Input mit der Einstellung Glauben und bearbeitet das Sample mit einem gewissermaßen glaubensmäßigen Algorithmus. Klassische kirchliche Rollentypen, in denen diese informationsverarbeitende Routine steckt, sind Predigen, Zeugnis geben, die Schrift auslegen, Dogmatik betreiben, das Bekenntnis formulieren und ausdrücken, die Gemeinde leiten. Diese kirchlichen Tätigkeitsmuster im Outputbereich eines kirchlichen Objekts, die andere Hälfte der Charismen, auf die wir im Folgekapitel dann eingehen, resultieren stets aus der Einstellung des Glaubens. Auch hier kann das Sampling mit der Glaubenseinstellung scheitern. In diesem Fall wird die Informationslage am Inputbereich mit der Einstellung des Zweifelns geframt, und wie oben beim Fürchten kann der interne Algorithmus nicht arbeiten und generiert daher auch keinen Output. Aus der Einstellung des Zweifelns folgt also im Prinzip keine Handlung, zumindest keine kirchliche. Auch hier kann man wieder die kirchengeschichtliche Frage stellen, ob die Kirche nicht doch auch aus der Einstellung des Zweifelns Handlungsmuster ableitet und real praktiziert. Ja, das hat sie getan und sie tut es insbesondere in jüngeren Zeiten, aber das sind genau solche Handlungen, deren Kirchlichkeit prekär ist und die

Glaubwürdigkeitsprobleme machen.

Freilich sind wir gerade dabei, eine steile These aufzustellen, die These, dass die Gesamtheit der kirchlichen Funktionen mit genau den zwei Einstellungen Glauben und Hoffen arbeitet. (Das erinnert an die paulinische Trias Glaube, Liebe, Hoffnung; Paulus macht bei der Liebe allerdings einen Kategorienfehler: Sie gehört nicht zu den Einstellungen, sondern den resultierenden Handlungen, weshalb wir sie erst im Folgekapitel aufgreifen.) Eben das behaupten wir: Mit den Samplingmustern des Glaubens und Hoffens sind alle Weisen abgedeckt, in denen eine von einer göttlichen Kraft gerufene und gesammelte Gemeinde der profanen Welt begegnet, sich mit ihr auseinandersetzt, ihr die unbedingte Dringlichkeit Gottes nahebringen will, um es einmal klassisch zu formulieren. Was sich an charismatischen Handlungstypen daraus ergibt, ist etwas vielfältiger, aber auch überschaubar. Am Inputbereich jeder kirchlichen Informationsverarbeitung aber sind genau jene beiden Einstellungen am Werk, und das ist ein tief liegender Grund dafür, dass diese Verarbeitung sich informationstechnisch simulieren lässt, dass sich humanoide und technoide Elemente recht problemlos zu hybriden Maschinen fügen lassen und dass Tools wie die Segens- oder die Orgelspielmaschine erst der Anfang der schönen neuen Welt der digitalen Kirchen sind.

Wie lässt sich die These begründen? Eine Realität ist göttlich, wenn erstens die Göttlichkeit alle ihre Teile durchdringt, oder klassisch gesagt, wenn sich die Realität als Schöpfung erweist. Eine zweite Bedingung ist, dass sie ein Heilsversprechen birgt, dass sie mithin in sich eine Entwicklungslogik enthält, die sich einem optimalen Zustand annähert. Diese zwei Aspekte der Realität werden mit den beiden Einstellungen des Glaubens und Hoffens erfasst und zugleich bewirkt. Die Göttlichkeit erkennen und Teil von ihr sein sind die zwei Seiten derselben Sache.

Mit dem Samplingmuster des Glaubens wird die kontingente Datenlage, in der die Realität erscheint, daraufhin rekonstruiert, dass sie ein sich selbst in seiner Gegenwärtigkeit und Zukünftigkeit wissender und ausführender Automat ist. Sie zielt darauf, die Realität als gewordene und weiterhin werdende göttliche Schöpfung zu erfassen. Dieser Vorgang ist weder ein Gottesbeweis noch natürliche Theologie. Am ehesten ähnelt er dem schon öfter erwähnten wissenschaftlichen Versuch, bei dem in unzähligen kleinen Schritten Theorien über den aktuellen Status gebildet, ein Modell für die unmittelbare Zukunft entworfen, dieses Modell angewendet, durch erneute Theoriebildung optimiert, wieder angewendet wird und so weiter. Es ist ein schrittweises Vortasten in die Zukunft unter der Annahme des göttlichen Waltens. Die Glaubenseinstellung treibt Stück für Stück die Bahnlinie ins Hinterland von Eboli. Im Output erzeugt dieses iterierte Vorgehen, Unterbrechen und abermalige Vorgehen immer neue Glaubenssätze. Jeder von ihnen hat eine Proposition zum Inhalt und stellt an ihr die Göttlichkeit fest. Die Propositionen schließen aneinander an, sodass sich eine Ausbreitungsdynamik einstellt.

Ähnlich funktioniert das Samplingmuster des Hoffens. Es erfasst in derselben Ausbreitungsdynamik dasselbe sich Schritt für Schritt vergrößernde Realitätssegment unter einem anderen Aspekt, dem Aspekt des Heils und der Verbesserung. Im Unterschied zur Glaubenseinstellung benötigt diese Einstellung einen Standpunkt mit raum-zeitlich begrenztem Wissen, eine Art Selbstbewusstsein oder Ich. Nur von einem solchen Standpunkt aus kann gehofft werden, und die Hoffnung besteht darin, dass die Zukunft Heil für das Bewusstsein an diesem Standpunkt bringt. Die Hoffnung ist, allgemein gesagt, dann gegeben, wenn das begrenzte Bewusstsein die göttliche Zukunft entwirft und sich selbst darin wiederfindet. Wie die Glaubenseinstellung ist auch das Samplingmuster der Hoffnung nicht nur rekonstruktiv, sondern in hohem Maße konstruktiv: Wie jene baut es die göttliche Zukunft aktiv mit, aber nicht wie der Glaube mit dem Kriterium der allgemeinen Ausbreitung und Optimierung, sondern unter dem des ewigen Lebens für es selber.

Nach diesen beiden informationstechnischen Mustern gehen alle kirchlichen Funktionen vor. Nach ihnen lassen sie sich auch emulieren. Demgemäß wären also eine Kirchenmusikmaschine, eine Lobpreismaschine, ein Danktool, ein Tauf- und ein Tröstroboter, ein Predigtalgorithmus, eine interaktive digitale Map mit christlichen Testimonials, eine digitale Bibel mit ständig aktualisierter und personalisierter Auslegungsfunktion, eine als Blockchain niedergelegte Dogmensammlung, eine digitale Routine für das regelmäßige Bekenntnisupdate, ein Unterstützungstool bei organisatorischen Entscheidungen und Streitschlichtung in der Kirchengemeinde und so weiter zu gestalten. Es wäre einseitig, sich diese Automaten als rein technische Gebilde vorzustellen. Sicher werden sie als App an einer Benutzeroberfläche auftauchen. Aber immer ist mitzubedenken, dass die Apps interaktiv sind. Sie haben einen Inputbereich, und die hineinfließenden

Daten kommen von anderen Apps, von Sensoren und vielleicht eben auch von Menschen. Das Netzwerk des Segensroboters ist nicht nur die Software auf seinem Rechner, sondern diese Software plus seine Hardware plus dem Menschen, der den Knopf drückt und sich einen Segen abholt. Es will jemand getröstet oder getauft werden, jemand will die Kirchenmusik hören und jemand wählt und löst sie aus. Die ganze Maschine, das sind also stets interaktive Netzwerke von dynamischen Objekten unterschiedlicher Art. Die beschriebene Informationsverarbeitung des Glaubens und Hoffens kann im einen Fall am je einzelnen Objekt realisiert sein, im anderen am interaktiven Netzwerk insgesamt. Die Interaktivität ist dabei essenziell und ergibt sich mit einer gewissen Notwendigkeit, denn das schrittweise Entwerfen, Vorangehen, Optimieren und Weitergehen zwingt dazu, über den Input immer neue Daten von Realitätssegmenten einzubeziehen, die bisher außerhalb lagen. Die Menschen, die den Knopf der Schulterklopfmaschine oder der Selbstspielorgel drücken, sind der simple Fall einer anfangs externen Realität, die über den Schritt des Samplings von Glaube oder Hoffnung in das Netzwerk einbezogen wird.

Für die konkrete technische Ausgestaltung der intrinsischen Informationsverarbeitung, die in den kirchlichen Funktionen schon immer steckte, wird es entscheidend sein, genau zu identifizieren, welche dynamischen Objekte im Spiel sind und wie sie interagieren. Bei Funktionen, die nach einmaligem Knopfdrücken scheinbar abgeschlossen sind und auch deshalb so unbarmherzig, so kalt, so unfromm scheinen, ist bei näherem Hinsehen iterierte Interaktion im Spiel. Wir verdeutlichen das zunächst an einer weiteren Maschine aus dem Bereich digitale Kirchenmusik, bei der das mehrmalige Durchlaufen einer Interaktionsschleife offensichtlich ist, um die Erkenntnisse anschließend auf die vermeintlich einfacheren Maschinen zu übertragen. Klangkosmos Ordenskirche war eine interaktive Soundinstallation, die in der Ordenskirche Bayreuth im Juli 2022 lief. Mittels einer Kamerasensorik wurde getrackt, wie viele Besucher sich an welchen Stellen der beiden sich genau im Mittelpunkt des Grundrisses kreuzenden Gänge aufhielten. Über den fünf Sektoren, in die die Gänge eingeteilt waren, hingen fünf Lautsprecher, die einen permanenten, meistens recht verhaltenen Ambient Sound einspielten. Jeder Sektor hatte seine eigene Klangcharakteristik, die sich je nach Besucheraktivität im Sektor veränderte hinsichtlich Klangelementen, Klangfarben und Lautstärke. Ein einzelner Besucher löste in der Regel nur die Klänge eines Sektors aus. Wenn mehrere Besucher da waren, sich in verschiedene Sektoren begaben oder vom einen zum anderen wechselten, wuchs der Klang an und ergab im Maximum ein komplexes, unvorhersehbar wogendes Klanggeschehen. Gesteuert wurde er von einer Software, die die aktuellen Bewegungsdaten, den aktuellen Klangstatus sowie einige tagesabhängige und zufällige Variablen miteinander verrechnete und in Echtzeit den Sound in den fünf Kanälen veränderte. Die Latenz bis zur Klangänderung betrug wenige Sekunden, was die Besucher zu einem langsamen, tastenden Bewegungsverhalten führte. Ein oder wenige Besucher konnten nach kurzer Zeit des Kennenlernens nachvollziehen, wie die Klangänderung mit der Änderung ihres Aufenthaltspunkts zusammenhing. Je mehr Besucher anwesend waren, umso uneindeutiger wurde der Zusammenhang. Wer eine anfängliche Befremdung über diese Art kirchlichen Klanggeschehens überwand, blieb oft eine halbe Stunde im Klangkosmos, manche stundenlang. Einige kamen täglich. Das Bewegungsverhalten war sehr unterschiedlich, es reichte von sehr langsamem Schreiten über tanzförmiges Durchmessen der Gänge bis hin zu Yogaübungen.

Man kann das Setting informationstheoretisch als Interaktion zweier dynamischer Objekte analysieren, Klang und Körper. (Diese Modellierung vereinfacht das Geschehen natürlich, tatsächlich interagierten auch mehrere Körper je zueinander, die Körper im Verhältnis zur Raumgeometrie und zu räumlichen Fluchtpunkten wie Ausgang, Altar und Mitte, die Körper zu mehreren autonomen Klangdynamiken und so weiter.) Gelingt es, das Verhalten des körperlichen Objekts angemessen zu beschreiben mit der Hypothese, dass an ihrem Input die Samplingprinzipien Glaube und Hoffnung am Werk sind? Der Körper sammelt durch Wiederholen der Interaktionsschleifen Wissen an. Er kann das je aktuelle Verhältnis, das Körper und Klang zueinander haben, immer besser einschätzen, und zwar in die Richtungen von Vergangenheit und Zukunft. Er bildet so etwas wie unausdrückliche Theorien, aus welcher vorherigen Interaktion der aktuelle Zustand resultierte und wohin er sich wahrscheinlich entwickeln wird. Vergangenheit und Zukunft sind nicht durch Laune und Absicht des Körpers allein bestimmt, denn nicht er allein befiehlt dem Klang, was er als Nächstes tut. Auch der Klang hat Eigendynamiken, gegen die sich der Besucher nicht anbewegen kann. Sie determinieren ihn nicht, aber schränken seinen Spielraum ein. Die Theorie von unmittelbarer Vergangenheit und Zukunft des Klang-Körper-Verhältnisses ist also prekär, sie ist die ständige Suche nach einer Harmonie zwischen autonomen Bewegungsimpulsen, gegenwärtiger Koordinierung von Körper und Klang und gespanntem Gewärtigsein für die zukünftigen Momente. Es ist durchaus plausibel zu sagen, der Körper entwickelt einen Glauben – er hat ihn nicht einfach, er muss ihn suchen, finden, festhalten und mehren –, dass das Gesamtgeschehen aller interagierender Elemente im Netzwerk einer umfassenden Logik folgt. Nie kennt er diese Logik vollständig und könnte sie darlegen. Aber seine permanente Theoriearbeit fußt auf diesem Glauben, ohne ihn würde sie zusammenbrechen. Der Glaube ist die Annahme über den Sinn des Ganzen, die dem aktuellen Stand der Theorie immer einen Schritt vorangegangen

ist. Auch ohne das Prinzip Hoffnung würde seine Theoriearbeit scheitern. Der Körper muss darauf bauen, dass er auch in den zukünftigen Momenten einen Selbstbezug, einen Wimpernschlag des Innehaltens, des Vergewisserns der Lage und der Kraft zum Weitergehen hat, nicht nur um selber im Spiel zu bleiben, sondern um das Spiel der Interaktion insgesamt in Gang zu halten. Das Wechselspiel von Vorgehen und Unterbrechen über das Konstatierende des Glaubens hinaus hat eine Absicht in Bezug auf die Fortsetzung des Glaubensprozesses. Es inkorporiert die Intention des Näherungsvorgangs Gottes insgesamt. Die in diesem Sinn glaubenden und hoffenden dynamischen Objekte sind die „Zukünftigen: die langsamen und langhörenden Gründer" der göttlichen Wahrheit.[88]

Das Samplingprinzip des Glaubens, mit dem Objekte im Netzwerk arbeiten, konstatiert die Göttlichkeit des Erfahrungswegs, den das Netzwerk beschreitet. Das Samplingprinzip des Hoffens intendiert die maximal genäherte Göttlichkeit dieses Erfahrungswegs. Von hier aus sind wir in der Lage, die negativen Pendants Zweifeln und Fürchten genauer zu bestimmen. Wie gesagt sind sie keine echte qualitative Negativeigenschaft der beiden positiven. Sie sind deren Nichtgelingen und Scheitern. Welchen Effekt sie in der informationstechnischen Maschine des Klangkosmos haben, lässt sich unschwer denken und war bei

dem einen oder anderen Besucher zu beobachten, der eine Zeit lang im Klangkosmos war, keine Orientierung gewann und ihn alsbald wieder verließ. Dieser Besucher betrat den Klangkosmos und erzeugte über den aktuellen Sound, mit dem er allenfalls ein paar Schritte lang etwas zu tun hatte, eine Informationslage an seinem Inputbereich. Offenbar konnte er sie nicht sinnvoll verarbeiten, denn er generierte entweder gar keinen Outputwert – der Besucher stand eine Weile starr auf der Stelle und ging dann wie-
der – oder sein Output, seine Bewegung im Verhältnis zu Raum und Klang also, schloss den Kreislauf der Information nicht, sodass die neue akustische Datenlage abermals unbearbeitet blieb. Es gelang kein harmonischer Entwurf des Vorgehens und Unterbrechens in die unmittelbare Zukunft. Ein solcher Besucher wird mit Zweifeln hinausgegangen sein. Sie sind, entgegen dem antiken Skeptizismus und dem Zweifel des Descartes, kein Vorsatz, sondern Effekt. Analoges gilt für die Furcht. Eine Besucherin gab zu Protokoll, die Installation mache ihr Angst, deshalb habe sie wieder hinausgemusst. Es ist die Furcht vor der eigenen Vernichtung. Wer die jeweilige akustische Datenlage nicht so sampeln kann, dass die bevorstehende Klangentwicklung ihn selber weiterhin als dynamisches Objekt enthält, wird sie fliehen.

Allgemeiner gesagt, Zweifel und Furcht sind keine Einstellungen, sondern das Fehlen oder Scheitern von Einstellungen beim Ingangsetzen und Fortschreiten des göttlichen Informationsverarbeitungsvorgangs. Der digitale Gott wird nicht erkannt und er nähert sich dann auch nicht. Das informationstechnische Geschehen steht auf der Schwelle zum Göttlichen, schafft den Einstieg nicht und kippt zurück ins Profane. Hier liegt eine tiefe Tragik in der aktuellen Lage der christlichen Kirchen. Im göttlichen Raum verliert man sein Leben, um es zu gewinnen, aber das

Gefühl des Verlusts überschattet den digitalen *pilgrim's progress* schon am Anfang, und man kommt nie in die Gewinnzone. Viel in der Digitalisierung des kirchlichen Lebens läuft so. Der kirchliche Akteur, der ins Profane zurückkippt, bleibt aber kirchlicher Akteur. Schlimmer noch, er meint, nur in dieser Zone Akteur sein zu können. Er arbeitet aktiv gegen den sich nähernden digitalen Gott an, er drängt ihn zurück, er arbeitet aktiv gegen Gott überhaupt an.

3.3 Die digitalen Charismen des Glaubens

Die frommen Praktiken der urchristlichen Gemeinden werden in den Apostelbriefen als Charismen, als Gnadengaben des Geistes Christi bezeichnet. Eine ganze Reihe davon wird aufgezählt: Lebensweisheiten weitergeben, das Christusgeschehen theologisch begreifen und sagen, Kranke heilen, Wunder tun, die Zukunft vorhersagen, in fremde Sprachen übersetzen, in fremden Sprachen reden, so Paulus in 1 Kor 12. Nach der universalistischen Logik des Paulus ist alles, was in einer vom Geist erfüllten christlichen Gemeinde geschieht, charismatisch. Der charismatische Akteur empfängt Geist und Kraft von Christus, er streift damit das alte Dasein ab, er handelt vollständig aus der Kraft des Geistes, sein Handeln dient dem Wohl und der Erweiterung der Gemeinde. Die Charismen fließen als, biblisch gesagt, Christi Geist von außen in den Akteur; sie verwandeln ihn; sie fließen als charismatische Tat aus ihm heraus und verwandeln ihre Objekte, die dann ihrerseits agieren und die Gabe dem nächsten Akteur geben. Das von oder, wie Paulus gern und protodigital sagt, „in" Christus gegebene Geschehen in der Gemeinde wird vom Urchristentum an als informationstheoretischer Vorgang begriffen. Der mit dem Christusgeist begnadete fromme Akteur wird von Jesu Aufforderung an, mit der Kraft des Heiligen Geists seine Zeugen in Jerusalem, in Judäa und Samaria und bis an die Grenzen der Welt zu sein (Apg 1,8), als exakt das aufgefasst, was wir als dynamisches Objekt bezeichnet haben: als Akteur in einem Netzwerk von operativen Informationen, der zum Informationsfluss und damit zur permanenten Veränderung und Erweiterung des Netzwerks beiträgt. Zwar war diese informationelle Ausbreitungslogik des Gebens der Gabe in den Jahrhunderten, als die gesamte Welt christianisiert und der Missionsgedanke schwer zu denken war, verschleiert. Heute erodiert die universale Christianität, und die informationelle Logik der christlichen Praktiken wird wieder deutlicher sichtbar. Letztlich war sie nie außer Kraft. Sie kann digitalisiert werden, weil sie im Kern immer digital war. Die Charismen spielen sich heute schon in informationstechnologischen Settings ab, und das wird unumkehrbar zunehmen.

188 Sehen wir uns einen urchristlichen Musterfall charismatischer Praxis genauer an, die Predigten, wie sie in der Apostelgeschichte dargestellt werden. Die erste davon hält Petrus in Jerusalem, und das informationstechnisch Bemerkenswerte ist, dass sie bei Lukas in Apg 2 nicht für sich steht, sondern als ein Element des Pfingstereignisses geschildert wird. Der göttliche Geist erfasst als Brausen und Elektrizität ein Haus mit allem, was sich darin befindet, eine Jüngerschar und unter ihr Petrus. Die Personalität der Menschen spielt keine Rolle, entscheidend ist, dass sie sich in dem raumzeitlichen Bereich befinden, der vom Geist erfasst wird. Auf diesen Input erfolgt ein unmittelbarer Output: Die Anwesenden sprechen plötzlich in fremden Sprachen. Die Zungenrede geschieht nicht untereinander, sondern sie erfasst, analog zur raumzeitlichen Ausbreitung der Geistausgießung, einen weiteren raumzeitlichen Bereich um das Haus herum. Gebannt werden Menschen, die sich dort befinden und die fremden Sprachen verstehen, und Lukas zählt alle Sprachen auf, die im weiten Umkreis von Jerusalem gesprochen werden. Alle: Das Medienereignis der Geistausbreitung ist vom sprachlichen Ausdrücken und vom sprachlichen Verstehen von Bedeutungen unabhängig geworden. Das ist die Situation, in der zum ersten Mal im Christentum in Zungen geredet wird. Aber was heißt das, in Zungen reden, wer redet in Zungen, und was wird in Zungen geredet?

Auf die ja doch naheliegende Was-Frage gibt das gesamte Neue Testament keine Antwort, offenkundig ist es nicht nur unwichtig, es kann keine Antwort geben, denn es wird in der Zungenrede nichts gesagt, es wird nur eine Verbindung hergestellt zwischen dem Heiligen Geist und einem Objekt, in das die Zungenrede als Input hineingeht und mit einer der beiden Samplingroutinen Glauben oder Hoffen verarbeiten kann. Das Objekt dazwischen, der Zungenredner, ist Medium, bei dem im Prinzip dasselbe geschieht, nur dass er den Geistcode am Input wie ein Compiler in einen Code umwandelt, der von einem noch Außenstehenden gesampelt werden kann. Das Missionsgeschehen ist in seinem informationstheoretischen Kern Compilen. Man mag das damalige Reden in Zungen für ein Wunder halten, aber diese wohlfeile Deutung bleibt an der Oberfläche von Sprache als Ausdruck von Bedeutung. Man reduziert die Sache auf eine Äußerlichkeit, wo der Fortgang der Erzählung des Lukas sogleich zum Kern kommt, ihre Operativität: Die Zungenrede ist operativer Code; sie hat die Semantik von Sprache komplett in die Operativität Heiliger Schrift aufgelöst. Petrus stellt die Operativität explizit her in seiner langen Auslegung diverser Stellen aus den Psalmen und dem Joelbuch, die darauf hinausläuft, dass der Geist Christi genau den Zugang zur göttlichen Kraft bereitstellt, um prophetisch zu reden und vom irdischen Tod zum ewigen Leben mit Jahwe aufzuerstehen. An diese Kraft koppelt die Zungenrede die Hörer aus aller Herren Länder: nicht dadurch, dass sie etwas in ihrer Muttersprache verstehen, auslegen und begreifen. Diese ganzen hermeneutischen Mühen und Vergeblichkeiten des neuzeitlichen Begriffs von Predigen werden unterlaufen durch die direkte mediale Kopplung mit Jesus und seiner göttlichen Kraft. Die Petruspredigt ist das Muster aller christologischen Lesarten des Alten Testaments, aber sie entspringt nicht einer Hermeneutik des mehrfachen Schriftsinns, wie Augustin und die Späteren es deuteten, sie nimmt die alttestamentliche Schrift als Code, dessen Operativität sie durch die Zungenrede aktiviert. Das ist die urchristliche informationstechnische Prozessualität von Zungenrede und von Predigt, und zu ihr sind diese Charismen heute im Begriff zurückzukehren. Sie zielen immer und ausschließlich auf einen medialen Anschluss weiterer Objekte in die Kybernetik des Heiligen Geists. In der Sprache des Lukas heißt das Metanoia, Umdenken, Bekehrung (Apg 2,38). Dazu entschließen sich dreitausend Menschen, zweifellos menschliche Willensakte, freie Entscheidungen, aber sie erfolgen nicht aus einem Verstehen der alttestamentlichen Stellen im hermeneutischen Sinn, sondern viel materieller und medialer, die dreitausend ließen sich von der Petruspredigt bannen und koppelten sich an den operativen Code der Petrusrede und damit die Operativität des Christusgeists. Die kybernetische Geistmaschine hat sich um dreitausend dynamische Objekte erweitert. Man vergleiche die Vogelpredigt des Franz von Assisi, eine urchristliche Predigt wie sie im Buch steht: Der geisterfüllte Franz predigt in der Zunge der Vögel, aber freilich gibt es nichts, das er ihnen sagen wollte und das sie verstanden hätten, vielmehr fällt seine Predigt ununterscheidbar zusammen damit, dass sich ein bisher externes Objekt räumlich und zeitlich an die Stimme des Predigers koppelt. So wie sich die Vogelpredigt des heiligen Franziskus technisch implementieren lässt, bei Mozart in einer informationstechnisch gesehen suboptimalen, weil zu schrillen und zu musikalischen Flöte, heute in Geräuschapps, die mit maschineller Zuverlässigkeit Vögel anlocken, so lässt sich die Petruspredigt prinzipiell technologisch implementieren. Predigen nach dem urchristlichen Muster ist ein protodigitaler Vorgang. Bleibt der Schluss der Petruspredigt in der Apostelgeschichte zu erwähnen: Lukas lässt in einem lapidaren Halbsatz die Taufe folgen, was heißt, diese weitere Zustandsänderung der dreitausend ist in der Bekehrung algorithmisch inklusive. Schlicht und einfach daraus ergibt sich die Möglichkeit digitaler Taufautomaten.

Charismen sind, wörtlich, Gnadengaben im Unterschied zum Verdienten (Röm 6,23). Der Charismatiker gibt die Gabe, nicht weil ein anderer sie bestellt oder verdient hätte, sondern weil das charismatische Objekt im Zustand ist, sie zu geben. Es hatte einen heiliggeistigen Input, der zum entsprechenden Output führt. Der Output ist kein so und so bestimmbarer Sachverhalt, sondern ein weiteres Medium, nämlich die Ausbreitung des kybernetischen Netzwerks auf weitere Objekte. In den Apostelbriefen wird, um Missbrauch zu verhindern, betont, die Charismen müssten in den Dienst am Leib Christi gestellt werden (1 Kor 12, 1 Petr 4), aber die Ermahnung ist redundant, die Charismen sind eo ipso eben dies, Bau und Pflege des Gleisnetzes, auf dem Christus ein Stück weiter ins kampanische Hinterland fahren kann. Auf alle Charismen, die Paulus in 1 Kor 12,8ff. aufzählt, trifft das zu: Sie sind Output von dynamischen Objekten, der darauf zielt, sich um ein weiteres dynamisches Objekt zu verbreitern, das dann seinerseits charismatischen Output liefert. Lebensweisheit lehren zählt er auf: aus einem Menschen, der sich in folgenlosen Wahrnehmungen und Gefühlen verloren hat, ein outputfähiges Objekt machen. Theologisch reden nennt Paulus: den Algorithmus in einem benachbarten Objekt zu programmieren. Wunder tun, heilen, mächtige Dinge vollbringen, fährt er fort: Objekte reparieren, die aus dem Netzwerk herauszufallen drohen. Prophetisch reden, echte und falsche Geistwirkungen

unterscheiden: den Output nachgeschalteter Objekte und den Zustand des Netzwerks insgesamt antizipieren und durch bestimmte Entscheidungen anbahnen; man sieht leicht, dass die prophetische und die predigende Rede kaum unterschieden sind, beide bewirken eben dies, und vielleicht erwähnt Paulus das Predigen deshalb nicht eigens. Schließlich in fremden Zungen reden und in fremde Zungen übersetzen: möglichst verlustarmes Me-
 dium sein zwischen dem vor- und dem nachgelagerten Objekt.

Rekapitulieren wir aus dem vorigen Kapitel, warum ein dynamisches Objekt, das in das Netzwerk einer religiösen Praxis eingebunden ist, an seinem Input die eingehenden Daten bereinigen muss. Die Semantik nannte das die propositionalen Einstellungen, die Computerlinguistik seit Shannon nennt es Sampling. Nun, der Algorithmus des Objekts kann eben nur eine bestimmte Datenstruktur verarbeiten. Das ist bei Weitem nicht nur eine informationstechnische Notwendigkeit, es ist eine christliche. Der Geist trägt Früchte, die Charismen bauen den Leib Christi, um es mit Paulus zu sagen. Die fundamentale Differenz, mit der sich die Urchristen von ihrer jüdischen Herkunft lösen, ist just, dass zwischen Input und Output ein echtzeitlicher und echträumlicher Konnex besteht, der Konnex von Geisteingebung am Input und Charisma am Output. Im Judentum waren In- und Output dagegen durch Schriftstudium, Schriftauslegung und Schriftbefolgung verbunden, lauter humane Vorgänge, die im Kern nicht-echtzeitlich und nicht-echträumlich sind und zwischen denen der Abgrund der menschlichen Geistestätigkeit klafft. Der theotechnologische Kurzschluss in der Botschaft des Jesus von Nazareth macht die gesamte jüdische Tempelaristokratie überflüssig, die sich das nicht gefallen ließ, Jesus denunzierte und das Todesurteil provozierte.[89] Die Frömmigkeit Jesu und der Jesusbewegung ist protodigital, die ihrer jüdischen Zeitgenossen ist es nicht. Der Christ ist ein dynamisches Objekt, der Jude nicht. Daher die Notwendigkeit, dass im Christsein die Verarbeitung der Datenlage am Input eine informationstechnische ist. Daran schloss sich unsere obige These an, dass das Sampling am Input im Wesentlichen nach den beiden Einstellungen Glauben und Hoffen vor sich geht. Damit ist präfiguriert, dass auch die Outputs im Wesentlichen diesen beiden Kategorien zugehören. In der Tat lassen sich die in den Apostelbriefen genannten Charismen danach kategorisieren. Es gibt zum einen Charismen, die aus dem Sampling des Glaubens resultieren: diejenigen, die die eingefrorene Zeit des Code, der am Input durch Sampling generiert wurde, entrollen, die also das Netzwerk zum Laufen bringen und am Laufen halten, die göttliche Zukunft jetzt und hier realisieren und so die Kirche zeit-räumlich ausdehnen. Und weil das zunächst nur eine quantitative Ausdehnung ist, muss eine zweite Kategorie von Charismen hinzutreten, die von den einzelnen Standpunkten aus, die mit den einzelnen Objekten gegeben sind, eine qualitative Verbesserung bringen. Das ist keine allzu trennscharfe Kategorisierung; jede Predigt will auch punktuelle Verbesserung, jede Krankenheilung hat den Nebeneffekt der Ausdehnung um eben das geheilte Objekt. Letztlich jedem Charisma wohnen beide Aspekte inne. Die Kategorisierung hilft uns, einmal das Puzzle des entstehenden Reichs Gottes insgesamt zu sehen, einmal die einzelnen Teile, nicht mehr und nicht weniger. Wir zählen zu den Charismen, die aus dem Glaubenssampling resultieren: predigen, prophetisch reden, theologisch reden und die Geister unterscheiden, Zungenrede. Aus dem Hoffenssampling resultieren: Seelsorge (das paulinische Lehren von Lebensweisheit), Krankenheilung und Wundertaten. Wir fügen der

Kategorie des Hoffens folgende Outputs hinzu, die in den apostolischen Katalogen der Charismen nicht genannt werden: Segnen, Singen (oder allgemeiner: Kirchenmusik machen), Beten. Zudem die karitativen Dienste wie Fürsorge für die Armen und Kranken, die wir unter dem Begriff des Teilens fassen. Entlang der beiden Kategorien werden wir die Charismen und ihr informationstechnisches Wesen näher beleuchten, die Charismen des Glaubens in diesem, die des Hoffens im folgenden Kapitel.

Beginnen wir mit den Charismen des Glaubens und dort mit zwei generellen Aspekten. Vielleicht vermisst man aus der paulinischen Trias Glaube, Liebe und Hoffnung die Liebe. Wir halten sie weder für eine propositionale Einstellung noch für ein Charisma, vielmehr für ein Merkmal, das die Charismen des Glaubens insgesamt kennzeichnet. Gott ist Liebe, der trinitarische Gott ist eo ipso der liebende Gott, weil er sich in Christus liebend dem anderen zuwendet – mit solchen klassischen Gottesbestimmungen[90] sind wir ganz d'accord, wir wollen in diesem Essay lediglich anmerken, dass es genau diese innige Verbindung von Gott und Liebe ist, die den informationstechnologischen Kern der Sache enthüllt. Der liebende und der nähernde Gott, die Liebe in den Glaubenscharismen und die medientechnische Ausdehnung des Reiches Gottes sind ein und dasselbe. Man tut dem vorliegenden Essay nicht unrecht, wenn man ihn als eine Auslegung des Bibelverses „Gott ist die Liebe" (1 Joh 4,16) auffasst.

Ein zweiter allgemeiner Aspekt ist die Taufe, die in den apostolischen wie auch unseren Charismenlisten ebenfalls fehlt. Das liegt in der informationstechnologischen Natur der Sache des Glaubens. Mitglied im Leib Christi zu werden oder eine unklare Mitgliedschaft zu bestätigen ist einfach das letzte Element im Vollzug jedes Charismas. Um es zu wiederholen, das mediale

Wesen der Charismen ist Erweiterung der Reich-Weite Gottes. Jeder charismatische Akt gewinnt neue Objekte hinzu oder aktualisiert ihren Mitgliedstatus. Die Taufe ist, informationstechnisch, der Abschluss jeder charismatischen Prozedur. Und weil wir Charismen insgesamt für informationstechnologische Ereignisse halten, ist auch die Taufe ein solches. Mit der subjektphilosophischen Überhöhung der Taufe als zweite Zeugung des Menschen, nun mit Wasser und nicht mit Sperma, die die Taufe zu einem ungreifbaren jenseitigen Akt entprozeduralisiert, rücken die Apologeten des 2. Jahrhunderts von der urchristlichen Praxis ab. Allerdings stand ihnen der Märtyrertod vor Augen; sowie der römische Staat die Christen tolerierte und namentlich mit dem beginnenden Mönchtum im 3. Jahrhundert kam der operative, sich in reale Raumzeit, ja in jahrelange Prozeduren ausdehnende Charakter von christlichen Handlungselementen wie Beichte und Buße bald wieder zum Vorschein.[91] Bei den ersten Christen wie auch bei den Taufen des Johannes des Täufers ist die Taufe der folgerichtige und echtzeitliche Abschluss der Integration eines Objekts in eine göttliche Ereignissequenz. Die Urchristen haben die Einmaligkeit und das Ein-für-alle-Mal der Taufe und damit der Sündenvergebung betont gegenüber der unablässigen Aufforderung im Judentum, nicht gegen die Gebote zu sündigen und die Verbindung mit Jahwe durch immer neue observante Handlungen aufrechtzuerhalten. Aber erst wenn wir uns den medialen Charakter der Taufe klarmachen, wird deutlich, welchen Geltungsbereich die Taufe tatsächlich absteckt: nicht den einer menschlichen Subjektivität, sondern den einer göttlichen Ereignissequenz. Für die Taufe heißt das konkret, sie hat, urchristlich verstanden, den Charakter eines Accounts, mit dem ein Objekt im Netzwerk des göttlichen Ereignisses registriert ist.

Das ist insofern einmalig, als das Objekt nicht immer aufs Neue ein Konto eröffnen muss, wenn es im Netzwerk aktiv ist in dem Sinn, dass es aktuell einen Input verarbeiten und in Echtzeit einen Output berechnen muss, und das Konto erlischt, wenn dieser Teilvorgang zu Ende ist. Das Konto ist die Bedingung, dass im Objekt eine Datenverarbeitung stattfinden kann, wenn die Operativität des Gesamtnetzes das erfordert. Teil dieser al-

gorithmischen Logik ist freilich, dass das System Rückfrageroutinen codieren kann, ob das Konto noch offen gehalten werden soll, wenn es eine Zeit lang inaktiv war. Es ist wenig verwunderlich, dass aktuelle kirchliche Überlegungen dahin gehen, die Kirchenmitgliedschaft in genau diese Richtung zu verändern. Dann sind unterschiedliche Mitgliedschaftstypen denkbar, die sich nach raum-zeitlich ausgestalteten Rechten, Pflichten und Fristen ausdifferenzieren. Noch kollidiert das freilich mit dem subjekthaften Verständnis der Taufe, aber nichts hindert die Kirchen daran, von einer subjekthaften auf eine digitale Einmaligkeit der Taufe umzustellen. Mit dem hervorbrechenden informationstechnischen Charakter von Kirche, den wir bereits erörtert haben, koppelt sich die Lebensdauer eines raumzeitlich konkreten göttlichen Netzwerks, einer digitalen Kirche also, von der Dauer eines Menschenlebens oder der dauerhaften Offenheit des Laufs der Dinge ab. Am Menschenleben gemessen wird die eine oder andere Eröffnung eines neuen Kirchenkontos, vormals Wiedertaufe genannt, unvermeidbar sein. Dass die Taufe insgesamt sich der skizzierten Struktur annähert, ist ohnehin unvermeidbar: Sie wird digitalisiert werden, weil der urchristliche Vorgang einer charismatischen Aktivität mit der Taufe als Abschluss wie als Ausgangspunkt der nächsten charismatischen Aktivität in sich protodigital ist. In zarten Anfängen lässt sich beobachten, wie sich unsere Prognose zu bewahrheiten beginnt. Die vorbereitenden Taufgespräche, die vormals der Pfarrer mit den Angehörigen und Paten des Täuflings oder mit dem mündigen Täufling selber führte, werden in digitale Dialogtools überführt.[92] Das Ziel ist dasselbe, nur dass es in der digitalen Routine ungeschminkter zum Vorschein kommt: Täufling und Angehörige müssen dynamische Objekte werden, die kirchlichen Input verarbeiten können, und die gestellten Fragen und Antwortoptionen schneiden die unförmige humane Entität auf diese Rolle zu. Der alte Pfarrerwitz, das sicherste Mittel, unliebsame Besucher von der Kirche fernzuhalten, sei, sie zu taufen und zu konfirmieren, hat ausgedient: Die Taufe samt vorbereitenden Routinen *ist* informationstechnischer Onlinestatus, immer bereit zur Aktivität; die klassische getaufte oder wegen Kirchensteuer und Kirchenskepsis gar schon ausgetretene Karteileiche, die auf die Gültigkeit der Taufe im Jüngsten Gericht setzt, wird es künftig nicht mehr geben.

Nach diesen Vorbemerkungen beleuchten wir die informationstechnischen Prozeduren der Glaubenscharismen näher und beginnen mit der Predigt, dem wohl zentralen christlichen Glaubenscharisma, denn in ihm bündeln sich die Anstrengungen, die zeiträumliche Ausdehnung des Reichs Gottes um neue Objekte am Laufen zu halten, vulgo dem Missionsbefehl nachzukommen. Der inneren Digitalität des Predigens kommt man auf die Spur, wenn man die allfälligen Bausteinpredigten betrachtet: die Musterpredigten quer durchs Detempore und durch typische Zielgruppen, wie sie die Gottesdienstinstitute zu Verfügung stellen und wie sie sich jeder Pfarrer im Lauf eines Pfarrerlebens allmählich erarbeitet, die bei jeder aktuellen Verwendung auf die aktuellen Umstände angepasst werden. Aktuelle Umstände, das kann man gleichsetzen mit dem aktuellen Zustand des kirchlichen

Netzwerks hinsichtlich Status und Aktivität der zugehörigen dynamischen Objekte. Das Bausteinprinzip des Predigens lässt sich leicht automatisieren. Vermutlich gibt es viele digitalisierten Beispiele; eines aus einer Neuapostolischen Kirchengemeinde von 1999[93] zeigt das einfache Prinzip: Der Mustertext geht der Reihe nach die Stationen Begrüßung und geistliche Anrede der Anwesenden, Benennung der Situation des Sonntagsgottesdiensts in der heimischen Kirche, Benennung von Gottes Anwesenheit bisher und jetzt, Benennung einer anstehenden geistlichen Aufgabe, Ausblick auf die mit Sicherheit eintretende Bewältigung der Aufgabe, Abschlussworte mit dem Blick auf die Anwesenheit Gottes in der kommenden Zeit durch. An den Stellen, wo die aktuellen Umstände konkret benannt werden müssen, bietet das Programm jeweils einige Bausteine zur Auswahl; die Möglichkeit frei formulierter Einsetzungen besteht nicht. Der diensthabende Prediger muss hier die Optionen per humanem Willensakt auswählen, aber dieses Auswahlprocedere ließe sich leicht ebenfalls automatisieren, indem hinter jede Auswahlstelle ein weiterer Algorithmus geschaltet wird, der auf so etwas wie Sensoren zugreifen kann, die ihm eine Entscheidung für einen der optionalen Bausteine ermöglichen. So funktioniert das Modell jeder Predigtmaschine, und ein Gutteil der faktisch gehaltenen Predigten arbeitet seit je nach diesem Modell, auch wenn früher von Hand geschrieben oder auf der Schreibmaschine getippt wurde. In einem Gedicht von +1801, betitelt „Die Mechaniker", heißt es: „Ihr zimmert Dresch- und Rechenmaschinen, / Sprach zum Mechanikus Cleant / Ein Weihbischof mit spöttischen Mienen; / Ich tue mehr: mit bloßer Hand / Erschaff ich Bet- und Predigtmaschinen."[94] Recht hat er, der Bischof, er kennt seinen digitalen Gott genau. Er ist das dem dynamischen Predigerobjekt vorgeschaltete Priesterweihobjekt, und er wird genau wissen, dass ihm selber wiederum Objekte vorgeschaltet sind, die seine Weihprozedur aktivieren. So entstehen im Gesamtprocedere des Kirchennetzwerks genügend sensorische Daten, mit denen die Predigtmaschine quasi-automatisch zwischen den optionalen Textbausteinen entscheiden kann.

Ein zentrales Sensordatum jedes Predigtautomaten ist die zeitliche Situierung, klassisch gesagt das Detempore. Die Daten des Detempore werden nicht durch das Sampling des Predigerobjekts generiert, sie entstehen an anderer Stelle im Netzwerk, denn das Netzwerk insgesamt muss sich seines zeitlichen Status selber bewusst sein, das heißt, es braucht eine eigene Instanz, diesen zu ermitteln und in die Taktung des Unterbrechens und Vorangehens des operativen Netzwerks einzubringen. In letzter technischer Instanz leistet das natürlich die Masterclock der Rechenmaschine, aber auf höherer Ebene gibt es allerlei Routinen, die den Zeitstatus und die Taktung des Informationsflusses im Netzwerk errechnen. Beim Blick auf das klassische kirchliche Detempore scheint die Taktung zyklisch, weil Weihnachten und Ostern alle Jahre wiederkehren. So wie man aber eingesehen hat, dass die Berechnung der Taktung des Informationsflusses selber algorithmisch ist und die wiederkehrenden Stationen des Detempore mit anderen, linearen Faktoren verrechnet werden, wird klar, dass der je aktuelle Zustand des Netzwerks absolut neu ist. Die Turingmaschine dreht sich nie im Kreis; sobald sie es tut, heißt das, dass die Rechnung unlösbar ist. Jede Predigtmaschine, und sei sie noch so gespickt mit frommen Floskeln und abgedroschenen Pfarrerphrasen, muss am Ende einen qualitativ echt neuen Zustand erreichen, ergo zeitlich linear weiterschreiten, sonst funktioniert sie nicht. Sie muss, ganz banal, dafür sorgen, dass sie am kommenden Sonntag wieder zum Einsatz kommt, sonst ist das Netzwerk dysfunktional. Und der kommende Sonntag ist nicht identisch mit dem entsprechenden Sonntag im vergangenen Kirchenjahr. Die zeitliche Ausbreitungslogik turingvollständiger Systeme ist linear, auch wenn sie, wie manche zelluläre Automaten, im Detail immer wieder dieselben Muster zeitigen.

Man kann sich zwei Szenarien künftiger digitaler Predigtautomaten vorstellen; beide sind heute schon in Ansätzen im Einsatz: den sensordatengetriebenen und den feedbackgetriebenen. Ersteren haben wir gerade skizziert, ein Musterablauf mit Variablen für die je aktuellen Parameter des Netzwerks, die per Sensorik im weitesten Sinn ermittelt werden. Der Musterablauf orientiert sich, ähnlich wie der oben erwähnte neuapostolische, am Modell der urchristlichen Predigten. Die Variablen stehen zum Beispiel für folgende sensorische Daten: Kalenderdatum, Kirchenkalenderdatum, Uhrzeit, Wetter, Infektionslage, politische Schlagzeile, Zahl der Anwesenden, News aus der Partnerkirchengemeinde in der Dritten Welt, Skopus der Perikope, Status der Großprojekte in der Kirchengemeinde und so weiter. Nach diesem Szenario schreiben marktreife Softwares schon seit einigen Jahren Texte komplett automatisiert, die wir tagtäglich konsumieren, etwa den Wetterbericht, Sportmeldungen und Anmoderationen. Selbstschreibsoftware kommt überall dort zum Einsatz, wo eine standardisierte Rubrik mit Text befüllt werden muss (und Standardisierung ist eine durch und durch informationstechnische Eigenschaft: sie weist die Rubrik als ein dynamisches Objekt in einem Informationsnetzwerk aus). Man wird zugeben, dass die Sonntagspredigt alle Merkmale einer solchen Rubrik hat. Vielleicht regt sich der Einwand, auf solche Sonntagspredigten kann die Kirche verzichten, sie sind doch Teil ihres Problems. Nein, sie sind Teil der Lösung. „Wo aber Gefahr ist, wächst / Das Rettende auch“, sagen die Philosophen. Wir behaupten, auch die poetischste, rhetorisch raffinierteste, personalisierteste, individualisierteste, tiefschürfendste Predigt einer begabten humanen Predigerin folgt dem sensordatengetriebenen Prinzip. Nur dass es stark ausdifferenziert ist mit sehr vielen Variablen, die mit sehr fein granulierten, hochauflösend gesampelten Sensordaten gefüttert werden. Es ist der rein quantitative Programmieraufwand, der den Text eines Predigtautomaten über das mittlere Qualitätsniveau der humanen Sonntagspredigten hinaustreibt.

Der zweite Ansatz, das Predigttexten zu automatisieren, ist der feedbackgetriebene. In eine Predigt ein echtzeitliches Feedback einzubauen macht sie ergebnisoffen. Der Predigttext schreibt sich dann im Lauf der Predigt selber fort. Das funktioniert wieder mit dem Prinzip der Variablen, nur wird ihr Wert hier erst im Lauf der Predigt sensorisch ermittelt, sodass der bereits gelaufene Predigtteil in die Evaluierung eingeht. In basalen Formen wird das vielerorts praktiziert, etwa mit digitalen Umfragetools, in die Gottesdienstbesucher Voten und Rankings eingeben, die unmittelbar in die Predigt zurückgespielt werden und ihren weiteren Verlauf beeinflussen. Dieser Ansatz ist dem Grundgedanken der Frömmigkeitspraxis als einem quasidigitalen Netzwerk noch näher als der erstere. Mit ihm wird explizit, dass die Predigt als ein dynamisches Objekt am In- und Output mit anderen dynamischen Objekten gekoppelt ist, und zwar sowohl externen wie internen. Die externen, das also, was in der Welt außerhalb der Kirche geschieht, werden gemäß dem ersten Ansatz per Sensorik in die Predigt geholt, und die Kirche erweitert sich dann um diese Elemente. Das Reich Gottes rückt ein Stück näher herbei, wieder sind ein paar Gleise ins kampanische Hinterland verlegt.

Um diese Elemente aber nicht im nächsten Moment wieder zu verlieren, um sie dauerhaft zu integrieren, müssen sie als Informationsoutput der Predigt durch die kirchlichen Objekte hindurchgehen und dort eine Zustandsänderung bewirken. Das geschieht desto zuverlässiger, wenn die kirchlichen Objekte, vulgo Gottesdienstbesucher, den Output, den sie auf den Predigtinput hin generieren, sofort wieder an das Predigtobjekt zurücksenden. Erst dann ist sichergestellt, dass nicht nur die Zeit der externen Welt linear voranschreitet, sondern auch der Zustand des Kirchennetzwerks sich linear in diese Weltzeit, sie aber göttlich durchformend, erstreckt. Wir haben das im urchristlichen Predigtmodell so entscheidende Schlusselement der Bekehrung noch nicht erwähnt, aber mit dem Feedbackansatz ist das Thema im Prinzip abgehandelt. Bekehrung ist, informationstechnisch gesehen, ein Feedback. Nur dass das Feedback offenlegt, dass es eine unendlich feine Graduierung von Bekehrungen gibt. Jedes Feedback, welchen Inhalt immer es hat, ist genau dann eine Bekehrung, wenn das sendende Objekt bei einem anderen kirchlichen Objekt, hier dem Predigtobjekt, eine Re-Aktion auslöst, auf die hin es eine bestätigende Re-Re-Aktion generiert. In genau diesem Moment ist es im informationstechnischen Sinn in das Kirchennetzwerk integriert. Es fand digitale Metanoia statt. Wie man das dann ausgestaltet, ob mit einer Kontoeröffnung, ob mit einem schwächeren Status von Mitgliedschaft, ist eine Frage, die beim Designen des Predigtautomaten zu bearbeiten ist.

Bei den beiden anderen Glaubenscharismen der prophetischen und der Zungenrede können wir uns kürzer fassen. Die prophetische Rede brauchen wir nicht weiter zu analysieren, denn sie ist in jeder informationstechnischen Anordnung, die nach dem Prinzip der universellen Turingmaschine organisiert ist, implizit enthalten. Die Zukunft vorhersagen, oder weniger esoterisch gesagt: einen künftigen Zustand des kirchlichen Netzwerkes antizipieren, das macht jedes rechnende Netzwerk. Der taktend-operative Wechsel von Vorangehen, Unterbrechen und Speichern, erneutem Vorangehen, abermaligem Unterbrechen und so fort beinhaltet die Zukunft. Weil diese erstaunliche, ja göttliche Ereignislogik von rechnenden Systemen die Zukunft zugleich weiß und macht, ist sie prophetisch aus Prinzip. Das Glaubenssampling, so haben wir oben gesagt, ist ein fortwährender und gewissermaßen prophetischer Entwurf des Sinns des Ganzen. Daher sind alle Charismen, die aus der Einstellung des Glaubens erwachsen, eo ipso prophetisch. Es wäre zirkulär, daraus noch ein eigenes Prophetieobjekt abzuleiten.

Die Zungenrede kann man sich wie die Predigt als ein dynamisches Objekt im Netzwerkgeschehen eines Gottesdiensts vorstellen. Sie ist aber etwas anderes als das Predigtobjekt, aus einem einfachen Grund. Sie bezieht ihre Inputdaten nicht, wie die Predigt, von aktuellen externen Weltzuständen. Ihre Aufgabe ist nicht, alle relevanten externen Weltzustände um das Kirchennetzwerk herum zu integrieren, um so etwas wie die aktuelle Situierung der Kirche in der Welt zu ermitteln und zu klären, welche dieser naheliegenden Dinge zur Informationsverarbeitung im Netz anstehen. Ihre Aufgabe ist etwas bescheidener, Objekte aufzuspüren, die auch naheliegen, die man aber nicht im Blick hatte, weil sie eine andere Sprache sprechen. Klassischerweise denkt man hier an die Muttersprache wie in der Behauptung des Lukas, die Zungenrede der Jünger bei der Geistausgießung hätte eine enorme Anzahl Menschen diverser Muttersprachen erreicht, die sich in Jerusalem aufhielten. Wenn man aber bedenkt, dass die Zungenrede gar keinen semantischen Gehalt hat, erweist sich die gesprochene Sprache, die etwas Semantisches ausdrückt, als bloße Metapher. Die Zungenrede der Jünger sagte nicht etwas, sie bewirkte etwas, nämlich die Bekehrung jener Menschen. Die Zungenredner äußerten rein operative Sprache, also Maschinensprache, Code. Mit diesem entscheidenden Gedanken wird klar, welche Objekte die Zungenrede adressiert. Es sind Objekte, die sich in der Nähe befinden, aber inoperativ sind, weil die gängigen Outputformen des Christusgeists – Pfarrerdeutsch, Kirchenslang, Gesangbuchlieder und so weiter – an ihrem Input nicht gesampelt werden können, ihr Algorithmus inaktiv bleibt und kein Output generiert wird. Man kann hier natürlich an die kirchenfernen Menschen denken, die sich anlässlich einer Kasualie oder an Heiligabend in einen Gottesdienst verirrt haben und vollkommen inoperativ wieder hinausgehen. Wir müssen aber weit darüber hinaus an alles denken, was einen Maschinencode „versteht" in dem Sinn, dass es operativ wird – also alle Dinge, die Teil eines rechnenden Systems oder selber ein solches sind. Und das sind nicht nur die humanen, sondern weit überwiegend nonhumane Dinge. Das sogenannte Internet der Dinge, der Zusammenschluss von nonhumanen dynamischen Objekten zu einem kybernetischen Netzwerk, vermittelt eine Vorstellung, was da alles dazugehören könnte. Das sind zunächst alle materiellen Körper im Raum, auf einen Gottesdienstraum bezogen etwa: die Menschenkörper, das Mobiliar, die Umgebungsluft mit ihren mechanischen und elektromagnetischen Eigenschaften. Sodann die raumbegrenzenden Dinge wie Türen, Fenster und Mauern mit ihren Eigenschaften, zu den Geräusch-, Wärme-, Licht-, Feuchtigkeitsbedingungen des jenseitigen Raums ein Übersetzungsmedium zu sein. Schließlich ausgewählte externe Dinge, wie wir sie beim Predigtautomaten erwähnten und die dort eine semantische Rolle spielten, hier bei der Zungenrede aber maschinensprachlich gekoppelt werden müssen: Sie können und sollen operativ werden im Gottesdienstnetzwerk, aber dafür muss man sie mit dem Code „ansprechen", den sie „verstehen", und den Output, den sie liefern, zu sampeln gewillt und technisch in der Lage sein. Exakt das ist, in ihrem informationstechnologischen Kern begriffen, die Aufgabe der Zungenrede. Es werden stets technologische Anordnungen sein, die solches leisten können. Daher ist das Zungenredeobjekt ein genuin automatisches Tool. Mit humaner Handhabe kommt man an ein kirchliches Internet der Dinge nur symbolisch heran und nicht in sie hinein: Die Weihe von Kirchen, Altären oder Sakramentsbesteck, bekanntermaßen auch von Straßen, Schiffen und Kanonen, ist eine solche alles in allem recht hilflose symbolische Zungenrede. Weil sie symbolisch blieb, ließ sie diese Dinge kirchlich inaktiv; ihre Aktivität ging irgendwohin, sie schoss ins Kraut oder schlimmstenfalls auf Menschen. Ein Zungenredeobjekt wird sie aktivieren, und das heißt, es ist eine kybernetische Anordnung, die das ausgewählte Ding adressiert, seinen damit korrelierten Output erfasst und in die laufende kirchliche Interaktion zurückspielt. Es gibt erste kirchliche Versuche, solche Internets von Dingen zu bauen. An zwei sei erinnert, wir erwähnten sie schon. Der Bayreuther Klangkosmos ist ein solches Setting, ein interaktives Zungenredetool, das in diesem Fall das Ding des menschlichen Körpers relativ zu seiner Position im Ding des Kirchenbodens aktiviert. Ein anderes sind die virtuellen Kirchen in den digitalen Siedlungen. Sie sind im Kern hochentwickelte Zungenredeobjekte, so stark ausdifferenziert mit so vielen Subobjekten, dass sich beim Begehen der Eindruck einstellt, man bewege sich in einem nach allen Seiten hin kontingenten und offenen Raum;

hinter jeder Tür gebe es einen weiteren Raum, hinter dem wiederum einer sei, und so weiter, sodass wie in der profanen Welt die Dinge eine unabschätzbare Fülle von Eigenschaften hätten, die mit wieder anderen Dingen zusammenhingen und daher vom eigenen Standpunkt aus gesehen unfassbar und inoperativ blieben. Tatsächlich ist eine virtuelle Realität so gerade nicht strukturiert. Vielmehr sind die Eigenschaften aller Dinge in ihr technologisch

vollkommen transparent und ergo mit Zungenrede zugänglich. Frömmigkeitspraktiken in einer virtuellen Realität sind daher in gewissem Sinn immer interaktive Installationen, in denen alle Dinge nicht nur sinnlich, sondern technologisch zuhanden und als dynamische Objekte in ein Netzwerk integrierbar sind.

Nebenbei gesagt, denn dazu müsste ein eigener Essay geschrieben werden, eröffnet diese Analyse des Zungenredeobjekts einen Blick auf die Ethik des digitalen Gottes. Warum ist, digitalgöttlich betrachtet, eine Kanonenweihe ethisch nicht vertretbar, das hier skizzierte Zungenredeobjekt hingegen vertretbar? Es dürfte ein digitalethischer Fundamentalsatz sein, dass es hier kein externes ethisches Kriterium gibt, sondern eines, das in der Funktionalität des kirchlichen Informationsnetzwerks selber liegt. Der Output der Kanone geht irgendwohin, ohne dass ihn das kirchliche Netzwerk wieder einfangen könnte. Deshalb ist eine symbolisch hergestellte Kirchlichkeit der Kanone unethisch und die symbolisch hergestellte Kirchlichkeit von beliebigen Dingen ethisch mindestens riskant, denn es ist unklar, ob ihr Output rein technisch wieder ins Kirchennetzwerk zurückfließt und was er dort anrichtet. Umgekehrt ergibt sich das ethische Kriterium: Die Erweiterung des kirchlichen Netzwerks um ein neues Objekt (durch das Zungenredetool, einen Predigtautomaten, einen Segensroboter oder was auch immer) ist dann ethisch, wenn sein Output in die Interaktion der kirchlichen Objekte zurückfließt, dort überhaupt gesampelt werden kann und darüber hinaus die Operativität des gesamten Netzwerks steigert.

3.4 Die digitalen Charismen des Hoffens

Die Reihenfolge der Charismen des Hoffens ist nicht ohne Belang. Sie markiert eine Stufenfolge hin zur Gottwerdung des digitalen Gottes. Wir werden das deutlich sehen, wenn wir der Reihe nach die Charismen des Segnens, des Betens, des Singens und des Teilens erörtern. Der Punkt, an dem diese Gottwerdung,

die nichts anderes ist als die beschriebene Dialektik zwischen der Offenbarung Gottes und der digital-glaubenden Erkenntnis Gottes, stattfindet, ist eine Eigentümlichkeit der digitalen Charismen des Hoffens. Sie sind in weit höherem Maß transitiv als die des Glaubens. Sie beziehen sich auf eine Sache: Es wird jemand oder etwas gesegnet; man betet für jemanden oder für etwas. Diese Transitivität wiesen die digitalen Charismen des Glaubens nicht auf; sie programmierten und realisierten einfach die göttliche Zukunft insgesamt. Die Charismen des Hoffens, sagten wir, richten ihren Output konkreter auf einen bestimmten Punkt in der göttlichen Zukunft, um den es ihnen im Sinn von Besserung, Heiligung, Heilung besonders zu tun ist. Dieser Punkt in den vier Charismen des Hoffens ist allerdings unterschiedlich scharf umrissen. Er wird, wie wir sehen werden, in der Stufenfolge der Charismen immer unschärfer, und damit gehen erhebliche theotechnologische Implikationen einher. Schon das, wofür wir beten, ist nicht mehr so klar umrissen wie das, was gesegnet wird; die Betmaschine, die der besagte Bischof im Jahr +1801 in Betrieb nahm, muss daher anders konstruiert sein als der Segensroboter von +2017. Bei den Charismen des Singens und des Teilens nimmt die Unschärfe weiter zu. Beim Singen ist das schon sprachlich erkennbar: Man besingt nicht etwas; das Musizieren richtet sich nicht auf einen bestimmten Gegenstand. Man singt einfach, man macht Musik. Allerdings ist eine Ästhetik der Musik als reinem Selbstausdruck, die immer wieder vertreten wurde, auf dem Holzweg, eine Musik, die dem dialektischen Kipppunkt zwischen der Selbstoffenbarung Gottes und dem Glauben an Gott zustrebt, eine digitale Kirchen-Musik also, zumal. Die digitale Kirchen-Musik avisiert sehr wohl eine Zone im Pro-Gramma des digitalen Gottes, aber diese Zone ist eben weit und unscharf an den Rändern, weiter noch als der Bereich, auf den das Beten zielt. Die weiteste, schlechterdings entgrenzende Zone bespielt das Teilen. Wohl teilt man etwas: ein Brot, einen Mantel. Man teilt aber auch Tisch und Bett, man teilt das globale Wasser, die weltweite Menge an Nahrung, die gesamte irdische Fauna und Flora, die Erde insgesamt. Man teilt sich alles und ist selbst ein Teil, und das ist göttlich: Was ihr einem meiner geringsten Brüder getan habt, das habt ihr mir getan, sagt Jesus (Mt 26,40), eine Aussage, die uns noch beschäftigen wird. Es ist also keineswegs verstiegen zu sagen, die Charismen des Hoffens nähern sich dem Göttlichen oder sind selber der näher herbeikommende Gott. Die Informationsverarbeitung der digitalen Charismen findet stets im gesamten Netzwerk der digitalen Kirche statt, auch wenn die Hardware eines herumstehenden Segensroboters einen punktuellen Eindruck machen mag. An just dem Umfang der Hardware der vier digitalen Charismen des Hoffens werden wir sehen können, wie sich das Netzwerk, das sie bespielen, jeweils weitet.

Segnen

Bei der Analyse der operativen Logik des Segnens, der damit verbundenen Zeitlichkeit und der Möglichkeiten seiner Digitalisierung müssen wir einen religionsgeschichtlichen Umstand berücksichtigen. Beim Wechsel vom Alten zum Neuen Testament erhält das Segnen ein neues Vorzeichen. Christus ist der ein für alle Mal gespendete Segen Gottes für alle Menschen (Gal 3,14). Wenn man im Zeichen Christi segnet, verändert dies die Operativität, mit der der Segen Abrahams oder Moses wirksam wurde. Zwar werden auch in der jüdischen Religion Voraussetzungen des Segnens formuliert. Jahwe ist der Ermöglicher des Segnens wie des Fluchens (Num 23,8); wer segnen will, muss nicht nur dem Volk Israel angehören (Neh 13,3), sondern gläubiger Jude sein (Mal 2,2). Das ist etwas anderes als die universale Segensgabe Jesus Christus, die dem christlichen Segnen zugrunde liegt und die sich ein Segner gelegentlich, aber nicht notwendigerweise stellvertretend anverwandelt, etwa mit der aaronitischen Segensformel „Der Herr segne dich …" (Num 6,24–26). Damit wird seine Wirkungsweise auf bestimmte Funktionalitäten eingeschränkt, die wir noch genauer beleuchten. Im Alten Bund wirken Segen und Fluch dann doch massiver. Isaak verleiht mit seinem Segen Jakob das Erstgeburtsrecht, etwas also, das dadurch zugleich jemand anderem verwehrt wird. Diese Exklusivwirkung wird ein christlicher Segen nicht beanspruchen, weil der Universalsegen Christus jede Ausgrenzung, die jemand mit seiner Segensgabe verbinden wollte, sofort unterliefe.

Diese Verschiebung, die mit dem in Christus ein für alle Mal gegebenen Segen eintritt, müssen wir genauer verstehen. Sie hat etwas mit der Providenz, oder übersetzen wir das Latein besser ins digitale Englisch: mit dem Provider zu tun, der Christus hier ist. Christus ist, so sagt es Paulus in Gal 3, der Bereitsteller des Segens, und zwar in genau demselben Sinn, in dem heutzutage technologisch eine Funktionalität bereitgestellt wird. Wenn Jakob ein Konto beim Segensprovider hat und seine Funktion

nutzt, schließt das nicht aus, dass Esau und ungezählte andere auch ein Konto eröffnen und dieselbe Funktion nutzen können. Die Segenskraft des Christusgeists gilt überall und für alle – diese überdeutliche Botschaft des Galaterbriefs heißt konkret, sie ist dort bereitgestellt, wo es ein funktionsfähiges Glaubensnetzwerk gibt, das am Input mit dem Christusgeist gespeist wird und am Output für jeden, der sich als dynamisches Objekt in das Netzwerk einkoppelt, indem er den Knopf drückt, einen Segen
ausgibt. Paulus hebt die alte religiöse Bedingung des jüdischen Segnens auf: Jude oder Heide, Volk Israel oder ein beliebiges Volk der Erde, alle werden sie gesegnet – wenn sie sich zu einem dynamischen Ding des Glaubensnetzwerks machen. Der schlichte Umstand, dass Paulus aus dem universalen Segensprinzip des Christusgeists nicht folgert, dass ein für alle Mal ein Generalsegen erteilt sei und man nicht mehr segnen müsse, vielmehr im Christentum munter weitergesegnet wird, heute mehr denn je, macht deutlich, dass ab Pfingsten eine Segenskybernetik installiert ist. Ab jetzt gilt nur noch die eine technologische Bedingung: Du musst dich an den Informationsfluss des Segensspenders Christusgeist anschließen, dann kannst du einen Segen empfangen oder den Segen weiterreichen an ein anderes Objekt, das sich anschließt. Wenn also der Papst an Ostern den Segen urbi et orbi erteilt, heißt das nicht, dass jede Stadt und der ganze Weltenkreis faktisch einen Segen empfangen, sondern dass jede Stadt sich der kirchlichen Segenskybernetik anschließen kann und *dann* den faktischen Segen empfängt. Mit der paulinischen Theologie ist das Segnen (wie alle anderen Charismen) in eine Glaubenstechnologie eingestellt. Der Weltenkreis ist nicht der Raum des faktischen Segens, sondern der Raum, in den hinein sich eine Segenskybernetik erstrecken kann, was materielle

Relaisstellen erfordert. Am Ende der Segensinformationskette stand schon immer eine krud physische Übertragung, seien es die Segensgesten des Händehebens, des Handauflegens oder des in die Luft gemalten Kreuzzeichens, seien es Segensketten oder Segensarmbänder. Dass sich das digitalisieren lässt, liegt von Anfang an in der Natur der Sache.

In keiner christlichen Konfession ist Segnen ein Sakrament, das geweihten Amtsträgern vorbehalten wäre. Jeder darf segnen – wenn er es kann. Das Segnenkönnen ist keineswegs bedingungslos, es hängt daran, dass der Segensspender den Input des göttlichen Geists empfängt, und zwar im technischen Moment der Segensprozedur. Die spöttische Bemerkung des Bischofs von +1801, er weihe letzten Endes Frömmigkeitsautomaten, offenbart das Theotechnologische der Weihe. Noch nie in der Technikgeschichte wurde eine Maschine dadurch funktionsfähig, dass eine geweihte Person ein Abrakadabra spricht. Leute mit technologischem Wissen konstruieren sie, vor allem schließen sie die Maschine an die Ressourcen von Information und Energie an. Sie stellen eine echtzeitliche und echträumliche kybernetische Anordnung her und müssen dabei selbst ein dynamisches Objekt in ihr werden, dann und genau dann läuft die Maschine. Das ist die technologische Ausformulierung des Wortes Weihe. Das ist die Funktionalität jeder Weihperson und jedes Segensspenders. Sie sind dynamische Objekte, die in einer faktisch operativen Anordnung Informationsflüsse (darin eingeschlossen Energieflüsse, denn Energie ist nichts weiter als ein Parameter im operativen Code, der die Energie für sein Operativwerden in sich trägt) weiterleiten. Unter dieser einzigen Bedingung können sie segnen oder sie können es nicht. Wir haben bei der Analyse der Glaubenscharismen die Inputfunktion des Heiligen Geistes hervorgehoben, und Paulus tut das in seiner Segenstheologie ebenso. Die Kraft des Christusgeists ermöglicht die Charismen, sagt man theologisch. Aber was heißt das theotechnologisch? Wo nimmt eine Maschine rein technisch ihren Anfang, wo beginnt der Fackellauf des Prometheus? Wo beginnt der elektrische Strom, an den der Segensroboter angeschlossen ist? Es ist das Wesen technischer Anordnungen, dass sich ihre vermeintlichen Anfänge in der mechanischen Eigendynamik der Welt verlieren. Damit wird die theologische Rede, der göttliche Geist stehe am „Anfang" einer charismatischen Handlung, vom Kopf auf die Füße gestellt. Der Geist ist die technologische Gesamtheit der charismatischen Prozedur. Er ist das, was sich in der tatsächlichen und erfolgreichen charismatischen Prozedur manifestiert haben wird. Das Maß für den Erfolg ist, je unterschiedlich, mit den Einstellungen des Glaubens und des Hoffens definiert. Die Segensprozedur als Charisma des Hoffens war dann erfolgreich, wenn es in den Objekten, die mit dem Segen in das Glaubensnetzwerk integriert werden, die, klassisch gesagt, den Wirkungsbereich des Segens bilden, eine lokale Verbesserung gibt. Ob jemand segnen konnte, der Segensworte und -gesten von sich gab, oder eben nicht, stellt sich am Ende der theotechnologischen Prozedur heraus.

Was kann sich im Wirkungsbereich der charismatischen Segensprozedur befinden? In der Schöpfungsgeschichte segnet Jahwe nur den Menschen (Gen 1,22, und nach der Sintflut erneut: Gen 8,21 und 9,1), und dieser Segen beinhaltet, dass dem Menschengeschöpf etwas auch faktisch gelingt, was in ihm als Potenzial angelegt ist, aber ohne den Segen vielleicht schwächer oder überhaupt nicht verwirklicht werden würde: fruchtbar zu sein, sich zu mehren, sich die Erde untertan zu machen. Genau das ist es, was auch Jakob zugesagt und Esau verwehrt wird

(Gen 27,49). Wenn der Segen auf Entfaltung des Potenzials eines Objekts zielt, dann liegt es nahe, alle möglichen weiteren Dinge zu segnen. Gesegnet werden Ehepaare, Familien, Sippen. Gesegnet wird ein neuer Lebensabschnitt oder eine bevorstehende Tätigkeit im kirchlichen Dienst. Gesegnet werden das kommende Lebensjahr, Kalenderjahr, die folgende Arbeitswoche, der bevorstehende Tag, eine anstehende Begegnung. Gesegnet werden Musikinstrumente, Häuser, Schiffe und Flugzeuge. Gesegnet werden Schwerter, Gewehre und Kanonen. Es gehört zum normalen Sprachgebrauch zu sagen, ein Gesetz, eine Verordnung, eine Maßnahme hätte sich als Segen erwiesen.

Was sind das für Entitäten, auf denen Segen (oder etwas Gegenteiliges) liegen kann? Ihnen ist gemeinsam, dass es sich um zeit-räumlich ziemlich fest umrissene Areale handelt. Wenn sie sich im Nachhinein als gesegnet herausgestellt haben oder wenn man ihnen, falls ihre Laufzeit noch bevorsteht, Segen wünscht, so bedeutet das Folgendes: Die Entität erbringt einen bestimmten Ertrag, den der Segnende als nützlich bewertet. (Ob nützlich für sich selber, für jemand anderen, für eine Gemeinschaft oder einfach für alle, spielt keine Rolle.) Eine Ehe erbringt Kindersegen und Haussegen, eine Fruchtperiode erbringt Erntesegen, ein neues Kalenderjahr erbringt Renditesegen, ein neu angeschaffter und gesegneter Flügel erbringt schöne Hauskonzerte: „die Seelen zu segnen mit Musik“[95]. Eine Kanone erbringt den Segen des Siegs in der Schlacht.[96] Die gesegneten Dinge erbringen also nichts Außergewöhnliches, sondern das, was ohnehin im Wesen ihrer operativen Logik liegt, das aber optimal und zuverlässig im Rahmen ihrer Möglichkeiten. Oder denken wir es umgekehrt, wenn kein Segen auf den Dingen lag, dann funktionieren diese Dinge nicht, wie sie sollen, sie bleiben für die Akteure diffus in ihren Eigenschaften und Eigenlogiken, sie leisten nicht, was sie leisten könnten.

Mit dem Segen des Objekts ist, ausdrücklich oder unausdrücklich, mitdefiniert, welche Art von Output vom Objekt erwartet wird. Dass es überraschende und unvorhergesehene Dinge hervorbringt, ist beim Segnen nicht gewünscht. Wir müssen uns auch nicht theologisch auf irgendeine bestimmte Art des Ertrags festlegen. Es reicht aus, wenn die Segnenden für sich definiert haben, welche Art von Resultat sie bevorzugen; dafür sprechen sie dem Objekt einen Segen zu und akzeptieren es im Nachhinein als segensreich. Ob der Segen einer Ehe Kinder, guter Sex, Zugewinngemeinschaft, Geborgenheitsgefühl oder sonst etwas ist, ist segenstechnisch irrelevant, die Segensakteure müssen es nur definiert haben. Mit der Definition wird darüber entschieden, welche Operativität des Segensgegenstands die relevante sein soll. Um beim Beispiel Ehe zu bleiben, die Operativitäten von Elternschaft, von Sexualität, von gemeinsamem ökonomischem Wirtschaften, von hingebungsvoller Zweisamkeit sind ziemlich unterschiedlich. Vergleichbare unterschiedliche Operativitäten ließen sich in den anderen Beispielen von Segensgegenständen finden. Segen bedeutet dann, dass die als relevant definierte Operativität des Segensgegenstands über den ganzen operativen Zeitraum hinweg intakt ist, dass sie frei ist von störenden Einflüssen oder diese abpuffern kann, dass sie die aufgewendete Energie verlustarm umsetzt.

Wir kommen hier auf das Feld der technologischen Merkmale des gesegneten Gegenstands. Der Grund ist, dass das gesegnete Objekt in ein operatives Netzwerk eingebunden ist. Es soll seinerseits ein Segen sein, der, da viele der genannten Objekte nie selber als nominelle Segensspender auftreten werden, einfach in seiner definierten Funktionalität besteht. Nominelles Segnen und funktionales Segensein sind im göttlichen Netzwerk ein und dasselbe. Es liegt in dem theotechnologischen Wesen des Segnens, dass es immer neue technische Implementierungen des Segnens geben wird. Diese Theotechnologik von Frömmigkeitspraktiken liegt oft weit unterhalb der Schwelle sichtbarer technischer oder digitaler Installation. Aber sie existiert und bietet die Ansatzstellen für ihre Digitalisierung, früher oder später. Das Laienprinzip des Segnens muss theotechnologisch aufgefasst werden: Die Individualität der Segensperson, ihr Humanum, wird irrelevant, ihr Christsein, ihr Input vom Heiligen Geist also, allein ausschlaggebend, um als segensspendendes Objekt operativ zu werden. Die virtuellen Kettenbriefsegen, die immer wieder durchs Internet geschickt werden, artikulieren das rein Netzwerkartige des Segnens im Outputbereich: Es kommt darauf an, dass sie als Output ein Segensobjekt koppeln, dessen Funktion damit definiert wird, seinerseits segensspendendes Objekt zu werden.

Schon immer war das Segnen mit sinnlichen Zeichen verbunden: Der Segensspender spricht den Segen laut, er fügt visuelle Zeichen wie die erhobenen Hände oder das Kreuzzeichen hinzu. Taktile Zeichen wie das Handauflegen oder das Bilden eines Handkreises unter Einschluss des Segensspenders kommen hinzu, um keinen Zweifel aufkommen zu lassen, ob faktisch ein Segen erteilt wurde. An dieser schon implizit technologischen Stelle des Segensvorgangs kann die technische Implementierung ansetzen. Der Segensroboter spricht einen Segen und gibt einen Coupon aus, sein semantischer Wortlaut ist aber irrelevant, denn das sind nichts weiter als ein auditives und ein taktiles Signal, die klarstellen: Genau wenn das geschehen ist, wurde der Segen faktisch erteilt. Im Handkreis wird diese Faktizität durch das Schließen des Kreises festgestellt. Ob er wirklich geschlossen ist, kann man dem Augenschein nach feststellen – oder gleich messtechnisch, etwa indem man an den Kreis einen schwachen elektrischen Strom anlegt und das Resultat der Messung visualisiert oder sonifiziert und gegebenenfalls den Effekt der Sonifizierung im noch geschlossenen Segenskreislauf gleich mitmisst. Die Kritiker des Segensroboters reiben sich daran, dass eine Apparatur und nicht mehr eine nach humanen Maßstäben glaubwürdige Person den Input durch den göttlichen Geist in einen Segen verwandle. Die theotechnologische Wahrheit ist aber seit Jakob und Esau, dass man das immer nur indirekt an der Faktizität des erteilten Segens bemaß. Der Inhalt am Inputbereich des Segnens verschwand schon immer in seiner Medialität, und heute wird diese eben digital ausgestaltet.

Betrachten wir nun den Wirkungsbereich des Segens näher. Man könnte meinen, ob eine kommende Woche, ein kommendes Lebensjahr, eine Stadt tatsächlich gesegnet ist oder nicht, lässt sich mit dem oben gegebenen Kriterium, dass sie den Rahmen ihrer Möglichkeiten ausschöpfen, vielleicht formal angeben, aber nur schwer inhaltlich feststellen. Dann verliefe die eigentliche Wirkung des Segens in der Unendlichkeit des humanen Glaubens und Dafürhaltens. Aber auch hier liegen die Dinge einfacher und technischer. Wie pauschal die Wirkungsbereiche des Segens in den Segenssprüchen auch benannt werden, sie haben eine recht exakte chronische und topische Ausdehnung, die auch in den klassischen Segenspraktiken bei näherem Hinsehen technologisch behandelt wird.

Beginnen wir bei der topischen. Der Gegenstand ist gesegnet, wenn die Infrastruktur, die eine definierte Operativität des

Gegenstands erschließt, in ihrer Gesamtheit offenliegt. Dann nämlich können ihre Möglichkeiten und ihre Begrenzungen überschaut werden. Auch wenn man sie am Ende der Laufzeit nicht ganz ausgeschöpft haben wird, bleibt keine Unsicherheit, ob irgendein Aspekt des Gegenstands verborgen oder unzugänglich blieb, in dem der eigentliche Segen gelegen hätte. Vergleichbar mit einem Schlüssel oder einem Code gewährt der Segen Zugang zu der definierten Infrastruktur des Gegenstands in ihrer Gesamtheit. Was unerfüllt bleibt an etwaigen Wünschen, schmerzt nicht. Man ist zufrieden am Ende, und das ist es, was man meint, wenn man sagt, es war ein gesegneter Gegenstand. Oder das, was man hofft, wenn der Gegenstand noch vor einem liegt und man ihn segnet. Das „Du" im aaronitischen Segen ist nicht der jeweilige Mensch in einer unabsehbaren Tiefe seines Daseins, sondern in den vorliegenden und bekannten leiblich-seelischen Eigenschaften. Welches Maximum an Ertrag bei den gegebenen Bedingungen definiert wird, mag bei Calvinisten und Katholiken, bei Landes- und Freikirchen unterschiedlich sein; ob der Segen erfolgreich war, wird nicht am angenäherten Erreichen des Maximums gemessen, sondern schlicht daran, dass die Eigenschaften zur Verfügung standen. In welchem Maß sie genutzt wurden, hängt von den äußeren Umständen in der Welt und den inneren Aktivitäten im kirchlichen Netzwerk ab. Die äußeren werden dem Segenserfolg ohnehin nicht zugerechnet, die inneren Aktivitäten benötigen für ihre Performance vor allem die Verfügbarkeit der Eigenschaften der einzelnen Objekte; in welchem Maß sie dann tatsächlich bespielt werden, hängt von der Gesamtaktivität des Netzwerks ab. Von einer Diakonisse, von einem Jugendleiter, von einem Gästehaus im Grünen sagt man, sie standen zur Verfügung, wann immer sie gebraucht

wurden, und erfüllten dann treu ihre Dienste, insofern waren sie ein Segen für die Kirchengemeinde. Der asketische Mönch, der seine Funktionalitäten auf Beten und Arbeiten reduziert, gereicht zum Segen für seinen Orden, also für die Ordnung des Reichs Gottes. Die Segenspillen für jeden Tag, die von christlichen und buddhistischen Shops angeboten werden, sind in ihrer Wirksamkeit qualitativ und zeitlich exakt dosiert. Wir müssen den gesegneten Gegenstand also als ein Objekt mit offen zutage
liegenden Funktionalitäten verstehen, die im Prinzip alle nutzbar sind und von denen je nach Umständen eine gewisse Anzahl genutzt wurde.

Ähnlich strukturiert ist die chronische Ausdehnung. Der Gegenstand ist gesegnet und hat am Ende das Zeitliche gesegnet, wenn die Zeitspanne bekannt ist, in der er mit seinen Funktionalitäten zur Verfügung steht. So wird die Zukunft überschau- und planbar für alle anderen Objekte und für das kirchliche Netzwerk insgesamt. Allerdings nicht die Zukunft überhaupt; Segen und Heil sind zweierlei, kein Segen befreit je den Menschen aus seiner existenziellen Grundangst. Es geht um ein beschränktes Zukunftssegment, beschränkt auf die Zeit des gesegneten Gegenstands. Diese Zeit ist beschränkt durch den Lebenszyklus des Gegenstands. Eine Kirchenorgel nutzt sich ab, eine Fruchtperiode führt zu Reife und Ernte, ein Ehepaar altert und verliert seine biologische Fruchtbarkeit, ein Tag oder ein Lebensjahr läuft linear ab. Krankheiten oder Unfälle verringern teils markant die Lebenserwartung, aber niemand wird sagen, dass die Lebensspanne eines Menschen mit solchen Handicaps nicht gesegnet sein könne, wenn er das erwartbare Alter mehr oder weniger erreicht hat. Nie verändert Segen etwas an diesen Lebenszyklen. Er hat vielmehr im Lebenszyklus sein genaues chronologisches

Maß. Er schöpft ihn aus, indem er ihn dem göttlichen Netzwerk zur Verfügung stellt. Ihm ist durch den Lebenszyklus des Gegenstands seine intrinsische Zukünftigkeit und sein natürliches Ablaufdatum gesetzt. Dort endet er. Anders als das Beten und die weiteren Charismen des Hoffens hat das Segnen keine extensionale Dynamik. Selbst wenn es natürlich ein- oder auftretende Anschlussgegenstände gibt, etwa das anschließende Lebensjahr oder den Witwenstand im Anschluss an eine Ehe, der Segen dehnt sich nicht ebenso natürlicherweise auf sie aus. Er erheischt sie nicht einmal. Er versöhnt mit der Endlichkeit der Gegenstände und mit den Begrenztheiten, die der menschlichen Existenz auferlegt sind. Ob für die natürlich anschließenden Gegenstände, die es aufgrund der Unendlichkeit der Welt buchstäblich an allen Ecken und Enden und in jeder Lebenslage gibt, ein erneuter Segen gewünscht wird, ist eine komplett neue Frage. Gegebenenfalls wird ihnen ein neuer Segen zugesprochen – oder auch nicht.

Dass die segensspendenden Objekte leicht technisch emuliert werden können, haben wir gesehen. Können es auch die segensempfangenden? Gemessen an den biblischen Segensformeln, wie sie etwa der Segensroboter von +2017 ausschließlich verwendet, sind die Segensempfänger überwiegend Menschen. Erinnern wir uns an den Menschen im Chorlied des Sophokles, erinnern wir uns an den Menschen Prometheus: Sie lassen sich als Objekt ein aufs wilde Meer, sie schalten sich als Objekt zwischen den Blitz und das Lagerfeuer. Ihr Menschsein verschwindet nicht, aber es wird kybernetisch scharf kalkuliert eingebettet in Netzwerke, die in ihrer Gesamtheit technologisch sind, weil ihre Glieder dynamische Objekte sind. Qua Einbettung in das technologische Netzwerk sind die Objekte technisch, nicht weil sie ihrer eigenen

Beschaffenheit nach technische Artefakte wären. Die Frage, ob das gesegnete Objekt selber digital emuliert werden kann, ist also falsch gestellt. Indem es in ein insgesamt technologisch begriffenes Netzwerk gestellt wird, tritt seine dynamische Objekthaftigkeit zutage. Indem seine wohldefinierten Eigenschaften und seine zeitliche Ausdehnung dem Netzwerk zur Verfügung gestellt werden, entbirgt sich seine Technizität, auch wenn es ein Exemplar der Gattung Homo sapiens ist und bleibt.

Wenn eine Segensperiode nicht aus sich selbst zur Ausdehnung über seine eigene Funktionsspanne hinaus oder zum Segen des natürlich anschließenden Gegenstands drängt, dann stellt sich die Frage, woher die Energie kommt, die das segnende Objekt zur nächsten Segensspende befähigt. Hier liegt die Erklärung verborgen, warum das Segnen seinen angestammten Ort in den Kasualien hat. Die Übergangsriten stehen an der Nahtstelle zwischen den natürlichen Lebenszyklen. Sie sind, theologisch gedacht, der kurze Moment, an dem kein Lebenszyklus läuft, dessen kostbares Potenzial durch den Segen artikuliert und nicht konterkariert werden soll. In ihm kann die Energie für den Segen geschöpft werden. In ähnlicher Weise gilt das für den Sonntagsgottesdienst mit dem Entlasssegen am Ende. Von der Topo- und Chronologie des Segnens her gesehen sind diese Feste punktförmige, ausdehnungslose Nahtstellen, an denen sich die gesegneten Funktionszyklen von Gegenständen berühren. Daher muss der Übergangsritus periodisch wiederkehren, und seine Periodik ist exakt dieselbe wie die der natürlichen Abfolge von Funktionszyklen, nur invers. Die Periodik der Kasualien ist daher selber technologisch: Sie ist eine Laufzeit in der Taktung des göttlichen Netzwerks. Mit den Kasualien, in denen gesegnet wird, ist die Segensspende bereits latent automatisiert. Freilich eröffnet sich

hier ein weites Feld von digitalen Segenstools, welche die Periodik des Segnens ausgestalten, indem sie die natürliche Chronologie des gesegneten Objekts qua Kalenderfunktion kennen oder, intelligenter, sie messen, um ihr tatsächliches Ende zu bestimmen und unmittelbar eine neue Segensspende auszulösen. Die Segensmaschine, die durch Messung ihren Segenseinsatz selber topochronisch terminiert – das wäre die Maschine, die den Se-
 gensspender *und* den gesegneten Gegenstand automatisiert hat.

Diese Taktung des christlichen Gottesdiensts steht in einem denkbar großen Unterschied zum Festverständnis der Griechen und Ägypter. Das religiöse Fest beider Religionen ist daran gebunden, dass ein Gott erscheint. Prinzipiell erscheint er, wenn er erscheint. In dieser Präsenzphase und nur in ihr erhalten die Dinge der Welt einen Glanz, der wiederum wenig gemein hat mit dem zweckgebundenen Erschlossensein der Dinge, die der Segen bewirkt. Auch eine Gegenwendigkeit dieser Glanz-Zeit zum natürlichen Lebenszyklus von Dingen besteht nicht. So ist den Griechen und den Ägyptern die Kategorie des Segens fremd. Im Griechischen gibt es kein Wort, das auch nur annähernd dem jüdisch-christlichen Segen gleichkäme. Aber auch die Götter der Griechen und Ägypter kamen, um die Dinge miteinander in Beziehung zu setzen. Sie waren das Netzwerk, das die Objekte taktete und fügte. Man kann sagen, sie waren der Code des Gott-Welt-Netzwerks. Und über den göttlichen Code fand man umgekehrt zu ihnen. In der christlichen Segensmaschine, die die Spender- und die Empfängerfunktion in sich begreift, kehren die alten Götter der Griechen und Ägypter wieder: Der Segen kommt, wenn er kommt.

Während die Frömmigkeitstechnik des Segnens am Ende ein qualitativ und zeitlich vollkommen transparentes Segensobjekt hervorbringt, bleibt der Gegenstand, für den gebetet wird, unklar. Freilich betet man für das tägliche Brot, man dankt für die Ernte und die Gaben auf dem Tisch, man fleht um Errettung de profundis. Die generelle christliche Gebetslage bleibt indessen die paulinische: „Wir wissen nicht, was wir beten sollen" (Röm 8,26), aber wir wissen, dass wir beten sollen, am besten ohne Unterlass (1 Thess 5,17). Das Christentum bringt eine Gebetstheologie hervor, die es bis zuletzt nicht weiß und das Wissenwollen am Ende durch eine technologische Anordnung des zeit-räumlich flächendeckenden Betens ersetzt. Sie hat auch am Ende keinen erbetenen Gegenstand hervorgebracht, dafür aber Gebetsmühlen, Betmaschinen und digitale Gebetsformationen.

Das christliche Gebet, musterhaft ausformuliert in Jesu Gebet in Gethsemane, ergibt sich daraus, dass man nicht gegen Gottes Willen anbeten soll, dass Gottes Wille im Detail aber auch nicht bestimmbar ist, dass schließlich Gottes Wille einfach geschehen möge, gleich worin er besteht. Gottes Wille besteht nicht in distinkten Sachverhalten: Das Gottesereignis sind nicht einzelne Dinge, sondern die große göttliche Verbindung der Dinge. Das wahre Beten streicht seine Inhalte während des Betens durch, es wird zur reinen Betprozedur. Jesus stellt es dem jüdischen Beten gegenüber, wo munter drauflosgeplappert wird und keine prinzipielle Schwierigkeit besteht, einen Gebetsinhalt zu finden. Es ist dort mit Traditionskenntnis, eventuell mit exegetischer Arbeit und Schriftgelehrsamkeit verbunden, das richtige Gebet aufzufinden, aber diese humane Arbeit kann geleistet werden und führt zum Ziel. Für einen Christen ist diese Arbeit vergeblich und er kapituliert mit „Dein Wille geschehe". Es zeichnet sich ab, dass die Praxis des christlichen Betens auf etwas völlig anderes zielt als auf Sachverhalte. Sie zielt auf sich selber, also auf ihre eigene Permanenz. Nicht in erbetenen Dingen manifestiert sich Gott, sondern in der Praxis des Betens als solcher.

Warum wird das christliche Gebet dysfunktional, wenn man einfach für das betet, was man auf dem Herzen und im Kopf hat und wessen man meint zu bedürfen? Warum müssen diese allzu menschlichen Dinge durch das „Dein Wille geschehe" überschrieben werden? Offenbar sind die Gegenstände, die dem menschlichen Wollen und Denken entspringen, als solche kein Bestandteil des göttlichen Ereignisses. Das Ziel des Betens scheint umgekehrt zu sein, Bestandteil des göttlichen Ereignisses zu werden und die menschlichen Gegenstände loszulassen. Die Botschaft des „Dein Wille geschehe" ist theotechnologisch: Nur wenn das, was an der Inputschnittstelle des Beters an Information gesampelt werden kann, zu einer solchen Veränderung des Beters führt, dass er Output hervorbringt, der im Netzwerk des Gottesereignisses weiterverarbeitet werden kann, ist das Gebet erfolgreich. Die lokale Lage des Gottesereignisses, nicht die des menschlichen Dafürhaltens, muss Ausgangspunkt des Betens werden. Dann wird der Beter ein operatives Objekt im Gottesereignis. Der von ihm als dynamischem Betobjekt hervorgebrachte Gegenstand kann vom benachbarten Objekt seinerseits gesampelt und betend weitergegeben werden. Das Kriterium „Dein Wille geschehe" sorgt also erstens dafür, dass aus dem Klagenden de profundis das Betobjekt im göttlichen Netzwerk wird.

Und es führt zweitens zum „Beten ohne Unterlass". Die Formulierung zeigt an, dass es Paulus um eine komplette Neudefinition des Betens gegenüber der jüdischen Praxis und selbst derjenigen von Jesus ging. Jesus zog sich zum Beten aus der Welt zurück in den stillen Garten oder auf den einsamen Berg (Mt 14,23). Die Kommunikation mit Gott aufzunehmen hieß, die mit der Welt zu unterbrechen. Durch die Präsenz des göttlichen Geists aber ist die Verbindung von Gott und Welt auf Permanenz gestellt. Der betende Jesus auf dem Berg ist im unmittelbar anschließenden Moment der durchgreifende Gott, der den Sturm auf dem See Genezareth stillt (Mt 14,24ff.). Dadurch ändert sich die Aufgabe, die das Gebet zu erfüllen hat. Es muss nicht mehr eine punktuelle Verbindung erst herstellen, es muss die bereits bestehende Verbindung mit Informationsfluss bespielen. Und zwar ohne Unterbrechung, ohne zeitliche oder räumliche Lücke. Der göttliche Automat braucht nicht eine Gegenwelt zur bestehenden, um rechnen zu können, er braucht die Lückenlosigkeit der bestehenden, mit der er rechnet, um in seiner Operativität fortfahren zu können bis zum Ergebnis. Die einzige Aufgabe des Betens ist daher, die Welt in möglichster Lückenlosigkeit für das Walten des göttlichen Geists bereitzustellen. Der christliche Beter wird zum Medium Gottes, nicht gegen die Welt, sondern in der Welt; nicht einzelne Sachverhalte in der Welt gemäß eigenen Bedürfnissen artikulierend, sondern das Eigenleben der einzelnen Sachverhalte neutralisierend für den göttlichen Durchgang.

Daher tendiert das christliche Beten zu Gebetsformationen. Es geht, wie beim zellulären Automaten, um die Herstellung zeit-räumlicher Flächen. Ein Punkt ist noch keine Fläche, aber die zwei oder drei, die sich im Namen Christi zum Beten versammeln, sind eine. Die Gebetsgemeinschaft, in der reihum gebetet wird, stellt eine zeit-räumliche Fläche her, Glied für Glied und lückenlos; wenn jemand eine Lücke lässt, kann sie als gescheitert gelten, und um keine Lücke zu lassen, reicht es, ein paar belanglose Worte und ein Amen zu murmeln. Um Lücken zu vermeiden, stellt man eine geschlossene körperliche Verbindung her, etwa durch den Handkreis beim Tischgebet oder den Gebetsring mit über die Schultern gelegten Armen in der Jugendgruppe. Immer geht es darum, alle einzubeziehen und die Formation bis an die natürliche Grenze des Raums auszudehnen, gleich ob das der häusliche Tisch oder das gesamte Erdenrund ist. Kinder in niederschlesischen Städten bildeten im Kriegswinter +1707/08 gegen den Widerstand von Kirchen, Schulen und Behörden Gebetsgemeinschaften, indem sie Hand in Hand in Paaren vor die Stadt zogen und dort im Handkreis Lieder sangen, Psalmen aufsagten und frei beteten. Die Gebete der Kinder seien ein „geschwinder Storm-Wind / und Orcan“ gewesen, sie „haben hie gewiß müssen Lehrer vieler Lehrer werden / die in ihrem Ammte / vornemlich in ihrem Gebet zu kalt / und träge seyn“[97]. Papst Franziskus rief dazu auf, am 25. März +2020 um genau 12 Uhr mitteleuropäischer Zeit weltweit gemeinsam das Vaterunser gegen die Coronapandemie zu beten. Bedeutsam war nicht die Gebetsmasse, sondern die möglichst lückenlose Gebetsmatrix. Die Grundidee des Weltgebetstags der Frauen, bereits +1887 entworfen, wird aktuell so formuliert: „Ein Gebet wandert über 24 Stunden lang um den Erdball und verbindet Frauen in über 150 Ländern der Welt miteinander!“ Frauen in aller Welt teilen miteinander „ihre Hoffnungen und Ängste, ihre Freuden und Sorgen, ihre Möglichkeiten und Bedürfnisse“[98]. Die raumzeitliche Extension des Verbindens und Teilens bis möglichst nah an die natürliche Grenze aller Frauen in allen Ländern auf dem ganzen Erdenrund steht im Vordergrund. Die Ängste und Sorgen kommen zur Sprache, aber es geht nicht darum, sie zu beseitigen, denn die Verbalisierungen sind nicht mehr als ein akustisches Medium, das die Berührung des einen Elements mit dem nächsten herstellt. Der Aufruf erfolgt heutzutage, im faktisch geschlossenen World Wide Web, zentral, die faktische Verbindungsbewegung aber vollzieht sich im Teilen lokaler Ortsgruppen, das heißt Gründung einer benachbarten Ortsgruppe von einer bestehenden aus, analog im Äußern einer einzelnen Frau hin zu einer weiteren, sodass Beten gleich Teilen oder, anders gesagt, der Inhalt des Betens ein weiteres betendes Objekt ist, tendenziell so lange, bis die chronotopische Schließung des globalen Netzes erreicht ist.

In solchen Formationen ist die Automatik des göttlichen Automaten am Werk. Die Anordnungen, sei es der Zusammenschluss humaner Hände oder der von Personen weiblichen Geschlechts, sind den natürlichen Ordnungen der involvierten Dinge nachempfunden; es wird also angenommen, dass die selbst rechnenden Dinge sich durch ihren rechnenden Informationsaustausch selber in eine betende Formation bringen, in die man versucht hineinzufinden und ihr, wo es nur unzulänglich gelingt, durch eine Hilfsautomatisierung nachzuhelfen. Nach diesem Muster drängten die neutestamentlichen Anweisungen, ohne Unterlass zu beten (1 Thess 5,17) oder dreimal verteilt über den Tag das Vaterunser zu beten (Didache 8,1–3), aus denen im 3. Jahrhundert das monastische Stundengebet sich bildete, rasch zur automatischen Taktung des Tagesablaufs durch die Uhr, zunächst mit Sonnen- und Wasseruhren, später durch die Räderuhr, die nicht zufällig eine klösterliche Erfindung war. Das Stundenbeten ist in seiner Automatisierung das schiere Gegenteil zum Stoßgebet in höchster Not. Die Digitalisierung kann an die intrinsische Automatik der neutestamentlichen Betregeln nahtlos anschließen,

indem sie sich der göttlichen Ereignisstruktur noch geschmeidiger als mechanische Automaten fügen kann. Zentrales Kriterium ist immer die chronotopische Schließung, und die lässt sich gesichert mit einer Automatik erreichen, die das zeit-räumlich offene Feld als linear in Reihe geschaltete Informationsobjekte auffasst und sie eines nach dem anderen durcharbeitet. Wir sind in der Sphäre der digitalen Stundengebete angekommen, die sich
 in den Appstores erwerben lassen, der digitalen Rosenkränze, die die Jesuiten im Rahmen des „Weltweiten Gebetsnetzwerks" des Jesuitenpapsts Franziskus vertreiben. Man kann, wie in diesen Beispielen, die linear verrinnende Zeit als Ausbreitungsmedium nutzen. Man kann aber auch den Wind oder die Verbreitung von Viren, die in der Regel zelluläre Automaten sind, in Anspruch nehmen. Die Initiative coronagebet.de strebt an, bis zum Ende der Coronapandemie eine zeitlich lückenlose Gebetskette zu organisieren, in der permanent mindestens ein Beter online ist. Nach dieser Logik der Zeitextension, die die zeitliche Abdeckung durch Anschluss einer neuen Zeitspanne um endliche Zeiteinheiten immer weiter zu verlängern sucht, bräuchte die Pandemie nie zu enden – womit offenkundig wird, dass der bei dem Thema erwartbare und kaum variable Inhalt der Coronagebete komplett in der pandemischen, also sich durch automatischen viralen Informationsfluss selber perpetuierenden Struktur verschwindet und just diese chronotopische Matrix der Ausbreitung eines Virus als angemessene Gebetsmatrix dient. Der alles durchdringende göttliche Virenautomat ist strukturell dasselbe wie der durchgreifende göttliche Windautomat, in den die Buddhisten die Gebetsfahnen hängen, oder die per Handkurbel betriebene Gebetsmühle. Die auf den Fahnen und Mühlen notierten Mantren, etwa das Om, bedeuten nichts, die automatische Ausbrei-

tung durch mechanische Beschleunigung leistet alles, was das Gebet überhaupt leisten kann. Die humanen Betmaschinen im satirischen Gedicht Pfeffels von +1801 sind spätestens in der digitalen Ära zu dem geworden, was sie immer waren, zu Betvollautomaten.

Der Informationsfluss im betenden Objekt, so kann man unsere Überlegungen zusammenfassen, ist in Bewegung, wenn die Information am Output, das Gebet also, wiederum in ein betendes Objekt fließt, und so weiter. McLuhan erkannte intuitiv, dass das nichts anderes ist als die klassische katholische Theologie der Heiligenverehrung. Als guter Katholik pflegte er eine ausgeprägte Marienfrömmigkeit, als guter Medientheoretiker bemerkte er, dass die Marienverehrung der medialen Verfasstheit des Christentums entsprang.[99] Heilige haben die Funktion, bei Gott die Bittgebete vorzutragen. Die lutherische Erwiderung, damit werde das Gebet auf einen überflüssigen Umweg geschickt, hat womöglich die Medialität des Betens nicht verstanden. Der Inhalt eines Gebets ist ein weiteres Gebet. Indem diese Betanordnung operativ ist, nähert sich Gott und erhört es. Die Quelle jedes Gebets ist ein zeit-räumlich lokaler Punkt in der Tiefe des irdischen Daseins. Von ihm aus muss die beschriebene Ausbreitung geschehen, erst so wird der expressive Hilfeschrei zu einem Gebet. Der Heilige ist daher typischerweise ein Lokalheiliger: Mit ihm vollzieht sich die Weitergabe des Gebets vom lokalen Hilferuf aus besonderer Lage in die extensionale Dynamik des göttlichen Ereignisses. In dieser bettechnologisch essenziellen Funktion werden die Lokalheiligen eine digitale Zukunft haben. Vielleicht werden sie anfangs ihren kommerziellen Abziehbildern Alexa, Siri und den Sprachassistenten in Autos ähneln, die wie die Muttergottes jedes beiläufige und inhaltsleere

Stöhnen erhören, indem sie eine Informationskette aufbauen, in der ein Inhalt konstituiert und so weit konkretisiert wird, dass er in einer Produktbestellung resultiert. Sicherlich aber wird der digitale Heilige die technologische Gestalt eines Sprachassistenten haben, der aus dem expressiven Stöhnen operative Sprache formt. Der Heilige wandelt humane Expression in göttlichen Code. Das war schon immer die Funktionalität der heiligen Für-

bitte. Was spricht dagegen, Algorithmen, die nachweislich große Dinge leisten, zu digitalen Heiligen zu ernennen und sie in eine digitale Gebetsformation einzubauen?

Singen/Kirchenmusik

Erneut ist es aufschlussreich, die Bemerkungen in den neutestamentlichen Schriften zur Kenntnis zu nehmen, wenn wir das Charisma des Singens erörtern. In den apostolischen Charismenlisten sind Singen und Musizieren nicht enthalten. Es wird noch deutlich werden, dass die sonischen Frömmigkeitspraktiken dennoch zu den Charismen des Hoffens gezählt werden müssen, denn sie entsprechen sehr genau der Theotechnologik dieser Charismen.

Beiläufig wird das Singen von Psalmen erwähnt, das die judenchristlichen Gemeinden aus der Tradition übernehmen. Wenn es bei Paulus und seinen Schülern um das Singen geht, dann um bestimmte Haltungen und Formationen des Singens. Der Verfasser des Epheserbriefs (um +60) mahnt zum Singen in der Gruppe (Eph 5,19), der des Kolosserbriefs (um +60) erwähnt das Singen von Psalmen im Rahmen einer ermahnenden und belehrenden Kommunikation, die die Gemeindeglieder untereinander pflegen sollen. Psalmen und Lobgesänge sollen „im

Herzen“ gesungen werden (Kol 3,16). Das Singen bleibt bemerkenswert unkonkret: Es ist mehr eine propositionale Einstellung für die verbale Kommunikation, die konkret eher aus den Glaubenscharismen sowie dem Segnen und Beten besteht. Ähnliche Bemerkungen finden sich auch später, etwa im 1. Klemensbrief an die Korinther (um +75), einmütig und mit einem Munde zu singen, was später als die Maxime der liturgischen Einstimmigkeit interpretiert wird. Allmählich aber tauchen musiktheologische Argumentationen auf. Ignatius von Antiochien (um +117) mahnt auch zum Ab- und Einstimmen untereinander beim Singen, nun aber mit der Begründung, Gott stimme den Ton an und Christus sei das Lied. Die Autoren des 3. Jahrhunderts (Cyprian von Antiochien, Kyrill von Jerusalem, Origenes und andere) unterfüttern diese Art des Singens mit dem Sanctus der Engel (Jes 6,3), deren Chor wie aus einem Munde töne und ergo einstimmig sei, wobei aus dem alttestamentlichen Wortlaut nur der Wechselgesang hervorgeht, nicht aber musikalisch strikte Einstimmigkeit.

Der Bezug auf Christus, wie er ab dem 2. Jahrhundert in den theologischen Argumentationen zum Musikmachen auftaucht, ist höchst bemerkenswert. In den Evangelien ist nicht die zarteste Andeutung zu finden, dass Jesus und seine Jünger gesungen hätten. Jesusbiografisch ist das Thema Musik inexistent. Clemens von Alexandrien indessen bezeichnet (um +200) Christus geradewegs als Sänger, ja als den Sänger schlechthin.[100] Gegen Christus stellt er die griechischen Sänger Orpheus, Arion und Amphion als Dämonen hin. Wenn Orpheus und Amphion so singen, dass die wilden Tiere zuhören und die Bäume und Steine sich ihnen zuneigen, wenn Arion die Delphine aus der wilden See zu seiner Rettung herbeisingt, dann soll das Scharlatanerie sein. Christus hingegen habe die wunderbaren Wirkungen der Musik vor Erschaffung der Welt ein für alle Mal vollbracht. Die Griechen inszenierten das als schlechten Zauber nur nach. An dieser Schlüsselstelle wird der christlichen Musiktheologie für die nächsten knapp zweitausend Jahre der Weg gewiesen. Der Sänger Christus macht nicht konkret den Mund auf und bringt Luftmoleküle zum Schwingen. Er ist für Clemens der Schöpfer, der das göttliche Singen ermöglicht. Er hat die Welt ein für alle Mal so gemacht, dass das wechselseitige Einschwingen und Einstimmen in die harmonischen Intervalle möglich ist, und den Christen bleibt, diese Möglichkeit zu ergreifen, die dann, ganz platonistisch, immer nur Abbild des eigentlichen Sängers Christus ist. Der Sänger Christus installiert das Medium der Musik. Er schreibt ein für alle Mal den musikalischen Code an, die Christen haben ihn nur noch auszuführen. Ihn im Moment des Singens neu zu schreiben wäre orphischer Hokuspokus, und die katholische, über weite Strecken selbst die evangelische Kirchenmusik hat ihn als reine Einstimmigkeit, reine Tonalität und reine Vokalität interpretiert. Alles andere war blasphemisch, unchristlich oder einfach paganer Krach.

Mit der Frontstellung des Sängers Christus gegen die göttlichen Sänger der Griechen ist die große Dialektik zwischen dem offenbarenden und dem erfahrenen Gott berührt. Erinnern wir uns an die Überlegungen zu Schrift und Code: Sobald sich die dialektischen Pole einer im anderen auflösen, kommt ihre Theotechnologik zum Vorschein. Bei den griechischen Sängern offenbart sich die Göttlichkeit an dem konkreten Zeit-Raum-Punkt, an dem sie singen. Orpheus sang um -1250[101] auf einer Wiese, vielleicht im thrakischen Hügelland, vielleicht auf den phlegräischen Feldern, wohin er aus der Unterwelt zurückkam.

Arion sang an dem Tag um -600, als die Seeleute ihn bei der Überfahrt von Sizilien zum Peloponnes von Bord stießen. Genau dort offenbart sich das Göttliche, wo von den Mündern dieser Männer eine Materieschwingung ausgeht, die auf die Tiere, Bäume und Steine durchgreift, eine göttliche, weil alle Trägheit und Indifferenz der Dinge zwingende, Kausalfolge. Ihr Gesang macht, aber nur für den göttlichen Moment, die Dinge zu dynamischen informationstechnischen Objekten. Man könnte nun vielleicht denken, mit der Installierung des universalistischen Sängers Christus bei den Apologeten sei genau diese Situation hergestellt, und zwar für immer und überall. Unsere obige Analyse der christlichen Charismen war doch die, dass das göttliche Informationsnetzwerk hergestellt sei und vom Input her mit dem Christusgeist operativ gemacht werde. Aber man ist intuitiv skeptisch, ob jedes ermahnende und erbauende Einstimmen bei einer christlichen Gemeindeversammlung so konkret in die Wirklichkeit durchgreift wie bei einem Orpheus, der beherzt in die Lyra greift und Atem holt. Es bewegt sich auf dem als kirchlich approbierten Informationsnetzwerk, es ist zweifelsfrei rechtgläubig. Aber ihm fehlt etwas: Es fährt auf den gegebenen Gleisen nur auf und ab. Es treibt sie nicht weiter ins Hinterland. Mit einem universalistischen Sänger Christus, der nie wirklich sang, die göttlichen Sänger der Griechen mundtot zu machen ist schlechtester Platonismus der Apologeten. Sie vergessen das andere Element des charismatischen Netzwerks, den Missionsbefehl oder genauer: die Missionsdynamik. Erst mit der Ausbreitungsdynamik wird das charismatische Netzwerk tatsächlich operativ, wie wir an allen anderen Charismen auch gesehen haben. Es beackert ein Realitätssegment nach dem anderen und macht es im Netzwerk faktisch operativ. Die Objekte in einem informationellen Netzwerk heißen dynamisch, weil sie in der faktischen Taktung von Vorangehen und Unterbrechen permanent umgeschrieben werden. Sie führen nicht ein für alle Mal ein und dasselbe Programm aus, ihr operatives Skript ändert sich beständig, so wie sie beständig das operative Skript des benachbarten Objekts umschreiben. Clemens und seine Zeitgenossen beschreiben lediglich ein dürres und abstraktes Schema, dem zur tatsächlichen Operativität der Gedanke des operativen Code fehlt, der lokal und konkret operativ oder überhaupt nicht operativ ist. Bei Clemens muss man an das Charisma des Singens auch noch glauben. Stattdessen müsste man es erfahren.

Der christlichen Kirchenmusik eröffneten sich hier zwei Optionen. Sie konnte den nie gehörten Sänger Christus und die von keinem je vernommene Musik der Engel normativ auffassen: Wir haben dann die – wenn auch mageren – Hinweise Einstimmigkeit, Singen im Wechsel und Musizieren nur mit dem humanen Körper versus den Klangkörper auf Instrumente auszudehnen, und da wir für die Göttlichkeit des so erzeugten Klanggeschehens sowieso keinen epistemischen Maßstab haben, bleiben wir eben bei diesen Vorgaben. Sie konnte aber auch die Prinzipien der Einstimmigkeit, des Wechselsingens und des Singens mit dem eigenen Körper einfach geschehen lassen und sich selber dabei zuhören. Sie erfasste damit das latent Automatische und Algorithmische in ihnen, also den Faktor Zeit, der auch dem einfachsten Klang innewohnt und ihn in einen Gegenklang umschlagen lässt. Diese Auffassung tendierte seit je zu Klangautomaten: zu Spielautomaten, zu Komponierautomaten, zu Klanginstallationen. Hier käme eine lange Liste zusammen, die wir nur andeuten können. In derselben Zeit, als der Gedanke des göttlichen Buchs der Natur seine algorithmische

Basis erfasste, dem 16. und 17. Jahrhundert, erinnerte man sich der griechischen Mythen von der Erfindung der Musik und der Musikinstrumente: von Pan und der Panflöte, von Apollo und der Leier. Man erkannte die Koinzidenz mit den alttestamentlichen Mythen von Jubal, der die Flöten- und Saiteninstrumente erfunden haben soll, und von Tubal-Kain, der wie Pythagoras in der Schmiede die Intervallproportionen entdeckt habe (Gen 4). In den Musikinstrumenten und in der harmonischen Folge der Intervalle spielt die Natur mit sich selber. Komponieren ist dann nichts weiter, als das Sich-selber-Komponieren der Natur durch Abstimmen, Einstellen und Fügen behutsam zu assistieren, so wie Prometheus der Epiphanie des Zeus sanft nachhalf, indem er sich in das Technische fügte, das die Natur von sich her hat. So ist es von der Epiphanie des Pangottes, als der Wind über das Schilfrohr strich und bei den Flötentönen die Nymphen zu tanzen begannen, zur hergestellten und mit Atemwind gespielten Panflöte nur der kleine prometheische Schritt. Für die Llullisten, etwa Athanasius Kircher, die im 17. Jahrhundert mit der operativen Grammatik des Mystikers Llull operierten, lag der Gedanke, dass sich die Musik selber komponiert und man den Vorgang mit Komponiermaschinen emulieren kann, auf der Hand. Die Regeln, wie man zu einer gegebenen Melodie Begleitstimmen improvisieren kann, wie sie seit Guido von Arezzo (+1025) aufgestellt wurden, sind nichts weiter als Komponiermaschinen, die ohne Weiteres mechanisch emulierbar wären. Durch alle diese Projekte zieht sich der Grundgedanke, dass die Operativität der Musik in der Operativität der Natur gründet und dass sie genau deshalb göttlich ist. Der Grundgedanke fasst die mechanischen Elemente einer Panflöte, einer Leier, eines Grammofons als Objekte, durch die arithmetische Information fließt und, durch ihre mechanische Eigentümlichkeit getaktet, so umcodiert wird, dass der resultierende Zustand der Anordnung Musik ist. Es braucht keinen Pfarrer und keine Kirche, um hier das Göttliche walten zu hören. Der Musik ist das Charismatische eingeschrieben, und es ereignet sich konkret und von selber, wenn die informationstechnische Anordnung entsprechend gestellt und gestimmt ist. Das dürre Konstrukt des Sängers Christus ist hinfällig.

Daher wird, wie bei allen anderen Charismen, die implizite Automatik des Singens sich mehr und mehr in eine explizite kehren. In manchen Kirchenmusikerkreisen wird gern das Analoge, das Humane, das Hand- und Mundgemachte, zuweilen sogar noch das Vokale hochgehalten. Das sind letzte Rückzugsgefechte der frühchristlichen Kirchenmusiktheologie der Paulusschüler und Apologeten, die das technologische Wesen der Musik und das musikalische Wesen der Technologie nicht begreifen konnten, weil sie nach einer Frontstellung gegen die Mythen der Griechen, Ägypter und der Zweistromländer suchten, denen die Zusammenhänge noch selbstverständlich waren. Seit Hans Castorp vom Grammofon nicht ästhetisch, sondern religiös verzückt wurde, erobert sich die Technologie selber die Zusammenhänge zurück. Das Grammofon speicherte eine vokale Sequenz mit Caruso nur. Die digitale Technologie aber macht, weil sie in die Zeit-Raum-Achse des Audiofiles eingreifen kann, Caruso noch carusianischer, als er je war. Sie kann eine reine Vokalstimme noch reiner, noch vokaler und noch humaner machen, als sie natürlicherweise je klang – welcher von beiden will eine technophobe Kirchenmusiktheologie dann die Krone des Lebens aufsetzen?

Ähnlich wie beim Charisma des Betens *ist* die Operativität des göttlichen Netzwerks selber so etwas wie Musik. Setzen wir die Wette dieses Essays nun voraus: Der digitale Gott ist die Kraft, die alle vorfindlichen Dinge in ihre göttliche Rechnung einbegreift und auf diese Weise nahe, zu mir nämlich, herbeikommt und mich an seiner Göttlichkeit teilhaben lässt. Dann *ist* der digitale Gott – nun, nicht Musik im eigentlichen Sinn, aber Sound: das sich mit arithmetischen Rechenvorgängen durch alles Vorfindliche hindurch und es in sich einbegreifende Netzwerk von Materieschwingungen. Der göttliche Sound ist die informationstechnische Aktivität des göttlichen Netzwerks insgesamt. Einen kleinen Teil davon hören wir als Alltagsgeräusche, allerdings identifizieren wir sie schnell mit den Dingen, die für uns an der Oberfläche des Alltags überlebensnotwendige Orientierung verschaffen. Wir nehmen nicht die Algorithmik in ihnen als solche wahr. Das geschieht erst, wenn eine der oben erwähnten physischen Anordnungen in den permanent rechnenden Code der Natur hineingestellt wird: ein Instrument, eine Kompositionsregel oder nur einfach ein offenes Schilf, an dem sich der Wind so bricht, dass die harmonischen Schwingungen in seinem Brausen plötzlich hervortreten.

Der klassische Musikbegriff, der an den Kategorien von Kunst und Werk hängt, ist mehr Installation, mehr suchende, tastende, hinhörende Hineinstellung in den göttlichen Sound, als er denkt. Er ist also digitaler, als er meint, wenn prima vista nur klassisches Instrumentarium und keine moderne Elektronik im Einsatz ist. Umgekehrt ist der Einsatz moderner Digitaltechnik keine völlig neue Musik und auch nicht etwas völlig anderes als Musik. Immer legt digitale Musiktechnologie den installativen Charakter jeder Musik offen: Sie setzt, weil das eben das Wesen des Digitalen ist, dort an, wo ein geistiger und stets zahlhafter Informationsgehalt materiell implementiert ist, sei es in einem

Siliziumtransistor, der ein Bit codiert hat, sei es in einem kleinen Materiesegment von Luft oder irgendeinem Festkörper, wo einige Schwingungsimpulse codiert sind. An diesen Stellen greift Digitaltechnik ein, und Eingreifen heißt nichts weiter, als dass das bestehende informationstechnische Objektensemble um einige Objekte erweitert wird. So werden mithilfe der zwischengeschalteten digitaltechnischen Objekte weitere Dinge zu Objekten, die vorher vielleicht nur eine Art von Grenze der Musik waren: der Aufführungsraum, das Schallausbreitungsmedium Luft, die zuhörenden Menschenkörper, die am Rande stehenden Menschen. Sie werden zu dem, was sie genau genommen immer waren, was aber, mangels auditiver Wahrnehmung oder weil es nicht in den Noten steht, unter den Tisch fiel: zu interaktiven Objekten im sonischen Netzwerk. Oder anders gesagt, das sonische Charisma zeigt sich als eine Möglichkeit, wie das Charisma der Zungenrede konkretisiert werden kann, indem es die Information des einen Objekts ins andere Objekt übersetzt. – Und diesen Vorgang sonifiziert. Während das Glaubenscharisma des Übersetzens die Operativität eines göttlichen Netzwerks überhaupt herstellt, macht das Hoffenscharisma des Singens einen Bereich davon sinnlich wahrnehmbar. Der Sound mit seiner ihm physisch innewohnenden Ausbreitungsdynamik ist die Grenzlinie, an der das Netzwerk sich nach außen in die profane Umwelt verliert und in Wärmerauschen diffundiert. Für alle sinnlich wahrnehmungsfähigen Dinge entlang der Grenzlinie ist der Sound damit das Berührende, das ein angerührtes Ding einlädt, sich dem Netzwerk durch Sampling einzugliedern. Früher nannte man das die gemeinschaftsbildende Kraft der Musik.

An dieser Stelle steht die kirchliche Klanggestaltung heute. In die Mystik, die Llulls Imagination der totalen und ergo göttlichen Medienkonvergenz im 13. Jahrhundert vorwegnahm, tritt sie im 21. ein, nun real sichtbar, hörbar und fühlbar überall dort, wo die innere und sonische Digitalität des Reichs Gottes in eine äußere musikalische und multimediale gebracht wird. Man erkennt die Lage an den überall zu beobachtenden Bemühungen, die Frömmigkeitspraktiken medial zu kombinieren und die Möglichkeiten ihrer inneren Medienkonvergenz zu entfalten. Die Charismen des Glaubens und des Singens gehen ineinander über: Das Bannende und Koppelnde der Predigt, die ihr Limit erreicht, ist genau das Berührende des Sound, das an der Linie des Limits stattfindet. Musikalische Unterbrechungen oder Untermalungen von Predigten sind einfache, historisch auf die barocke Kirchenkantate zurückgehende Varianten. Die fließenden Übergänge des Predigens in den reinen Sound der Zungenrede werden in den Pfingstkirchen praktiziert. Nächste digitale Schritte wären die nicht mehr passend zur Predigt ausgewählte Kantate, sondern die während der Predigt in Echtzeit computergenerierte Klangkantate, die auf die Predigt rückwirkt. Ähnliche interaktive Anordnungen sind für die Charismen des Betens und Segnens in Entwicklung: Das Taktile der Segensgeste braucht nur als das Berührende des Sound aufgefasst zu werden. Der Introitus kann aus der starren Position des Eingangs in den linearen Gottesdienstablauf gelöst und als das ergriffen werden, das er eigentlich ist, wenn man den Gottesdienst als Netzwerksession begriffen hat: die Inputphase der aktuellen Session, der Gang über die Linie des Limits. Es gibt dann so viele individualisierten Introiten, wie es Grenzüberschreitungen gibt. Das digital begriffene Charisma des Singens führt von sich her zu einer, um ein modernes Schlagwort zu bemühen, Kirchenmusik 4.0: zu konsequent personalisierten, situationisierten, raum-zeitlich absolut unikaten sonischen Frömmigkeitspraktiken. Jeder materielle Zustand eines operativen göttlichen Netzwerks ist unikat. Da wäre eine Kirchenmusik, die es bei Wiederholungen der immer gleichen Lieder und Stücke belässt, eine vorgestrige Vorstellung.

Teilen / Sharen

240 Die gemeinsame Nutzung von Nahrung, Wohnraum, Einrichtungsgegenständen, Produktionsmitteln, von Gütern aller Art wird von Lukas als Charisma beschrieben. In den paulinischen Charismenlisten fehlt die Praxis, aber so wie die Apostelgeschichte die Ereignisse unmittelbar nach der Geistausgießung beschreibt, besteht wenig Zweifel, dass Lukas es als eine geistgetriebene Gnadengabe auffasst. Das Erste, was die dreitausend Menschen, die sich durch die charismatische Pfingstpredigt des Petrus Jesus Christus anschlossen, taten, war, ihre Haushalte zusammenzulegen, überflüssigen Besitz zu verkaufen, alle übrigen Güter zu vergemeinschaften und gemeinsam das Brot zu brechen, also vor allem die Nahrungsmittel zu teilen (Apg 2,41). Dass dabei eine recht genau raum-zeitlich gedachte Verteilungs- und Ausbreitungsdynamik am Werk war, zeigt sich an Details wie dem, dass der Ort der gemeinsamen Mahlzeiten von Haus zu Haus weiterwanderte (46) und dass die Versammlung, die Ekklesia, täglich um neue Mitglieder und Güter wuchs (47). Das Predigt-, Beten- und Singencharisma berührt und ruft die Außenstehenden, der Vorgang ihrer medialen Eingliederung wird aber erst mit dem Modus des Teilens durchsichtig. Das Teilen der Güter, die die göttliche Schöpfung bereitstellt, resultiert direkt als Output, wo der Christusgeist den Input gibt; in der Praxis des Teilens werden die neu versammelten Elemente operativ.

Diese hervorgehobene Stellung in der urchristlichen Frömmigkeit ist wohl der Grund, dass von allen digitalen Praktiken die Sharingökonomie am direktesten als Netzreligiösität aufgefasst worden ist. Das Teilen eines Autos, eines Werkzeugs, einer Wohnung, einer Dienstleistung, einer Meinung, einer Nacht erstens echtzeitlich miteinander zu vereinbaren und zweitens mit der vollzogenen Teilung das Feld des Teilbaren und der Teilenden auszuweiten erfordert zwingend digitale Technik. Hinsichtlich der aktuellen wie auch hinsichtlich künftiger Teilensvorgänge wird ein offenkundiger Mehrwert geschaffen. Allein dieser Umstand scheint eo ipso etwas Göttliches zu haben. Und so nennen christliche, vor allem evangelikale Kreise, aber auch komplett kirchenferne Akteure das plattformbasierte Sharing stets als erstes Beispiel dafür, dass im Internet etwas Göttliches walte.[102] Damit liegen sie im Großen und Ganzen richtig. Die Begründung ist aber meistens falsch. In den Sharingplattformen verwirkliche sich die christliche Moral des Teilens. Damit wird der entscheidende Punkt, die technologische Nähe des digitalen Sharens zum christlichen Charisma des Teilens, übersprungen.

Auch die gegenläufige Intuition ist nicht weit: Für eine echte Gütergemeinschaft sei gerade die Sharingökonomie ein schlechtes Beispiel, denn eine kleine Zahl von Akteuren teilt eben nicht und steckt einen Teil des Mehrwerts, den die Sharingplattform generiert, nicht in die Ausweitung der Plattform, sondern in die eigene Tasche. Der Aufwand, eine Sharingplattform am Laufen zu halten, sei gering, der Skaleneffekt groß, der Profit unverschämt. Auch dieser Einwand hat recht, aber auch er ist schlecht begründet, denn er macht denselben Fehler, das moralische vor dem technologischen Argument zu bringen. Auch hier werden wir die Sache umdrehen: Erst kommt das Hacking, dann die Moral.

Das Charisma des Teilens ordnet Lukas in der Entwicklungslogik der Ekklesia dem Charisma Predigt nach. Der historisch so folgenreiche urchristliche Kommunismus, dessen Realitätsgehalt wir hier nicht überprüfen können und müssen, ist eine ausdifferenzierte Regulierung der Verhältnisse und Ströme von Besitz, an der die mediale Operativität des Teilens nicht direkt ablesbar ist. Die Vorordnung eines anderen Charismas ist ein Indiz für diesen medialen Unterbau. Ihn verstehen wir nicht allein an den neutestamentlichen Zeugnissen. Daher werden wir hier anders vorgehen als in den vorigen Abschnitten, mit einer generellen medialen Analyse des Teilens beginnen und erst danach auf die biblische Überlieferung zurückkommen. Das heißt, wir werden mit dem Teilen in der digitalen Sphäre beginnen, denn in ihr liegen die medialen Basisoperationen des Teilens an der Oberfläche.

Wie geht informationstechnisch das Teilen einer Mitfahrgelegenheit (angeboten von Plattformen wie Uber) oder einer Bewertung eines Produkts (als Feature beim digitalen Shopping) vor sich? Die beiden Fälle sind auf den ersten Blick asymmetrisch, denn im ersten Fall sind die beiden Objekte, die sich die Fahrt teilen, Vertragspartner: Der eine bietet die Mitfahrgelegenheit an, der andere fährt mit und bezahlt. Im zweiten Fall teilt ein Objekt seine Bewertung mit einem anderen, das sie zur Kenntnis nimmt, aber keines wird dem anderen etwas schuldig. Im ersten Fall haben beide Objekte einen Profit. Im zweiten Fall scheint nur das kenntnisnehmende Objekt zu profitieren. Was jemand davon hat, der seine Einschätzung eines Produkts mitteilt, ohne dass sie bestellt und bezahlt wird, ist prima vista schwer zu sehen.

Das Mitteilen einer Bewertung scheint einer Spende zu gleichen, die man an eine wohlätige Organisation gibt in der Hoffnung, dass ein Bedürftiger sie erhält. Die mediale Analyse des Teilens zeigt aber rasch, dass die beiden Fälle sich kaum unterscheiden, und daraus wird sich am Ende ergeben, warum sich auch beim nicht bestellten und unbezahlten Teilen Profite für beide Seiten ergeben.

Der Vorgang des Teilens besteht aus mehreren medialen Schritten. Im ersten Schritt identifizieren sich die beiden Objekte: Fahrer und Mitfahrer gleichzeitig und explizit, Bewerter und Leser der Bewertung zeitversetzt und mehr oder weniger diffus. Das gelingt ihnen, indem sie einen gemeinsamen Vektor identifizieren mit zwei Dimensionen, die man im weitesten Sinn als räumliche und zeitliche Strecke auffassen kann. Fahrer und Mitfahrer teilen sich die Zeit-Ort-Punkte, an denen sie sich zu Beginn aufhalten: oberflächlich Mit-Teilung, denn die Punkte liegen auseinander, tatsächlich aber bereits der Beginn der Teilung, denn die Zeit-Weg-Strecke, die der Fahrer bis zum einsteigenden Mitfahrer zurücklegt, ist schon Teil der medialen Kopplung. Dann teilen sie sich die gemeinsame Weg-Zeit-Strecke. Sie identifizieren sich nicht in irgendeiner Gesamtheit, sondern als der Weg-Zeit-Vektor. Der Vektor ist die Grenzlinie, die sie sich teilen, und über diese Außenseite und nur über sie identifiziert das eine Objekt das andere. Wir sprechen umstandslos von Objekten, denn der Vektor ist eine wohldefinierte Menge von Informationen, über die das eine Objekt das je andere als Entität erfasst. Auch bei der geteilten Bewertung erfassen sich die beiden Objekte mit einem solchen Vektor. Der gemeinsame Zielpunkt ist das Produkt, aber die Gemeinsamkeit ist zunächst unscharf, da beide Objekte ihn nicht in einem geteilten Vorgang erreichen,

sondern jeder für sich von je unterschiedlichen Ausgangslagen. Er ist dann ein geteiltes Ziel, wenn die Weg-Zeit-Linie bis zu ihm geteilt ist. Das leistet die Bewertung. Sie bahnt für beide Objekte einen gemeinsamen Weg zum Produkt vom Treffpunkt der Bewertung aus, völlig unabhängig übrigens davon, ob das Produkt positiv oder negativ dargestellt wird und wie der Leser die Bewertung bewertet. Die Bewertung ist das Analogon zu
 dem Punkt, an dem der Fahrer den Mitfahrer mitnimmt. Sie ist auch der Punkt, von dem aus sich die beiden Akteure als Objekte identifizieren: Sie erfassen sich als Entitäten über ihren geteilten Weg zum Endpunkt des Produkts. Die medialen Schritte im Teilensvorgang objektivieren von dem Punkt der Kontaktaufnahme aus weitere Objekte in verschiedenen Richtungen: in die eine das Zielobjekt in der geteilten Weg-Zeit-Strecke, in die andere sich selber als Objekte, die über das Zielobjekt auf der geteilten Weg-Zeit-Strecke Informationen austauschen. In dritte Richtungen weisen weitere Objekte, die auf dem geteilten Zeit-Weg liegen oder von dort aus geteilt werden, etwa der Hersteller des Produkts, Alternativprodukte, Verkaufspunkte des Produkts und so weiter. Es entsteht über den Teilensvorgang also ein veritables Informationsnetzwerk von Objekten. Alle sind sie eminent dynamisch: Sie bestehen aus nichts als aus ihrer informationellen Kopplung mit den anderen Objekten; sie sind das, was der jeweilige Informationsfluss aus ihnen macht.

Was wir bisher beschrieben haben, ist die Oberfläche des digitalen Teilens. Die Operativität auf dieser Ebene mutet kaum religiös an. Aber es gibt eine tiefer liegende Schicht des Netzwerks, ohne die die Objekte an der Oberfläche nicht operativ werden können. Es ist evident, dass das Teilen einer Autofahrt ein weiteres Netzwerk erfordert, auf dem die Raum-Zeit-Objekte, an denen sich Fahrer und Mitfahrer an ihren getrennten Ausgangspunkten, am gemeinsamen Treffpunkt und auf der gemeinsamen Zielpunktlinie befinden, bereits vorhanden und operativ sind. Wenn man, um ein Beispiel zu geben, sich in einem entlegenen Außenbezirk Kairos befindet und über Uber eine Mitfahrgelegenheit bestellen will, wird man scheitern: Es gibt mobiles Internet, man erreicht also die Homepage, der eigene Standort wird von den üblichen digitalen Maps auch gefunden, und dennoch wird kein Uber-Fahrer einen dort aufnehmen, weil er dafür aus der Uber-Map hinausfahren müsste. Es entsteht eine Weg-Zeit, die kein dynamisches Objekt im Uber-Netzwerk ist und daher nicht abgerechnet wird. Sie existiert bei Uber schlicht nicht. Weniger evident, aber bei näherem Hinsehen völlig analog liegt der Fall des Teilens einer Produktbewertung: Man hat ein Produkt im Kopf und eine Einschätzung seiner Qualität. Auch eine andere Person hat das Produkt im Kopf. Die beiden Personen werden aber kein operatives Netzwerk aus Produktobjekt, Bewertungsobjekt und ihnen selber als Objekten erstellen können, wenn nicht ein darunterliegendes Netzwerk operativ ist, das diese Punkte schon bereithält in Form einer Leerstelle, die die Teilnehmer nur noch mit dem Content ihrer Personendaten und des Bewertungstexts füllen müssen. Eine Produktbewertung, die nicht über ein bereits existierendes Blankoobjekt zu einem Produktbewertungsobjekt wird, existiert in der digitalen Welt einfach nicht.

Die sich temporär an der Oberfläche bildenden Netzwerke in dieser medialen Struktur sind die jeweiligen Sharingaktivitäten. Das Netzwerk im Unterbau ist die Plattform, und es scheint so, als seien die Aktivitäten vollkommen von ihren Plattformen abhängig, ja nichts anderes als eine lokale Aktivität der Plattform selber. Die Teilenden müssen von außen Energie (Strom, Sprit, Zeit, Geld, Daten) investieren, damit die Plattform lokal operativ wird, freilich profitieren sie umgekehrt auch von der in der Plattform bereits zirkulierenden Energie, wenngleich in geringerem Maß, und die Differenz verbleibt in der Plattform. Ob als Nettoprofit oder etwas anderes, werden wir gleich sehen. Jedenfalls können die Teilenden durch ihre Investition die von der Plattform gegebenen Verschaltungen von Objekten in Anspruch nehmen, indem sie sich mit ihrem Content selber in diese Objekte einschreiben. Die Dynamik des lokal gebildeten Netzwerks entfaltet sich prima vista nur innerhalb der Grenzen der Plattform. Es ist diese Konstellation, die das christliche Misstrauen erregt. Die christliche Agape wird klassisch aufgefasst als die verzichtende Gabe eines Menschen für einen anderen, einen Nächsten, einen Geringsten, der in Not ist: Das Gut ist eigentlich meines (mein Auto, meine Zeit, mein hart erarbeiteter Gedanke und so weiter), aber ich überlasse es zeitweise dir, weil du es gerade brauchst. Die Sharingplattformen aber funktionieren nicht nach dieser Logik. Sie sind etwas Drittes, ein Medium, das sich nicht ein Akteur mit einem anderen teilt, sondern an dem beide gemeinsam teilhaben. Daher fließt die eigene Investition stets ins operierende System, nie direkt an den anderen Teilnehmer. Es erfolgt hier eine bemerkenswerte Verschiebung bei dem, was bisher als christliche Ethik des Teilens, der Barmherzigkeit usw. firmierte. Im plattformbasierten Sharing führt kein direkter Weg vom Ich zum Du. Zwei Akteure werden ihre eigentlich wechselseitig auf den anderen gerichteten Intentionen nur erfüllen können, indem sie sie auf etwas Drittes umlenken, auf das operierende System.

Aber die Vorgänge auf der tiefen Ebene sind dynamischer, als es scheint. Der Begriff der Plattform engt die Dinge allzu sehr ein, oder genauer, die Betreiber von kommerziellen Plattformen engen die Dynamik ihres Basisnetzwerks mit Kalkül ein, damit der Überschuss der von außen eingebrachten Investitionen gegenüber dem, was die Plattform davon reinvestieren könnte, um sich auszudifferenzieren, erhalten bleibt. Die auf Abschöpfung getrimmte Plattform speist nur einen kleinen Teil der Informationen, die die benutzenden Objekte zum Teilen anbieten, in ihren Informationskreislauf ein und generiert mit ihnen neue Objekte, nämlich nur die, bei denen das Überschusskalkül aufgeht. Den Rest verwirft sie. Je rigider sie dabei vorgeht, desto steifer, unauthentischer, unpersönlicher, bevormundender der Eindruck bei den Usern – aber das sind rein quantitative Fragen. Der entscheidende Punkt ist, dass die Investitionen der Teilnehmer das Basisnetzwerk permanent umbauen und erweitern. Zum einen werden bestehende dynamische Objekte durch die Daten der Investments in Echtzeit umgestaltet und gestalten weitere gekoppelte Objekte um. Zum anderen können, soweit das Basisnetzwerk das zulässt, durch die Investments neue dynamische Objekte generiert werden, um die sich das Netzwerk stetig ausdifferenziert und auf diese Weise dem natürlichen Lauf der Dinge emulierend annähert, letzten Endes nach der Gesetzmäßigkeit des Shannon'schen Samplingtheorems. Es kommt also darauf an, dass das Basisnetzwerk darauf ausgelegt ist, die Überschüsse im System zu halten und in seine Ausdehnung zu investieren. Es nähert sich dann den Merkmalen an, die wir bei der Erörterung des Samplingtheorems beschrieben haben: Es wird wissend, es speichert Zukunft, es greift durch auf Realitätsbezirke, die bisher kontingent waren und nun faktisch wie Objekte im Netzwerk behandelt werden, obwohl sie es nominell nicht sind, kurz: es nähert sich der Göttlichkeit.

Wenn zwei Akteure etwas teilen, dann geschieht das, wie wir oben feststellten, nie rein bilateral, sondern immer im Dreieck über das Basisnetzwerk. Es ist letztlich die turingmaschinelle Rechenkraft des Basisnetzwerks, die den Teilgebern und Teilnehmern das Versprechen machen kann, dass von der Grenzlinie, die sie zum Teilen eingebracht haben, so viel wie technisch möglich aufgenommen und ins Basisnetzwerk integriert wird. So viel wie möglich kommt dann nicht nur den Akteuren zugute, die sich zu zweit zum Teilen verabredet haben, sondern auch einem Einzelakteur, der einen Teil zunächst ohne Gegen-Teil als Spende einbringt und hoffen darf, irgendwann selber einen Teil zu erhalten. Sich exponieren, einen Teil von sich nach außen wenden, sich äußern, sich mitteilen hat Jean-Luc Nancy zu Recht als einen fundamentalontologischen Vorgang reklamiert.[103] Diese Fundierung jeder Ontologie ist aber, was Nancy entgangen ist, ein informationstechnischer Vorgang. Wenn der Außenbereich das Teilen und Äußern registrieren soll, dann informationell oder überhaupt nicht. Die Berührung veranlasst den äußeren Bereich zu einer Re-Aktion, die wiederum der äußernde Bereich registriert. Das wechselseitige Wahrnehmen ist in seinem ontologischen Kern informationell. Die sich exponierende Hand des Prometheus und der sich exponierende brennende Narthexzweig erfassen sich in diesem ontologischen Moment als etwas Bestimmtes: die Hand oder der Zweig mit den geometrischen und thermischen Eigenschaften, und nicht die Hand oder der Zweig an und für sich. Nancy pocht zu Recht darauf, dass der Vorgang des exponierenden Teilens die beiden Seiten erst zu Entitäten macht – und genau deshalb muss man zugleich zugeben, dass die beiden Entitäten dynamische Objekte sind. Und man muss zudem zugeben, dass ungeachtet aller ontologischen Ursprünglichkeit die teilenden Objekte für ihre Objektivierung das benötigen, was wir Basisnetzwerk genannt haben. Wenn man das auf eine Plattform verengt, geht die Ursprünglichkeit verloren und der Objektstatus der entstehenden Entitäten wird von der Plattform so determiniert, wie sie es braucht. Fasst man es aber offen, ist es nichts weiter als ein rechenfähiges Netzwerk, das den Bereichen ermöglicht, sich wechselseitig zu dynamischen Objekten zu konstituieren, die zueinander, aber auch im Verhältnis zu anderen Objekten ihren Zustand errechnen können.

Wie die Güterteilung in der Jerusalemer Urgemeinde genau praktiziert wurde, lässt sich anhand der Textzeugnisse nicht sagen. Die Bandbreite reicht von einer totalen und prinzipiellen Vergemeinschaftung aller Güter (Apg 2,44) bis hin zur einzelnen freiwilligen Spende (Apg 4,36ff.). Daraus zogen die Exegeten unterschiedliche Schlüsse. Am unplausibelsten ist die Auffassung, die Angaben seien widersprüchlich und man müsse daher annehmen, dass Güter mindestens völlig anders, wenn nicht gar überhaupt nicht geteilt worden seien. Das wird deutlich, wenn wir uns die Medialität des Charismas des Teilens vergegenwärtigen. In Apg 2 wie in Apg 4 wird überdeutlich der unmittelbare Input des Christusgeists bei der Praxis des Teilens benannt. Wie alle anderen Charismen auch funktioniert das Charisma des Teilens wie ein informationstechnisches Rahmenobjekt, in sich die Akteure und Dinge als gekoppelte Einzelobjekte enthaltend, insgesamt vom Input des Christusgeists getrieben und als Gesamtresultat eine Umverteilung der Güter hervorbringend. Der in Apg 4,36ff. geschilderte Streitfall zeigt, wie Personen und Güter erst vom Teilencharisma her in den Blick genommen werden und folglich zu dynamischen Objekten im operativen Charisma werden. Ein gewisser Ananias verkaufte einen nicht näher benannten Besitz und spendete einen Teil des Erlöses der Gemeinde, behauptete aber, den gesamten Erlös gespendet zu haben. Petrus weist ihn nur wegen der Lüge zurecht, nicht weil Ananias einen Teil für sich behielt. Es gab offenbar keine geregelte Quote, nicht einmal die Pflicht, bei solchen Erlösen überhaupt etwas abzugeben. Das Problem lag woanders, es war die Unklarheit über den Informationsgehalt der Teilung und die Unfähigkeit der davon be-

rührten Objekte im Teilencharisma, die uneindeutige Information zu verarbeiten. Der charismatische Sharingvorgang gelingt, wenn ein investiertes Gut im Rahmenobjekt des Teilencharismas informationstechnisch verarbeitet werden kann, und nicht wegen irgendwelcher christlichen Ethiken des Teilens. Und wenn er scheitert, dann nicht an ethischen, sondern an informationstechnischen Standards.

Mit jeder Umstellung von ethisch-moralischem auf informationstechnisches Denken geht einher, dass die Materialität, die Lokalität und die Unikalität der Vorgänge in den Blick rückt. Jedes Teilen ereignet sich in dieser Lokalität. Exponiert sich mitteilend ein Objekt, dann kommt es darauf an, dass am Ort der Exposition ein zweites Objekt generiert werden kann, das, ethisch gesagt, des Guts „bedürftig" ist und am Teilungsvorgang teilnimmt, gleich ob Personen, die Gemeinde mit ihrer Gemeinschaftskasse oder sonstige semantische Entitäten hinter den Objekten stehen. Jeder Expositions- und Sharingvorgang ist dann raumzeitlich absolut konkret, lokal und unikal. Wie er abläuft, hängt nicht von einer Regel oder einem Recht ab, das sich die Gemeinde gegeben hätte. Er ist aber auch nicht völlig zufällig: Der Christusgeist ist es ja, der den Sharingvorgang initiiert und reguliert, allerdings kybernetisch, nicht ethisch-juristisch. Die informationstechnische Steuerung sorgt dafür, dass die je lokalen

Vorgänge miteinander gekoppelt sind und die Gesamtaktivität des Teilensnetzwerks bestimmten Kriterien genügt: zumindest denen der insgesamten Stabilität und Harmonie, aber sicherlich auch dem der Extension, da jedes von außen eingespeiste Gut im System verbleibt und sich im Binnenraum erneut exponieren kann. Eine charismatische – und nicht nur ethisch, politisch oder weltanschaulich geregelte – Praxis des Teilens setzt also ein seinerseits dynamisches Basisnetzwerk voraus, auf dem die von außen kommenden Akteure und Güter sich für den Sharingvorgang treffen und füreinander dynamische Objekte werden können. Kurz, ein geistgetriebenes Sharing ist nicht anders denkbar als ein netzwerkbasiertes Sharing, bei dem der Input des Geists als das Pro-Gramma die Expositionen, die an der sozialen Oberfläche entstehen, informationstechnisch verrechnet und so zum einen jeden einzelnen Sharingvorgang bis an seinen zeiträumlichen Endpunkt führt und zum anderen den Zugewinn an Information, der mit jedem einzelnen Teilensvorgang generiert wird, ins System reinvestiert. Das erfordert seinerseits eine Algorithmik und die Energie für ihre Ausführung. Es ist genau diese Reinvestition, die die Göttlichkeit des Charismas ausmacht. Mit ihr steht und fällt das Versprechen der göttlichen Liebe, durchgreifend zu sein: kein Marienkäferchen und kein Zweiglein zu vergessen und alles an allem teilhaben zu lassen. Ohne sie würde die Göttlichkeit des Charismas diffus werden und sich in Profanität auflösen.

Entgegen der Intuition ist Teilen also intransitiv. Teilen ist nicht, etwas von mir einem anderen abzugeben, was dann der andere hat und ich nicht mehr. Geteilt werden vielmehr Zeiträume, in denen sich ein Ich und ein Du konstituieren, indem sie sich wechselseitig füreinander exponieren. Das ist so allerdings nur in schöner humaner Metaphorik gesprochen. Was tatsächlich zwischen den beiden Entitäten geschieht, ist informationstechnisch. Im teilenden Vorgang weiß die eine Entität (noch) nichts von der anderen und tut (noch) nichts willentlich für die andere; das sind gegebenenfalls nachgelagerte psychische Effekte in ihnen. Der teilende Vorgang besteht darin, aufnahmefähig zu sein für die Eigenschaften an der Grenzlinie und sich an ihnen auszurichten: Dann und nur dann konstituiert sich die eine und die andere Entität. Die Gesetzmäßigkeiten, nach denen dies geschieht, liegen den konstituierten Entitäten und ergo ihrer Willensbildung voraus: Es sind die, nach denen die aufeinandertreffenden Eigenschaften sich verrechnen. Die basalste Formulierung dieser Gesetzmäßigkeiten ist das Samplingtheorem. Wenn Gottes schöpferische Liebe und Güte, an die wir glauben und die wir erfahren, irgendwo konkret sein sollen, dann auf dieser Ebene. Im Matthäusevangelium (um +70) wird eine Rede Jesu über ein finales Weltgericht wiedergegeben, bei dem die Menschen in zwei Gruppen geschieden werden (Mt 25,31–46). Die einen, und sie gehen gerettet aus dem Gericht hervor, haben Jesus zu essen gegeben, als er hungrig war, zu trinken, als er durstig war, ihn aufgenommen, als er fremd war, ihn gekleidet, als er nackt war, ihn gepflegt, als er krank war, ihn besucht, als er gefangen war. Auf ihre verwunderte Frage, wann das gewesen sein soll, sagt Jesus, sie hätten es seinen geringsten Brüdern getan und damit ihm selber. Die anderen, und sie trifft der Fluch des Gerichts, haben all das nicht getan. Ihre Ausrede, sie hätten es ja doch getan, wenn sie den göttlichen Jesus höchstselbst vor sich gehabt hätten, hilft ihnen nicht. Sie haben nicht bemerkt, dass Gott in den geringsten Brüdern und in den geringsten Dingen ist. Der und das Geringste bleiben für den Barmherzigen als Entität blass, vor und nach dem Teilen. Im göttlichen Netzwerk und erst in ihm aber werden sie ein Objekt, ein kleines vielleicht und mit geringer Wirkung auf die Gesamtdynamik des Netzes, aber relevant für mindestens das teilende Objekt. Gott ist (auch) dort, wo nicht Gott draufsteht und wo Praktiken des Teilens stattfinden, deren Göttlichkeit zu gering ist, um von der groben humanen Wahrnehmung bemerkt zu werden.

Wir bemerkten oben, dass der Gegenstand, auf den sich die Charismen des Hoffens erstrecken, immer unspezifischer wird. Damit zugleich die Charismatiker des Hoffens. Zwischen den charismatischen Akteuren und dem Bereich, auf den sie zielen, kann immer weniger unterschieden werden. Die Geringsten und das Geringste, das kann alles sein, mit dem ich in Kontakt bin und mit dem mich die göttliche Liebe informationstechnisch zusammenschließen will. Und die Metapher Ich ist auch für die benachbarten Bereiche weiter nichts als die Kontaktlinie des Informationsflusses. Das Teilen erfolgt stets lokal und bilateral, aber die Objektivierung und Dynamisierung der mit dem Teilen entstehenden Entitäten bringt unabdingbar das gesamte Netzwerk ins Spiel. Mit dem Charisma des Teilens ist der informationstechnische Endpunkt des charismatischen Handelns erreicht. Das Charisma des Teilens ist das Grundprinzip in allen anderen Charismen.

Daraus folgt direkt, dass man keine spezifische Teilensmaschine bauen kann. Sie würde den geringsten Ort, an dem sich die göttliche Liebe ereignet, seiner Unscheinbarkeit berauben. Theotechnologisch fiele sie mit der gesamten Welt als totalem turingmächtigen Superrechner zusammen. Keine Kirche und keine fromme Medienpraxis kann ihn emulieren. Das Teilen gerade an den geringsten Orten bleibt dennoch ein durch und durch technologischer Vorgang. Wenn wir daran festhalten wollen, dass auch dieses geringste Teilen „für ihn getan“, also konkreter Teil der realen göttlichen Wirksamkeit im Weltenlauf ist, dann muss es eine reale Kopplung dieser geringsten Vorgänge mit dem Großen und Ganzen des Weltenlaufs geben. Ohne eine informationstechnische Verrechnung der geringsten mit den größten Vorgängen ist eine solche Kopplung nicht denkbar. Wenn schon eine göttliche Sharingplattform sinnlos ist, dann aber nicht eine behutsame digitaltechnische Artikulierung von Sharingvorgängen, welchen auch immer, vielleicht in gestalteter Interaktion mit weiteren Charismen. So offenbarte sich das Walten der göttlichen Liebe und breitete sich zugleich aus. Die Kirchen können an jedem beliebigen Punkt mit der Digitalisierung beginnen. Und an jeden dieser Punkte wird der digitale Gott näher herbeigekommen sein.

Literatur

Im Text wird auf einen Titel jeweils mit dem originalen Erscheinungsjahr Bezug genommen. Die Seitenzahlen beziehen sich, wo nicht anders vermerkt, aber auf die jeweils angegebene neue Auflage bzw. auf die deutsche Ausgabe.

Armstrong, David Malet: *Sachverhalte, Sachverhalte* (orig. *A World of States of Affairs*, 1997), Berlin 2005

Assmann, Jan: „Im Schatten junger Medienblüte. Ägypten und die Materialität des Zeichens", in: Gumbrecht, Hans-Ulrich/Pfeiffer, K. Ludwig: *Materialität der Kommunikation*, Frankfurt a.M. 1988, S. 141–160

Assmann, Jan: *Das kulturelle Gedächtnis. Schrift, Erinnerung und politische Identität in frühen Hochkulturen*, München 1997, ^{3}2000

Assmann, Jan: *Moses der Ägypter. Entzifferung einer Gedächtnisspur*, München 1998, Frankfurt a.M. ^{3}2001

Bayreuther, Rainer: *Der Sound Gottes. Kirchenmusik neu denken*, München 2021

Beck, Wolfgang/Nord, Ilona/Valentin, Joachim (Hg.): *Theologie und Digitalität. Ein Kompendium*, Freiburg 2021

Bedford-Strohm, Heinrich/Jung, Volker (Hg.): *Vernetzte Vielfalt. Kirche angesichts von Individualisierung und Säkularisierung. Die fünfte EKD-Erhebung über Kirchenmitgliedschaft*, Gütersloh 2015

Begbie, Jeremy: *Theology, Music and Time*, Cambridge 2000

Bergson, Henri: *Les deux sources de la morale et de la religion*, Paris 1932

Blumenberg, Hans: *Die Lesbarkeit der Welt*, Frankfurt a.M. 1981

Böttcher, Frank: „Klimaforschung ist keine Sache für Angsthasen". Interview mit T-Online 11.10.2022 (https://www.t-online.de/region/hamburg/id_100058084/meteorologe-ueber-neuen-supercomputer-das-ist-keine-sache-fuer-angsthasen-.html, abgerufen am 13.10.2022)

Brinkmann, Donald/Nickel, Otto: „Wesen und Unwesen der Technik", in: *Die Wandlung* 1 (November 1946), S. 993–997

Brückner, Jens: „Liturgie 2.0? Zur Digitalisierung der analogen Liturgie", in: *Zeitschrift für Pastoraltheologie* 40 (2/2020), S. 195–209

Brunner, Emil: *Unser Glaube. Eine christliche Unterweisung* (1935), zit. nach: Wilfried Härle (Hg.): *Grundtexte der neueren evangelischen Theologie*, Leipzig [2]2012, S. 167–173

Bruno, Giordano: *De magia* (zwischen +1586 und +1591), ed. in: *Giordano Bruno. Ausgewählt und vorgestellt von Elisabeth von Samsonov*, München 1999

Buchinger, Harald: „Heilige Zeiten? Christliche Feste zwischen Mimesis und Anamnesis am Beispiel der Jerusalemer Liturgie der Spätantike", in: Gemeinhardt, Peter/Heyden, Katharina

(Hg.): *Heilige, Heiliges und Heiligkeit in spätantiken Religionskulturen*, Berlin 2012, S. 283–323

Cachelin, Joël Luc: *Internetgott. Die Religion des Silicon Valley*, Bern 2017

Campbell, Heidi (Hg.): *Digital Religion. Understanding Religious Practice in New Media Worlds*, New York 2013

Campbell, Heidi: *When Religion Meets New Media*, Routledge, London 2010

Carlé, Martin: „Vorgehen und Unterbrechen. Simulation – Emulation – Präemption" (2008), unveröffentlicht

Clemens von Alexandrien: *Protreptikos* (um +200), ed. in Stählin, Otto (Hg.): Clemens Alexandrinus: *Protrepticus und Paedagogus*, Leipzig 1905

Conway, John H.: *On Numbers and Games*, Wellesley 1976

Coulmas, Florian: *The Writing Systems of the World*, Oxford 1989

Damerow, Peter: „The Origins of Writing as a Problem of Historical Epistemology" (Vortrag am Max Planck Institut für Wissenschaftsgeschichte, 1999), online unter: https://cdli.ucla.edu/file/publications/cdlj2006_001.pdf (abgerufen am 18.10.2022)

Davie, Grace: *Religion in Britain since 1945. Beliefing without Belonging*, Oxford 1994

Doblhofer, Ernst: *Die Entzifferung alter Schriften und Sprachen*, Stuttgart 1993 (bearbeitete Neuausgabe der Erstausgabe Wien 1957)

Duerr, Hans Peter: *Diesseits von Eden. Über den Ursprung der Religion*, Berlin 2020

Durkheim, Émile: *Die elementaren Formen des religiösen Lebens* (orig. *Les formes élementaires de la vie religieuse*, 1912), Frankfurt a.M. 1981

Eliade, Mircea: *Das Heilige und das Profane* (1957), Berlin [5]2016

Ernst, Wolfgang: „Harte Arbeit am Begriff. Medienarchäologische Antworten auf die Frage nach der Technologie", in: *Mechane* (2020), S. 107–132, online unter: https://mimesisjournals.com/ojs/index.php/mechane/article/view/328 (abgerufen am 18.10.2022)

Ernst, Wolfgang: *Gleichursprünglichkeit: Zeitwesen und Zeitgegebenheit von Medien*, Berlin 2012

Fidora, Alexander: „Die drei Seelenkräfte: *memoria*, *intellectus* und *voluntas*", in: *Gottes Schau und Weltbetrachtung*, hg. von Domínguez Reboiras, Fernando/Tenge-Wolf, Viola/Walter, Peter, Brepols 2011, S. 209–225

Foucault, Michel: *Sexualität und Wahrheit*, Bd. 4: *Die Geständnisse des Fleisches*, postum hg. von Frédéric Gros, Frankfurt a.M. 2019

Foucault, Michel: *Freiheit und Selbstsorge. Interview 1984 und Vorlesung 1982*, hg. von Helmut Becker/Helmut, Wolfstetter/Lothar, Gomez-Muller/Alfred und Fornet-Betancourt/Raúl, Frankfurt a.M. 1985

Fuhrmann, André: „Existenz und Notwendigkeit. Kurt Gödels axiomatische Theologie", in: *Logik in der Philosophie*, hg. Spohn, Wolfgang et al., Heidelberg 2005, S. 349–374

Gärtner, Stefan/Karl, Katharina/ Könemann, Judith/Schlag, Thomas (Hg.): *Pastoraltheologie im Zeitalter digitaler Transformation* (= *Zeitschrift für Pastoraltheologie* 39, 2019/1)

George, Stefan: *Das neue Reich*, Berlin 1928

Gilliam, Jim: *The Internet is My Religion*, Los Angeles 2015

Gödel, Kurt: „Über formal unentscheidbare Sätze der Principia Mathematica und verwandter Systeme“, in: *Monatshefte für Mathematik und Physik* 38 (1931), S. 173–198

Gräb, Wilhelm: *Sinn fürs Unendliche. Religion in der Mediengesellschaft*, Gütersloh 2002

Haberer, Johanna: *Digitale Theologie. Gott und die Medienrevolution der Gegenwart*, München 2015

Haese, Bernd-Michael: *Hinter den Spiegeln. Kirche im virtuellen Zeitalter des Internet*, Stuttgart 2006

Hagen, Wolfgang: „Der Stil der Sourcen. Anmerkungen zur Theorie und Geschichte der Programmiersprachen“, in: Coy, Wolfgang/Tholen, Georg Christoph/Warnke, Martin: *Hyperkult*, Basel u.a. 1997, S. 33–68

Hailer, Martin: *Stellvertretung. Studien zur theologischen Anthropologie*, Göttingen 2018

Harris, Mark: „Inside the First Church of Artificial Intelligence. The engineer at the heart of the Uber/Waymo lawsuit is serious about his AI religion. Welcome to Anthony Levandowski‘s Way of the Future“, in: *Wired* 15.11.2017, https://www.wired.com/story/anthony-levandowski-artificial-intelligence-religion/ (abgerufen am 18.10.2022)

Heidegger, Martin (1936): *Beiträge zur Philosophie (Vom Ereignis)*, verfasst um 1935/36, Heidegger-GA Bd. 65, hg. von Herrmann, Friedrich-Wilhelm von, Frankfurt a.M. 1989

Helland, Christopher: „Religion Online/Online Religion and Virtual Communities“, in: Clark, Lynn Schofield u.a. (Hg.): *Religion on the Internet: Research Prospects and Promises*, London 2000, S. 205–224

Hjarvard, Stig: „The Mediatization of Religion. A Theory of the Media as Agents of Religious Change“, in: *Northern Lights* 6 (2008), S. 9–26

Hjarvard, Stig: *The Mediatization of Culture and Society*, London 2013

Hoff, Johannes: *Spiritualität und Sprachverlust. Theologie nach Derrida und Foucault*, Paderborn 1999 (Diss. Univ. Tübingen 1998/99)

Hoff, Johannes: *Verteidigung des Heiligen. Anthropologie der digitalen Transformation*, Freiburg 2021

Hoover, Stewart M./Clark, Lynn Schofield (Hg.): *Practicing Religion in the Age of the Media*, New York 2002

Hoover, Stewart M./Echchaibi, Nabil: „Media Theory and the ‚Third Spaces of digital religion‘“, in: *Religion and the Internet*, Bd. 3: *Critical Concepts in Religious Studies*, London 2016, S. 93–116

Hörisch, Jochen: *Der Sinn und die Sinne. Eine Geschichte der Medien*, Frankfurt a.M. 2001

Joffe, Josef: „Ist der ‚Klimatismus‘ eine neue Religion?“, in: *Neue Zürcher Zeitung* 28.1.2022

Jünger, Ernst: „Zahlen und Götter“, in ders.: *Zahlen und Götter / Philemon und Baucis. Zwei Essays*, Stuttgart 1974

Jünger, Friedrich Georg: *Die Titanen*, Frankfurt a.M. 1944

Jünger, Friedrich Georg: *Die Perfektion der Technik*, Frankfurt a.M. 1946, [4]1953

Karaflodzhka, Anastasia: *E-religion. A Critical Appraisal of Religious Discourse on the World Wide Web,* London 2006

Kittler, Friedrich: „Es gibt keine Software" (orig. engl. 1992), in ders.: *Die Wahrheit der technischen Welt*, Berlin 2013, S. 285–299

Kittler, Friedrich: *Musik und Mathematik* Bd. I: *Hellas*, Teil 2: *Eros*, München 2009

Knoblauch, Hubert (Hg.): *Die Refiguration der Religion. Perspektiven der Religionssoziologie und Religionswissenschaft*, Weinheim/ Basel 2020

Kowalski, Robert: „Algorithm = Logic + Control", in: Horning, James J. (Hg.): *Programming Languages* (1979), S. 424–436 (https://www.doc.ic.ac.uk/~rak/papers/algorithm%20=%20logic%20+%20control.pdf, abgerufen am 18.10.2022)

Künzel, Werner/Bexte, Peter: *Gottfried Wilhelm Leibniz Barock-Projekte*, Berlin (im Eigenverlag) 1990

Lash, Scott: „Technik und Erfahrung. Vom Kantischen Subjekt zum Zeitsystem", in: *Die technologische Bedingung. Beiträge zur Beschreibung der technischen Welt*, hg. von Hörl, Erich, Berlin 2011, [2]2021, S. 333–364

Levi, Carlo: *Christus kam nur bis Eboli*, München 2003 (orig. *Cristo si è fermato a Eboli*, 1945)

Lövheim, Mia: „Rethinking Cyberreligion? Teens, Religion and the Internet in Sweden", in: *Nordicom Review* 29 (2008) 2, S. 205–217

Lundby, Knut (Hg.): *Religion Across Media. From Early Antiquity to Late Modernity*, New York 2013

Mainzer, Klaus: *Computer – neue Flügel des Geistes? Die Evolution computergestützter Technik, Wissenschaft, Kultur und Philosophie*, Berlin 1994

Mann, Thomas: *Der Zauberberg. Roman* (1924), Frankfurt a.M. 1982

Marchand, Philip: *Marshall McLuhan. The Medium and the Messenger. A Biography*. Cambridge 1989

Maul, Stefan M.: „Tontafelabschriften des ‚Kodex Hammurapi' in altbabylonischer Monumentalschrift", in: *Zeitschrift für Assyriologie* 102 (2012), S. 76–99

McLuhan, Marshall: *Die magischen Kanäle. Understanding Media* (engl. *Understanding Media. The Extensions of Man*, New York 1964), Frankfurt a.M. 1970

McLuhan, Marshall: *The Medium and the Light. Reflections on Religion,* hg. von Eric McLuhan/Jacek Szklarek, Eugene 2010

McLuhan, Marshall/McLuhan, Eric: *Laws of Media. The New Science*, Toronto 1988

Merle, Kristin/Nord, Ilona (Hg.): *Mediatisierung religiöser Kultur*, Berlin und Leipzig 2019

Neumann, Hans: „Zum Problem des privaten Bodeneigentums in Mesopotamien (3. Jt. v. u. Z.)", in: *Das Grundeigentum in Mesopotamien. Jahrbuch für Wirtschaftsgeschichte, Sonderband 1987*, Berlin 1988, S. 29–48

Nancy, Jean-Luc: „Dekonstruktion des Christentums" (Vortrag Montpellier 1995), ed. in ders.: *Dekonstruktion des Christentums*, Zürich 2008, S. 237–264

Nancy, Jean-Luc: „Dekonstruktion des Monotheismus“ (Vortrag Kairo 2001), ed. in ders.: *Dekonstruktion des Christentums*, Zürich 2008, S. 49–67

Nancy, Jean-Luc: *Corpus*, Paris 1992, dt. *Corpus*, Zürich 2002

Nancy, Jean-Luc: *Singulär plural sein*, Zürich 2005 (orig. *Être singulier pluriel*, Paris 1996)

Nancy, Jean-Luc: „Von einem göttlichen Wink“ (Vortrag Coimbra 2003), ed. in ders.: *Dekonstruktion des Christentums*, Zürich 2008, S. 179–206

Nancy, Jean-Luc: „Atheismus und Monotheismus“ (Vortrag Straßburg 2004), ed. in ders.: *Dekonstruktion des Christentums*, Zürich 2008, S. 27–48

Nida-Rümelin, Julian/Weidenfeld, Nathalie: *Digitaler Humanismus. Eine Ethik für das Zeitalter der künstlichen Intelligenz*, München 2018

Nord, Ilona/Zeilinger, Thomas/Alt, Katharina: „Digitization in the Evangelical Church(es) in Germany: Exemplary Insights“, in: *Ecclesial Practices* 7 (2020), S. 83–100

Nord, Ilona/Zipernovszky, Hanna (Hg.): *Religionspädagogik in mediatisierter Welt*, Stuttgart 2017

Nord, Ilona/Schlag, Thomas: „Führt Corona die Kirchen in eine postdigitale Revolution?“, in: feinschwarz.net 9.4.2021 (https://www.feinschwarz.net/fuehrt-corona-die-kirchen-in-eine-postdigitale-reformation/), abgerufen am 18.10.2022)

Petersen, Johann Wilhelm: *Die Macht der Kinder in der letzten Zeit / auf Veranlassung Der kleinen Prediger / Oder / der betenden Kinder in Schlesien (…)*, Frankfurt a.M. und Leipzig 1709

Petri, Carl Adam: „Rechnender Netzraum. Eine Weiterführung der Arbeit von Konrad Zuse“ (Berlin 2007, online unter: https://www.informatik.uni-hamburg.de/TGI/mitarbeiter/profs/petri/RechnenderRaum.pdf, abgerufen am 18.10.2022)

Possamai-Inesedy, Alphia/Nixon, Alan (Hg.): *The Digital Social. Religion and Belief*, Berlin 2019

Postman, Neil: *Das Technopol. Die Macht der Technologien und die Entmündigung der Gesellschaft*, Frankfurt a.M. 1992

Reimann, Ralf-Peter: „Alan Turing und theologische Anthropologie“, in: *futur2* 2/2017 (online unter: www.futur2.org/article/alan-turing-und-theologische-anthropologie/, abgerufen am 18.10.2022)

Riesebrodt, Martin: *Cultus und Heilsversprechen. Eine Theorie der Religionen*, München 2007

Rosenstock, Roland und Sura, Ines (Hg.): *Mediatisierung und religiöse Kommunikation*, Freiburg i.Br. 2018

Rota, Andrea: „Religion, Media, and Joint Commitment – Jehova's Witnesses as a ‚Plural Subject'“, in: *Online Heidelberg Journal of Religions on the Internet* 14 (2019), S. 79–107 (https://heiup.uni-heidelberg.de/journals/index.php/religions/article/view/23949/17671, abgerufen am 18.10.2022)

Schaper, Joachim: „Gesprochene Sprache, Schrift und Ikonophobie im alten Israel, auf dem Hintergrund Griechenlands und Ugarits“, in: *Götter und Schriften rund ums Mittelmeer*, hg. von Kittler, Friedrich/Berz, Peter/Strauss, Joulia/Weibel, Peter zusammen mit Scharbert, Gerhard, München 2017, S. 157–169

Schlag, Thomas: „Von der Möglichkeit zur Selbstverständlichkeit. Überlegungen zu einer Ekklesiologie der Digitalität“, in: Beck, Wolfgang/Nord, Ilona/Valentin, Joachim (Hg.): *Theologie und Digitalität. Ein Kompendium*, Freiburg 2021, S. 281–301

Schleiermacher, Friedrich Daniel Ernst: *Vorlesungen über die Dialektik* (1811–1831), ed. in ders.: Kritische Gesamtausgabe, II,10,1, hg. von Arndt, Andreas, Berlin u. a. 2002

Schleiermacher, Friedrich Daniel Ernst: *Der christliche Glaube nach den Grundsätzen der evangelischen Kirche im Zusammenhange dargestellt*, 2. Auflage (1830/31), ed. in ders.: Kritische Gesamtausgabe, I,13,1, hg. von Schäfer, Rolf, Berlin u. a. 2003

Serres, Michel: *Das Verbindende. Ein Essay über Religion*, Berlin 2021

Shannon, Claude Elwood: „Communication in the Presence of Noise", in: *Proceedings of the IRE* 37 Nr. 1 (1949), S. 10–21

Shannon, Claude Elwood/Weaver, Warren: *The Mathematical Theory of Communication*, Urbana, Illinois 1949

Souleimane, Omar Youssef: *Der letzte Syrer. Roman*, Basel 2022

Steiner, George: *Von realer Gegenwart. Hat unser Sprechen Inhalt?*, München 1990 (orig. *Real Presences*, London 1989)

Stenger, Isabelle: *Spekulativer Konstruktivismus.* Mit einem Vorwort von Bruno Latour, Berlin 2008

Stiegler, Bernard: *Technik und Zeit. Der Fehler des Epimetheus* (orig. *La technique et le temps. I. La Faute d'Épimethée*, Paris 1994), Zürich 2009

Stoellger, Philipp (Hg.): *Figurationen des Menschen. Studien zur Medienanthropologie*, Würzburg 2019

Stoellger, Philipp: „Tod oder Leben – Unvermitteltes oder Unmittelbares? Zum Chiasmus von Theologie und Medientheorie", in: *Internationales Jahrbuch für Medienphilosophie* 1 (2015), S. 171–191 (https://jbmedienphilosophie.de/wp-content/uploads/2017/01/JBMP_B1_Philipp-Stoellger_Tod-oder-Leben.pdf, abgerufen am 18.10.2022)

Taylor, Charles: *Ein säkulares Zeitalter* (orig. *A Secular Age*, 2007), Berlin [2]2020

Theobald, Michael: *Der Prozess Jesu. Geschichte und Theologie der Passionserzählungen*, Tübingen 2022

Turing, Alan: „On Computable Numbers, with an Application to the Entscheidungsproblem" (1937), ed. und übers. in ders.: *Intelligence Service. Schriften*, hg. von Dotzler, Bernhard/Kittler, Friedrich, Berlin 1987, S. 17–60

Turing, Alan: „Intelligent Machinery" (postum 1969), ed. und übers. in ders.: *Intelligence Service. Schriften*, hg. von Dotzler, Bernhard/Kittler, Friedrich, Berlin 1987, S. 81–113

Wiener, Norbert: *God & Golem, Inc.: A Comment on Certain Points Where Cybernetics Impinges on Religion,* MIT Press 1964 (dt.: *Gott & Golem, Inc.,* Düsseldorf 1965)

Winter, Franz: „How to Download the Divine. Religion Meets the Internet in the qigong Healer Dr. Zhi Gang Sha and His ‚Institute of Soul Healing and Enlightenment™'", in: *Heidelberg Journals of Religions on the Internet* 13 (2018), S. 116–141

Wolfram, Stephen: *A New Kind of Science* (2002, online unter https://www.wolframscience.com/nks/ (abgerufen am 18.10.2022)

Wolfram, Stephen: „Polymath Stephen Wolfram Defends His Computational Theory of Everything. Creator of Mathematica and *A New Kind of Science* remains confident that he can transform science and other realms of knowledge“, Interview mit John Horgan 5.3.2017 in *Scientific American* (https://blogs.scientificamerican.com/cross-check/polymath-stephen-wolfram-defends-his-computational-theory-of-everything/, abgerufen am 18.10.2022)

Zuse, Konrad: *Rechnender Raum*, Wiesbaden 1969

268 Anmerkungen

1 Taylor (2007), S. 15.

2 Nancy (2001) und Nancy (2004).

3 So der Entwickler des Segensroboters Fabian Vogt im Gespräch mit der *Frankfurter Neuen Presse* am 17.4.2018 (https://www.fnp.de/lokales/hochtaunus/darf-roboter-segnen-10402714.html).

4 Joffe (2022).

5 Winter (2018).

6 Beispiele und Analysen bei Postman (1992) und Hoffmeister (2019).

7 Kittler (1992).

8 McLuhan (1964), S. 17ff.

9 McLuhan (2010), S. 103. Die Schrift stammt aus McLuhans Nachlass.

10 Brunner (1935), S. 170f.

11 Helland (2000), Karaflodzhka (2006).

12 Lövheim (2008).

13 Überblicke bei Nord/Zeilinger/Alt (2020) und Nord/Schlag (2021).

14 Campbell (2010).

15 Die aktuelle deutschsprachige Ekklesiologie scheint das mit Zögern zu akzeptieren. Vgl. etwa Schlag (2021) unter breitem Einbezug neuerer Literatur. Ebenso Cachelin (2017) mit zahlreichen Fallbeispielen. Vgl. aus dem dekonstruktivistischen Theorieraum Hjarvard (2008), Hoover/Echchaibi (2018), Hjarvard (2013) und diverse Aufsätze in Lundby (2013).

16 Davie (1994). Prominent wurde sie durch Taylor (2007).

17 Durkheim (1912), S. 70.

18 Durkheim (1912), S. 72.

19 Rota (2019).

20 Das überliefert nur Aischylos, in Hesiods *Theogonie* fehlt das Element.

21 Jünger (1974), S. 88.

22 Hesiod: *Theogonie* 562–569.

23 Souleimane (2022).

24 Diese Ontologie von Naturgesetzen schließt an Armstrong (1997), bes. Kap. 15 und 16, an.

25 Stiegler (1994), S. 198–219.

26 Eliade (1957), S. 23–25.

27 Serres (2021), S. 13ff.

28 Böttcher (2022) mit Bezug auf das Projekt Levante am Deutschen Klimarechenzentrum Hamburg.

29 Francis Bacon: *De sapientia veterum* (London 1609), Ausgabe Amsterdam 1684, S. 65–78.

30 Homer: *Ilias* 18.

31 Stiegler (1994), S. 181ff., mit Bezug auf Derrida und Ricœur.

32 Die Details der folgenden Ausführungen verdanken sich Damerow (1999).

33 Der älteste Nachweis ist das Weld-Blundell-Prisma, das auf -1740 datiert wird.

34 „Nachdem das Königtum vom Himmel herabstieg, war das Königtum in Eridu. / Eridu, Alulim wurde König“. Zit. nach engl. Ü bei https://www.livius.org/sources/content/mesopotamian-chronicles-content/abc-18-dynastic-chronicle/.

35 Maul (2012).

36 Coulmas (1989), S. 5, zit. nach Doblhofer (1993), S. 323.

37 Details wie größere argumentative Linien der folgenden beiden Abschnitte verdanke ich Assmann (1988), Assmann (1997) und einigen weiteren Arbeiten Jan Assmanns.

38 Assmann (1998), S. 17ff.

39 Schaper (2017).

40 Augustinus: *Enarrationes in Psalmos*, zu Psalm 45, zit. nach Blumenberg (1981), der auch die weitere Geschichte der Metapher ausführt.

41 Nachweis bei Blumenberg (1981), S. 52.

42 Friedrich Schiller: *Die Braut von Messina* (+1803), 4. Auftritt.

43 Bergson (1932).

44 Ramón Llull: *Compendium Logicae Agazelis* (ca. +1271/72), nach Fidora (2011), S. 222.

45 Siehe ausführlich Lohr (1999).

46 Vgl. Künzel/Bexte (1990) mit den angesagten Querverweisen ins Digitale und ins Religiöse.

47 Erstes Zitat: McLuhan (1988), S. 3; zweites Zitat: McLuhan (1988), S. 37.

48 Umfassend: Ernst (2020).

49 Schleiermacher (1811), S. 32, 37, 143 u.ö.

50 Ebd., S. 149.

51 Ebd., S. 18.

52 Ebd., S. 341.

53 Ebd., S. 341; 345.

54 Schleiermacher (1830/31), § 3.

55 Shannon (1949). Das Theorem firmiert auch als Abtasttheorem von Claude E. Shannon und Harry Nyquist.

56 George (1928), S. 134. Das Gedicht ist aus dem Jahr +1919.

57 Vgl. Ernst (2012).

58 Kowalski (1979).

59 Thomas Mann: *Der Zauberberg*, S. 680.

60 Vgl. das Projekt „Verschränkungen von Magie und KI in der Kunst des frühen 21. Jahrhunderts" an der TU Dresden: https://tu-dresden.de/gsw/schauflerlab/schaufler-kolleg/stipendiatinnen-phase-1/michael-klipphahn-magic-matters-ki-und-magie-in-der-gegenwartskunst (abgerufen am 13.10.2022).

61 Durkheim (1912), S. 72.

62 Rota (2019).

63 Kittler (1992).

64 Zuse (1969). Siehe auch Petri (2007).

65 Wolfram (2002).

66 Wolfram (2017).

67 Siehe Wolfram (2002).

68 Conway (1976).

69 T. S. Eliot: „The Dry Salvages" (1941), in: *Four Quartets*.

70 Siehe etwa Wiener (1964), wo er an die jüdische Figur des Golem anknüpft.

71 Turing (1937).

72 Turing führt den Gedanken selber in Turing (1969) aus.

73 Zum Zusammenhang vgl. Lash (2011), ein für das gesamte Thema des Essays äußerst lesenswerter Text.

74 Gödel (1931).

75 Etwa Reimann (2017).

76 Gödels Gottesbeweis liegt in mehreren Varianten vor, die Gödel alle unveröffentlicht ließ. Details bei Fuhrmann (2005). Vgl. eine ähnliche Gottesdefinition bei Mainzer (1994).

77 An diesem Punkt setzt ein Standardeinwand gegen Gödels Argumentation an; vgl. Fuhrmann (2005), S. 368.

78 Zum mimetischen Charakter des Abendmahls in der Alten Kirche Buchinger (2012).

79 McLuhan (2010), S. 173.

80 Gilliam (2015), S. 179 und S. 180f.

81 Zu Levandowskis Verständnis von Gott und Kirche siehe seine Aussagen bei Harris (2017).

82 Zit. bei Harris (2017).

83 Riesebrodt (2007).

84 Es ist im Sinne dieses Essays, hier an Steiner (1989) zu denken, ein Buch, das ein digitales Update durch einen kongenialen Autor verdiente.

85 Quelle: https://www.ref.ch/news/verbreitung-von-digitalen-bibeln-nimmt-zu/).

86 Siehe den unveröffentlichten Text von Martin Carlé (2008), dem auch dieser Essay wieder mehr verdankt, als in Literaturlisten und Widmungen passt.

87 Foucault (1985), S. 10.

88 Heidegger (1936), S. 395.

89 Theobald (2022).

90 Hailer (2018), S. 264–289.

91 Solche quasi medialen Analysen der Kirchengeschichte, wie sie in diesem Fall von Foucault stammen (Foucault (2019), S. 122), liegen bislang kaum vor, daher müssen wir uns auf Andeutungen beschränken.

92 So in der Württembergischen Landeskirche (www.tagesspiegel.de vom 27.7.2019).

93 http://web.archive.org/web/20010224071849/http://glaubenskultur.de/satire/maschine.html.

94 Das Gedicht stammt von Gottlieb Konrad Pfeffel. Zit. nach https://www.projekt-gutenberg.org/pfeffel/gedichte/chap139.html.

95 https://www.kirche-im-swr.de/?page=beitraege&id=23494.

96 Vgl. etwa aus dem Ersten Weltkrieg: Marie Feesche: *Von Krieg Sieg und Segen. Gedichte*, Hannover 1915.

97 Petersen (1709), S. 3.

98 weltgebetstag.de/idee.

99 Zur Marienfrömmigkeit McLuhans vgl. Marchand (1989).

100 Clemens von Alexandrien: *Protreptikos* 1,1ff.

101 Datierung nach Kittler (2009), S. 298.

102 Vgl. etwa die in Schweden als Kirche anerkannte Religion des Kopimismus. Auch evangelikale Gruppen in den USA stellen die Verbindung häufig her.

103 Nancy (1992) und Nancy (1996).

FSC www.fsc.org
MIX
Papier aus verantwortungsvollen Quellen
FSC® C014138

Product footprint
CO_2 Neutral
PBN-CFMCP-015258
www.preferredbynature.org

Zum Schutz der Umwelt verzichten wir bei diesem Buch
auf das Einschweißen mit Folie

www.claudius.de

Umschlaggestaltung: Weiss Werkstatt, München
Gesetzt aus der Adobe Garamond Pro und Lucida Sans
Druck: FINIDR s.r.o, Český Těšín

ISBN 978-3-532-62877-5